马克思主义
研究文库

马克思与尼采形而上学
批判思想比较研究

胡志刚　著

SPM 南方出版传媒　广东人民出版社

·广州·

图书在版编目（CIP）数据

马克思与尼采形而上学批判思想比较研究 / 胡志刚著. —广州：广东
人民出版社，2021.12

（马克思主义研究文库）

ISBN 978-7-218-14951-6

Ⅰ.①马…　Ⅱ.①胡…　Ⅲ.①马克思主义哲学—研究　②形而上
学—研究　③尼采（Nietzsche, Friedrich Wilhelm 1844-1900）—形而上学—
思想评论　Ⅳ.①B0-0　②B516.47　③B081.1

中国版本图书馆 CIP 数据核字（2021）第 033481 号

MAKESI YU NICAI XINGERSHANGXUE PIPAN SIXIANG BIJIAO YANJIU

马克思与尼采形而上学批判思想比较研究

胡志刚　著　　　　　　　　　　　　　　　版权所有　翻印必究

出　版　人：肖风华

出版统筹：卢雪华
责任编辑：廖智聪
装帧设计：书窗设计工作室
责任技编：吴彦斌　周星奎

出版发行：广东人民出版社
地　　　址：广州市海珠区新港西路 204 号 2 号楼（邮政编码：510300）
电　　　话：（020）85716809（总编室）
传　　　真：（020）85716872
网　　　址：http://www.gdpph.com
印　　　刷：广州市豪威彩色印务有限公司
开　　　本：787mm×1092mm　1/16
印　　　张：14.75　　字　　数：220千
版　　　次：2021年12月第1版
印　　　次：2021年12月第1次印刷
定　　　价：50.00元

如发现印装质量问题，影响阅读，请与出版社（020-85716849）联系调换。
售书热线：020-85716826

马克思主义研究文库

编委会

总　序

马克思主义深刻揭示了自然界、人类社会、人类思维发展的普遍规律，是科学的理论、人民的理论、实践的理论，为人类社会发展进步指明了方向。这一理论，犹如壮丽的日出，照亮了人类探索历史规律和寻求自身解放的道路。在人类思想史上，还没有哪一种理论像马克思主义那样对人类文明进步产生了如此广泛而巨大的影响。无论时代如何变迁，马克思主义依然显示出科学思想的伟力，依然占据着真理和道义的制高点，人类社会仍然生活在马克思所阐明的发展规律之中。

一个民族要走在时代前列，就一刻不能没有理论思维，一刻不能没有思想指引。当今世界正经历百年未有之大变局，我国正处于实现中华民族伟大复兴的关键时期。中华民族要实现伟大复兴，同样一刻也不能没有理论思维和思想指引。马克思主义是我们认识世界、把握规律、追求真理、改造世界的强大思想武器，是党和人民事业不断发展的参天大树之根本，是党和人民不断奋进的万里长河之源泉，是我们党和国家必须始终遵循的指导思想。新时代，我们仍然要学习和实践马克思主义，坚持马克思主义在意识形态领域指导地位的根本制度，确保中华民族伟大复兴的巨轮始终沿着正确航向破浪前行。

　　理论的生命力在于不断创新。我们党的历史，就是一部不断推进马克思主义中国化的历史，就是一部不断推进理论创新、进行理论创造的历史，推动马克思主义不断发展是中国共产党人的神圣职责。为深入推进马克思主义理论研究、马克思主义经典著作研究、马克思主义中国化研究，特别是当代中国马克思主义、21世纪马克思主义研究，不断赋予马克思主义新的生机和活力，推动马克思主义不断焕发出强大的生命力、创造力、感召力，放射出更加灿烂的真理光芒，引导人们不断深化对共产党执政规律、社会主义建设规律、人类社会发展规律的认识，不断增强"四个意识"、坚定"四个自信"、做到"两个维护"，中共广东省委宣传部理论处组织编写了"马克思主义研究文库"丛书。该套丛书作为一个开放性的文库，将定期集中推出一批有分量、有价值、有影响的马克思主义研究学术著作，通过系列研究成果的出版，解答理论之思，回答实践之问，推进我省马克思主义研究，促进哲学社会科学繁荣发展。

　　"只要进一步发挥我们的唯物主义论点，并且把它应用于现时代，一个强大的、一切时代中最强大的革命远景就会立即展现在我们面前。"在全面建设社会主义现代化国家新征程中，我们要继续高扬马克思主义伟大旗帜，推动马克思、恩格斯设想的人类社会美好前景不断在广东大地、中国大地生动展现出来。

导　论

　　形而上学应该是哲学中最基础的，然而也是最能引起争议的部分。关于形而上学的著作数不胜数，但对于何为形而上学人们却没能达成共识，自亚里士多德创立形而上学以来，人们就一直处于形而上学的迷雾之中。在形而上学形成的漫长历史进程中，出现了众多的形而上学派别，本书不打算一般地探讨形而上学，而是把马克思和尼采对形而上学的批判限定于柏拉图开创的形而上学传统。正如海德格尔所说："纵观整个哲学史，柏拉图的思想以有所变化的形态始终起着决定性作用。形而上学就是柏拉图主义。"①柏拉图主义最鲜明的特点是把世界二重化，设置了理念世界和感性世界的对立，并把理念世界当作是"真实世界"，感性世界是"虚假世界"，出于对超验对象的肯定，感性、自然、生命都受到了压制。基督教把世界二分为此岸和彼岸，康德把世界划分为现象界和物自体，它们都是柏拉图主义的变种。黑格尔哲学在认识论上试图通过知识和对象之间的辩证运动来消弭世界二重化的矛盾，从表面来看，黑格尔哲学克服了世界二分模式，实则不然。在存在论上黑格尔哲学并没有脱离柏拉图主义的窠臼，他认为自我意识具有绝对性，自我意识是主体和主词，对于自我意识而言，现实对象对它而言是非存在，自我意识知道现实对象是其自我外化，现实对象源于和依附于自我意识。黑格尔肯定抽象的自我意识，否定现实感性，这和柏拉图主义存在本质相同，因而仍然是一种柏拉图主义，只是他把柏拉图主义发展到了极致。柏拉图开创的形而上学传统迷恋概念推理，坚信永恒不变的"真理彼岸"、执拗深信不疑的"信仰世界"、死守等级森严的"道德秩序"，把虚无实在化。

---

　　① ［德］海德格尔著，陈小文、孙周兴译：《海德格尔文集：面向思的事情》，商务印书馆2014年版，第82页。

一

世界二重化批判是马克思和尼采传统形而上学批判的基点，在他们看来，世界二重化导致理性世界、神性世界、道德王国与感性世界的对立，只有取消世界二重化，推翻超验世界的统治，聚焦到现实感性世界中来，才能实现人的现实价值。二者思想存在着颇多相似之处，若未能发现马克思和尼采在精神实质上的本质关联，就会如海德格尔所说的一般，"我们并没有进入本质性的东西之中，而是仅仅纠缠于表面的相似性和相互关系之中了"①。马克思和尼采思想的本质相似性集中体现在对传统形而上学的批判上，二者把对形而上学的批判推到极致。只有把握马克思和尼采在批判形而上学所持的理论逻辑，才能把握二者的本质关联。诸多学者对二者的形而上学批判思想有所论及，目力所及，至今未有专论马克思和尼采形而上学批判思想的著作。对二者形而上学批判思想的专门研究，有助于把握二者思想的同异。把他们的形而上学批判思想放在整个西方哲学的背景下，才能够显现出二者在哲学上实现的重大突破。

"新的唯物主义"或"实践的唯物主义"是马克思对自己哲学的命名，这种唯物主义承认外在世界对于人存在的优先性，世界的时间在先性不等于人在世界中就无所作为。人能以实践具体地改造外在世界并使其发生改变，在实践中既实现了社会主体的客体化，又实现了自然客体的主体化。主体活动最大程度体现了自由，人有自由意志，能够自由选择，在自由的行动中成就自身。但不存在绝对的自由，人只有在一定条件之下的自由，自由并不是无条件的。人的能动性的发挥离不开外在的自然现实，只要外在自然有异化人的本性，人的自由和创造性就必然会受到抑制。只有在合理和理想的社会中，人的能动性才能得到最大程度的发挥。阶级社会以

---

① ［德］海德格尔著，孙周兴译：《尼采》，商务印书馆 2010 年版，第 532 页。

来，人的自由就处于压制和被剥夺的状态中，正如卢梭所说，人虽然生来自由，但无不处在枷锁之中。私有制牢牢把控了无产者，使其成为资产者财富的来源和劳动工具，人的内在丰富性和价值受到了抑制，人不能成为自身意愿的人。马克思认为要最大程度实现人的自由，就需要消除社会的异化本性。

形而上学压制了权力意志，尼采认为，要重估一切价值就要彻底突破形而上学对权力意志的种种限制。"尼采将权力意志看做是自然法则，是生命本能。他的整个哲学正是要激发这种权力意志，这种作为这种自然法则和生命本能的权力意志。"① 权力意志除了对自身的苛刻要求，还要对外在事物进行盘剥和压制，增长自身的内在欲求，形而上学设置的超验世界使人不再关注和崇尚权力意志。形而上学以范畴和概念来规制现实事物，使人屈服于超验的对象，让人丧失权力意志，不能力求成为自主和自我负责的主体。形而上学谴责生命，柏拉图、基督教、康德哲学都是如此。形而上学强调真实世界，这个真实世界隐而不现，并蕴藏着最高的价值，而生命却不在这个真实世界内，生命的价值一直被贬低。要强调生命的价值，必须颂扬权力意志的作用，权力意志就是生命本能。权力意志能自我强化，通过对自我和他者的否定和克服来增强生命力感，权力意志的增长是内在生命的张扬。

马克思和尼采以生成和行动来消解形而上学的二元对立，不再把理性、宗教和道德看成理智的静观，而是一种能动的生命活动。二者崇尚生成，坚持辩证逻辑，反对形式逻辑。"自亚里士多德以来，西方世界一直遵循亚里士多德哲学的逻辑概念。这一逻辑的基础是同一律（A 是 A），矛盾律（A 不是非 A）和排中律（A 不能既是 A 又是非 A，也不能既不是 A 又不是非 A）。亚里士多德用下面一句话很清楚地表达了他的论点，他说：

---

① 汪民安：《尼采与身体》，北京大学出版社 2008 年版，第 101 页。

'同一个宾语不可能既属于这一主语，又不属于这一主语……这是所有原则中最基本的原则。'"①和亚里士多德的形式逻辑不同，赫拉克利特认为人无法在思想上把握实在，把握世界的方式只能是体验，"悖论逻辑不是把重点放在思想上，而是放在体验上"②。马克思和尼采继承了赫拉克利特的辩证法思想，认为形式逻辑摒弃了感性内容，无法真正回答世界的终极问题。

唯物主义辩证法和唯心主义辩证法存在本质差别。唯物主义辩证法有实在的内容，在这点上不同于黑格尔的唯心主义辩证法。黑格尔辩证法的内容是虚幻的观念，本质上是虚假的实证主义，它不是彻底的辩证法，不能把批判的原则贯彻到底，其革命性和批判性遭到窒息。"我的辩证方法，从根本上来说，不仅和黑格尔的辩证方法不同，而且和它截然相反。在黑格尔看来，思维过程，即甚至被他在观念这一名称下转化为独立主体的思维过程，是现实事物的创造主，而现实事物只是思维过程的外部表现。我的看法则相反，观念的东西不外是移入人的头脑并在人的头脑中改造过的物质的东西而已。"③马克思认为黑格尔辩证法"只是虚有其表的批判主义"④。在哲学史上，马克思第一次把辩证法奠定在唯物主义的基础上，根本上改变了辩证法与唯物主义彼此脱离的状态，使得辩证法原则能够贯彻到底。正如卢卡奇对马克思辩证法所评价的那样："如果摈弃或者抹杀辩证法，历史就变得无法了解。"⑤辩证法只有奠基于唯物主义之上，才能对历史做出合理解释。唯物辩证法能够冲破知性化思维模式设置的屏障，摧毁支撑传统形而上学体系的思想支柱。

---

① ［美］弗洛姆著，李健鸣译：《爱的艺术》，上海译文出版社 2011 年版，第 88—89 页。

② ［美］弗洛姆著，李健鸣译：《爱的艺术》，上海译文出版社 2011 年版，第 95 页。

③ 《马克思恩格斯文集》（第 5 卷），人民出版社 2009 年版，第 22 页。

④ 《马克思恩格斯全集》（第 3 卷），人民出版社 2002 年版，第 328 页。

⑤ ［匈牙利］卢卡奇著，杜章智等译：《历史与阶级意识》，商务印书馆 2009 年版，第 60 页。

尼采同样反对形式逻辑，他认为，真实世界之所以出现就是对形式逻辑迷信的结果。出于对理性的盲目信赖，在逻辑的谬误推理下，断定了事物的两种状态——A 与 B，如果不是 A，那么就必定是 B，或者如果不是 B，则就是 A，这是对矛盾律过度推崇的结果，也是一种先验预设。他对理性、宗教和道德的批判主要基于真实世界，这个世界和人对立，是人进行思考、膜拜和遵守的对象。真实世界不在时空范围内，是一种超验的存在，永恒、不变不动，始终如一。"永恒、唯一的生成，一切不断地只是在起作用、在生成而非存在的现实之物的彻底变化无常，如赫拉克利特所教导的那样，是一种令人眩晕的可怕表象，其影响所及之处，最接近于给人以地震时丧失对坚实大地信赖的那种感觉。需要有一种惊人的力量来把这种作用转化成对立面，转化成崇高和幸福的惊奇。"① 尼采只承认唯一的现实感性世界，这个世界的特点是永恒地生成，在盲目力量驱动下不断地变化，没有目的，没有方向，永远在流变之中，这就是现实世界的存在样态。与赫拉克利特不同，尼采认为现实世界的生成变化没有内在的规律，生成是盲目的，不指向确切方向和具体目标，因而历史的进步是不可能的，历史不是线性地向上发展的历史，其背后没有所谓的"理性的狡计"，它只是生成，仅仅是生成而已。"迄今的历史具有灾难性特征，这一认识与马克思抱有的希望相左，马克思认为，随着人走出奴役人的史前时代，他就走进了不再受任何'虚无'左右的现实。尼采思想的分析性长处在于，拒绝这种希望，在一切过去、现在和未来的历史中看到这一史前时代的作用。在尼采看来，自我维系的辩证法遵循的是'恐怖的逻辑'，这一逻辑的破坏性趋势指向'最后的意志'，指向'虚无的意志'。"② 在历史观上，尼采和马克思表现出了尖锐的对立，虽说他们都坚持辩证法的思想，坚持

---

① ［德］尼采著，杨恒达等译：《尼采全集》（第 1 卷），中国人民大学出版社 2013 年版，第 582–583 页。

② ［德］里斯著，王彤译：《尼采》，中国人民大学出版社 2010 年版，第 157–158 页。

的结果却截然不同。马克思和尼采思想往往从一个共同的起点出发，按照各自根本哲学立场的逻辑发展，得出相反的结论，这确实是值得探讨的论题。

二

柏拉图认为"理念"是一种永恒存在，"理念"是唯一真正实在和完美实体，比个别事物实在和完美得多，并把追求和表达这一实体当作哲学的全部任务。柏拉图主义标志着形而上学的产生，多数哲学家和派别不同程度地受到柏拉图主义的影响，甚至可以说都是柏拉图主义的摹本和变种，因为它们都承诺某种永恒不变的实体存在，都可视为是对柏拉图理念论的改写。

马克思和尼采是柏拉图主义的坚定反对者。在马克思看来，柏拉图主义在黑格尔哲学中发展到了顶峰，黑格尔的绝对理念代表了柏拉图主义的最高成就，黑格尔的思辨哲学是近代形而上学的最后完成。黑格尔说："哲学之作为科学是从柏拉图开始。"① 这里说的"科学"也就是"形而上学"。黑格尔用"绝对"概念的运动变化发展来描述整个自然界、历史和精神世界，认为现实事物是概念生成过程的产物。黑格尔没有认真看待运用概念的现实条件，概念的自觉和自由运用由此成了一个孤立、神秘的过程，观念创造出了世界，观念和世界的现实关系被颠倒了。马克思要重新摆正黑格尔头脚倒置的世界观，在他看来，形而上学不应以实体主义去追究世界万物的本原、始基或终极存在。他无意考察那种先于人类存在、作为万物始基的形而上学问题，他的关注点在于自然界对于人类生存与发展

① ［德］黑格尔著，贺麟等译：《哲学史讲演录》（第 2 卷），商务印书馆 2013 年版，第 159 页。

的价值和意义，他把注意力集中在现实感性的人类社会。马克思哲学研究的对象是现实世界，他要把哲学关注的重点转向人类的实践活动和现实社会。"只有在社会中，自然界对人来说才是人与人联系的纽带，才是他为别人的存在和别人为他的存在，只有在社会中，自然界才是人自己的人的存在的基础，才是人的现实的生活要素。只有在社会中，人的自然的存在对他来说才是自己的人的存在，并且自然界对他来说才成为人。因此，社会是人同自然界的完成了的本质的统一。"① 基于人之上的一切，无论是现实世界中的关系，还是人与自然的关系、人与人之间的关系，都是在实践过程中形成的。在现实社会中进行的人类实践活动是人类世界得以存在和发展的根据。

柏拉图主义的基本预设是世界二重化，它设置了虚假世界和真实世界的对立，尼采试图克服虚假世界和真实世界之间的二元对立。柏拉图主义贬低感性的生成，迷恋真实的超越的存在，形成"存在"和"现象"、"思维"和"存在"、"本质"和"展现形式"、"自在之物"和"为我之物"、"灵魂"和"肉体"的机械对立，前半部分被认为是积极的，后半部分被认为是消极的。一切形而上学都立足于抽象的理性，否认世界的生成变化，设置超感性的终极存在，构造超验性的终极知识，虚构超历史的终极价值。以权力意志可打破形而上学机械的二元对立状况。"尼采抛弃了主体/主语概念，他用生命概念取而代之。作为生命的权力意志，是运动着和生成着的生命，这个生命同时包含着行动和行动者，或者说，在生命和权力意志这个概念中，作用和作用者是一体的，行为和行为者是一体的，原因和过程是一体的，存在和存在者是一体的，主语和谓语也是一体的。具体地说，权力意志内在地在生成，它并不是生成的一个起源和主体，不是一个生成者，同时它也不是一个单纯的生成，单纯的谓语；权力意志和生命，

---

① 《马克思恩格斯全集》（第3卷），人民出版社2002年版，第301页。

同时是生成者和生成。"①权力意志是一种嬉戏，没有任何先在的目的。正如一个小孩在海滨堆起沙堆，又将其捣毁，他在不断进行这个游戏中得到了满足，权力意志对这个世界的创生毁灭的作为和小孩的游戏一般。尼采说："从内部看到的这个世界，这个依据'可知特征'来定义和确定的世界——它只能是'权力意志'，不可能是其他的。"②他认为，这个世界除了权力意志外，一切皆无。尼采用权力意志世界完结了柏拉图主义的世界二重化，结束了虚假世界和真实世界之间二元对立的状况。

形而上学的真实世界是一个永恒、不变不动的世界，形而上学家把真实世界当作是理智静观的对象。马克思和尼采只承认感性世界的存在，在他们看来，人的一切经验、知识都是从感性世界获取的，感性世界是人能体验到的真实存在，这个世界是符合人性的世界，在这个世界中，人意识到自身是自足的，而不是超验对象的附属物。设置一个超验世界，并把这个世界作为尘世的理想，这是对人的感性生命的压制和剥夺。一旦人把所有的注意力都投入超验世界中，自然会漠视其感性生活。超验世界是形而上学家构建的虚幻理想，对超验世界的信仰会消除感性世界的真实性。人只能设定现实的理想，且能通过感性的现实活动去达成理想，人的本质是在行为中不断形成的，并不存在先在的超验本质。颠覆超验世界是为了确定自由的独特地位，如果存在一个超验世界，那么尘世中的一切都是被预先规定好的，一切都是必然的，那就没有自由可言了。自由是人的本质，人不能把自由让渡给一个超验的对象，自由体现了人的能动性，人是一种未定型的动物，人能通过他的行为和选择成为他所是。二者都注重感性行动对塑造人本性的作用，他们的哲学是一种崇尚行动、肯定生成的哲学。

---

① 汪民安：《尼采与身体》，北京大学出版社 2008 年版，第 138 页。
② ［德］尼采著，梁余晶等译：《善与恶的彼岸》，光明日报出版社 2007 年版，第 55 页。

三

宗教源自人类理智的迷误，这是马克思和尼采对宗教的基本判断。在马克思看来，宗教的产生是人类智力不发达、苦难的社会现实和统治阶级刻意为之综合作用的结果。早期人类理智水平低，难以对自然现象做出合理解释，导致以扭曲的方式反映外部世界。人按照自己的形象创造了上帝，创造了宗教，作为社会意识一部分的宗教就这样产生了。阶级社会以来，统治阶级利用宗教来为其统治服务，对宗教加以粉饰，用宗教来论证不平等的社会现实，作为扭曲观念的宗教意识得以进一步确立。马克思认为宗教是虚幻的太阳，只给人以虚幻的温暖，只有颠覆宗教，把人从宗教的束缚中解放出来，才能赋予人以意义和价值。"对宗教的批判最后归结为人是人的最高本质这样一个学说，从而也归结为这样的绝对命令：必须推翻使人成为被侮辱、被奴役、被遗弃和被蔑视的东西的一切关系。"① 人们深受宗教思想的毒害，为了打破宗教对人的束缚，必然要奋起冲决宗教的罗网，从苦难中解脱出来。"他们在幻象、观念、教条和臆想的存在物的枷锁下日渐萎靡消沉，我们要把他们从中解放出来。我们要起来反抗这种思想的统治。"② 只有从宗教的枷锁中摆脱出来，人才能获得自我解放。宗教是对人的本质否定，是人类自我异化的结果，对宗教的批判只是重塑人价值和意义的开始。现实世界的人处于种种变化和恐惧中，无力面对外在的异己世界，为了祛除无力和恐惧，必定会设想一个更强的外在对象的存在，对这种存在的信赖增强了人类克服外在自然的勇气和信心。"宗教是人的本质在幻想中的实现，因为人的本质不具有真正的现实性。因此，反宗教的斗争间接地就是反对以宗教为精神抚慰的那个世界的斗争。"③ 政

①《马克思恩格斯文集》（第1卷），人民出版社2009年版，第11页。
②《马克思恩格斯文集》（第1卷），人民出版社2009年版，第509页。
③《马克思恩格斯文集》（第1卷），人民出版社2009年版，第3页。

治压迫也是宗教存在的原因，宗教不是造成政治压迫的原因，宗教是政治压迫的结果，只有消灭政治对人的压迫，才能根除宗教对人精神世界的毒害。现实社会是第一性的，是最真实的存在；宗教只是第二性的，是观念性的存在。"在我们看来，政治解放对宗教的关系问题已经成了政治解放对人的解放的关系问题。"① 只有消除政治对人的迫害，才能根除宗教。

基督教继承了柏拉图的世界二分模式，把世界二重化为此岸世界和彼岸世界，尼采认为基督教的彼岸和柏拉图的理念世界并无本质不同，只是改变了外在形式，变得更为精致和难懂。"宗教是人民的鸦片，是无情世界的感情。对于这个事实，尼采并没有像马克思那样怒不可遏；但由于基督教的鸦片采取了各种各样的形式，尼采甚至比马克思更痛恨基督教：基督教的鸦片毒害了那种产生了科学和哲学的文明。"② 基督教让人信仰来世，全然不顾现实生活，自然使得科学和哲学的发展受到抑制，这些毒害都是来世信仰导致的。正如考夫曼所言："来世的概念为否弃现世历史地提供了基础。在另一个世界得到完满的期望使人宽恕了他们现世的不完满。而不是像耶稣曾劝导他们应在现实世界努力实现完满那样，他们把信任寄托于遥远的未来。"③ 信仰者缺乏在现实世界实现自我的决心，缺乏强大的生命意志，无法对自己的行为负责，不能积极创造生命的意义。

马克思和尼采同样对道德形而上学深恶痛绝，在他们看来，不存在由普遍道德律令构成的道德王国，亦不存在永恒有效的道德法则。道德是社会历史的产物，社会现实的改变同时也改变着道德规范，道德一直处在变动之中。马克思认为，道德是一种意识形态，不同时期的统治者都在利用

① 《马克思恩格斯全集》（第 3 卷），人民出版社 2002 年版，第 169–170 页。

② ［美］朗佩特著，李致远、李小均译：《尼采的使命——〈善恶的彼岸〉绎读》，华夏出版社 2009 年版，第 160 页。

③ Walter Kaufmann.*Nietzsche*：*philosopher*，*psychologist*，*antichrist*. New Jersey：Princeton University Press，1974，p346.

道德的约束力量。原始共产主义没有道德观念，道德是社会生产力发展的结果。私有制导致剥削与被剥削的现实，统治者为了论证自身统治的合法性，需要借助道德的约束力量。道德是随着私有制社会的出现而出现的，在不同的私有制社会中存在不同的道德标准，道德起源于欺骗和暴力。尼采认为，最初人们并没有道德观念，道德的产生可追溯到人类的负债意识。债务人感到一种卑劣感，债权人则具有一种对于债务人的优越感，债务人的卑劣感渐渐转变为负罪感，这是道德的心理起源。"人们用惩罚性的赔偿机制来不断提醒自己负债的记忆和历史意识；记忆本是外在的、暴力的，可这一点逐渐被忘记，取而代之的是内在化了的'良知'，作为拥有自然道德能力的'人'的形象由此诞生了。道德，在这个意义上，仅仅是我们自己编造的，关于自己卑微邪恶的起源的故事。"[①] 由于负罪心理的产生，也就有了善恶观念，善恶观念产生以后，人们就被道德观念牢牢掌控，善恶观念成为判断人性的最高标准。善恶观念形成且普遍被人接受后，慢慢演变为习俗，对习俗的遵从使人忘记了道德观念产生的真实根源。

马克思和尼采颠覆传统形而上学是为了创建一种肯定生命的哲学。马克思认为，人是一种"类存在"，人通过社会生产，将自己的本质力量外化，通过改造对象来确认自己的本质。对象化是人的本质属性，人们通过实践活动来改造世界，在这过程中同时也改造自身。真正的幸福来自生产性的劳动，只有在从事改造外部世界的劳动实践中，人的本质力量才能得到真正的实现。虚幻的满足不是幸福，沉迷于感官和物质享受只是自身生命活力缺乏的显现。生命的价值在于创造，只有扩充人的自主活动领域，才能增加个人自我实现的可能性。尼采清楚地知道，人归根结底而言是一种虚无，死亡是人类挣脱不了的宿命。人作为一种有限性的存在，可在有

---

① ［英］斯平克斯著，丁岩译：《导读尼采》，重庆大学出版社2014年版，第95页。

限的人生中决定自己的生命进程,在生命进程中发挥自己的最大潜能,不断进行创造是对生命的最高肯定。马克思和尼采的哲学理想不同。马克思认为,改变人的异化状态,人才能获得自由,才能从事自由的创造,只有达到人的全面发展,才能消除人被片面化发展的现实。尼采认为,人要成为一种超越性的存在,必须要学会对自己的轻蔑,要正视自己的弱点,不断自我否定才能让自己变得更好。

马克思和尼采批判传统形而上学,因为形而上学设置了一个超验世界,致使感性和现实事物的价值招致贬斥,他们不认为存在一个永恒的、不动的、神圣的世界,只存在唯一感性的世界,这个世界永远处在变动和生成之中。马克思要对形而上学的一切进行无情的批判,尼采要重估一切价值,他们都反对把超验的世界当作尘世的理想,要对形而上学的一切价值进行重估。二者哲学的共同点最为明显地表现在对形而上学的批判上,但除此之外,二者的哲学表现出尖锐的对立,这种对立基于二者哲学立场的不同。马克思的形而上学批判是和对现实的社会问题的批判紧密结合在一起的,因而马克思注重政治经济学批判。在马克思看来,形而上学在阶级社会成为一种虚假的意识形态,其功能在于为现实的不合理政治辩护。只有破除形而上学,消除虚幻的意识形态,使人注意到不平等的社会现实,才能用现实行动去改变异化的社会现实。社会存在决定社会意识,只有建立合理的社会制度,清除致使人异化的社会现实,才能恢复人被剥夺的本质力量,才能消除理性、宗教、道德构建的神话。马克思要建立一种"实践的唯物主义",实践是马克思哲学中的核心范畴和理论支柱,现实世界的一切不平等和不合理的现实状况,都能以切实的实践进行改造。马克思拥护民主制,崇尚自由,力求消灭宗教和道德,主张历史的进步,马克思在政治上拥护的所有政治主张,都和实践的革命性力量相关。尼采把非理性的权力意志作为其哲学的出发点,他对形而上学的批判主要体现在文化和心理批判层面。尼采的政治理想是要建立一种能创造更高文化的等级制国家，因而他认为强者对弱者的剥削和压迫是正当和合理的。他认为形而上学抑制了人的生命和本能，由于对生命和本能的强调，尼采很少注重政治经济学批判。尼采以文化的标准评价历史，因而在他看来，历史并不是线性发展的历史，他不主张历史进步论，他认为历史总在进步和退化之间循环。马克思要消除奴役，尼采要保留奴役；马克思主张历史进步论，尼采主张历史循环论；马克思要消灭宗教，尼采要保留宗教；马克思注重政治经济学批判，尼采主张文化和心理批判，还有诸如此类的对立，马克思和尼采在各个方面都表现出了尖锐的对立，这些对立显示出了各自不同的哲学立场。

形而上学是否在马克思和尼采的批判之下就真正地寿终正寝了？其实不然，国内学界对马克思哲学有一个共识，认为马克思哲学是一种本体论哲学，尽管对这种本体论的提法林林总总，但如果马克思哲学含有本体论的成分，则意味着马克思哲学含有形而上学的成分。海德格尔把尼采看成是最后一个形而上学家，认为尼采哲学实质就是一种形而上学。马克思和尼采对形而上学的批判并没有真正终结形而上学。西方哲学不可能一劳永逸地摆脱形而上学，颠覆和批判形而上学只会使它以新的形式复归，形而上学是西方哲学的"幽灵"。

第一章

"理性世界"：形而上学批判的逻辑起点

　　理性主义是西方哲学的思想传统，理性世界是理性构造的结果，理性世界的构造和确定经历了一个长期的过程，是在实体主义和知性思维以及语言逻辑的综合作用下形成的。马克思和尼采是形而上学的坚定批判者，形而上学相信存在一个超感性的理性世界，并且认为这个世界才是真实世界，它不是感官把握的对象，而是一个客观存在的真实世界，现实的感性世界却是虚幻不实的。理性世界是一个超感性世界，感官所把握的现实世界不具有真实性，在感官现实世界背后的超感性世界才是真实世界，对超感性世界的把握超出感性把握的能力，它是理性的对象。感性和理性把握对象的不同，世界被一分为二，导致感性世界和抽象世界的对立。

微信扫码，立即获取

☆ PPT总结分享
☆ 更多延伸阅读资源

第一节 "理性世界"的荒谬性

马克思和尼采否认有理性世界的存在，在他们看来，理性世界不是独立自存的。马克思批判青年黑格尔派和老年黑格尔派的根本原因在于，他们认为"宗教、概念、普遍的东西统治着现存世界"①。在马克思看来，理性世界只是"空话、自我欺骗、懦弱无能"②。尼采同样反对理性世界，认为理性世界的根源在于理性的虚构，他说："'另一个世界'这个观念的发源地：哲学家虚构了一个理性世界，理性和逻辑功能所适合的世界——由此得出'真实的'世界。"③马克思和尼采反对把理性世界作为最真实的世界，从而肯定唯一的感性世界的真实性。

一、"理性世界"何以形成

在苏格拉底之前的哲学就带有形而上学的倾向，在毕达哥拉斯哲学中就出现了形而上学的萌芽。毕达哥拉斯认为，"数"是世界的本原，"数"不存在于现实的感性世界中，不是感官的对象，只能由理智把握。埃利亚学派的克塞诺芬尼认为，至高无上的"神"是绝对的"一"，其超出人的认知能力，同人所认识的感性事物截然不同，"神"自身不动却以心灵的

---

① 《马克思恩格斯文集》（第 1 卷），人民出版社 2009 年版，第 515 页。
② 《马克思恩格斯文集》（第 1 卷），人民出版社 2009 年版，第 289 页。
③ ［德］尼采著，孙周兴译：《尼采著作全集》（第 13 卷），商务印书馆 2010 年版，第 420 页。

思想力推动一切。亚里士多德的纯形式的"神"，即"不动的推动者"，和克塞诺芬尼的"神"极为相似。巴门尼德认为思想和存在是同一的，黑格尔非常认同巴门尼德的思想，他说："真正的哲学思想从巴门尼德起始了，在这里面可以看见哲学被提高到思想的领域。"① 巴门尼德认为"一"就是"存在"，从"一"出发把世界分为存在世界和非存在世界，认为以理性把握到的存在世界的知识才是真理，而对非存在世界的认识只能是意见。哲学家的使命是以理性思维和逻各斯去把握存在世界，探索"存在"的奥秘，真理就是对"存在者"背后的"存在"之所以然的追寻。亚里士多德也对巴门尼德思想评价甚高，他说："惟巴门尼德在好多方面颇有精义。他宣称'是以外便无非是'，存在之为存在者必一，这就不会有不存在者存在。"② 阿那克萨哥拉认为能动的"努斯"是推动世界的最初动力，"努斯"存在于世界之外，它作为一切存在者的最终原因。"努斯"是一种能动的灵魂，拥有自身运动的能力，完全不同于作为惰性的物质，精神性的"努斯"表明了存在和存在者的分离。德谟克利特的"原子论"思想代表了古希腊自然哲学的最高成就，原子是不可分的最小物质单位，是理性认识的对象，超出感官认识的范围，这也是推崇理性的做法。苏格拉底和柏拉图从"努斯"得到启示，在他们看来，能动的理性、灵魂可以深入到存在者的背后寻求到作为一切存在者的存在根据。

柏拉图认为，理念具有无所不在的普遍性，本身是自足的。世界上的任何事物都有与之对应的理念，现实世界的事物之所以存在就是对理念进行"分有"和"模仿"的结果。"在柏拉图那里，感性生活与理智生活被一条宽阔而不可逾越的鸿沟所分离：知识和真理属于先验系列，属于一

---

① ［德］黑格尔著，贺麟等译：《哲学史讲演录》（第1卷），商务印书馆2014年版，第296页。

② ［古希腊］亚里士多德著，吴寿彭译：《形而上学》，商务印书馆2014年版，第17页。

个纯粹的永恒理念的王国。"①柏拉图认为知识和真理属于先验的永恒的理念王国,这个理念王国被尼采称为理性世界,它是理性的对象,超出人类的经验之外,理念成为真正的存在,具体的感性事物被视为虚幻的存在。"这种柏拉图主义把超感性存在设定为真实存在,由此出发,一切感性存在都被贬低和诋毁为非真实、低级甚至虚幻的存在。"②对于现实事物怎样去"分有"和"模仿"理念,柏拉图未能给出合理的解释。正如亚里士多德对柏拉图批判的那样,理念论并没能非常好地对世界的产生做出说明,在原本的基础上又制造了和原本对立的摹本,除了使对现实事物的理解"增加了一倍",徒增了对世界理解的混乱外,没有起到任何作用。"说通式是模型,其它事物参与其中,这不过是诗喻与虚文而已。"③亚里士多德把柏拉图的理念论看成是"诗意的比喻"。对于柏拉图的理念论,海德格尔亦评价道:"人们是在理念中、在观念性的和理想性的东西中寻找存在。因此,从形而上学的奠基者角度出发,我们也可以说:一切西方哲学都是柏拉图主义。形而上学、唯心主义、柏拉图主义本质上意指着同一个东西。"④柏拉图主义把理念和存在者区分开来,并把理念与存在者的对立看成是形而上学的真正框架,把理念看成是先天性的,这就是柏拉图主义的根本特点。柏拉图主义的缺陷也是极为明显的,那就是理念似乎处处都在强调存在者与存在的分离,实质并没有形成这种分离。

在亚里士多德看来,对自然的解释应该立足于自然本身的内在根据或原因上,这种解释必须是有层次、有步骤的,因为世界本身是一个有层次、有结构的整体。对世界的解答方式就是"隐得来希",质料和形式、

①［德］卡西尔著,甘阳译:《人论:人类文化哲学导引》,上海译文出版社 2013 年版,第 5 页。

②刘森林:《物与无——物化逻辑与虚无主义》,江苏人民出版社 2013 年版,第 33 页。

③［古希腊］亚里士多德著,吴寿彭译:《形而上学》,商务印书馆 2014 年版,第 28 页。

④［德］海德格尔著,孙周兴译:《尼采》,商务印书馆 2010 年版,第 910 页。

潜能和现实不断相互转化，使得世界呈现为层次分明的种属结构，处于世界最底层的是没有任何形式的原始物质，原始物质具有使自身趋向拥有形式的潜能，最终能够形成个别实体，在质料和形式、潜能和现实的不断转换中，个别实体所含的质料越来越少，形式越来越多，世界结构的最高层次是"纯形式"的"神"。"神是一个至善而永生的实是，所以生命与无尽延续以至于永恒的时空悉属于神；这就是神。"① 亚里士多德以逻辑和范畴把现实世界构造为一个层次分明的概念体系，这种概念体系与现实世界的结构具有内在的一致性，他创立了西方哲学史上第一个完整的形而上学体系。

在基督教的教义中，真实世界和感性世界的距离进一步加大。基督教是一种唯灵主义，把精神看成比物质更具根本性。它把柏拉图的世界二重化思想推到极致，强调彼岸与现世、灵魂与肉体的对立，否定这两者之间的统一，这是一种唾弃世俗生活的唯灵主义。在基督教中，真实世界存在于彼岸，感性世界存在于此岸，身在此岸的人进不了彼岸。奥古斯丁把世界划分为两座城，"一座城由按照肉体生活的人组成，另一座城由按照灵性生活的人组成"②。人们对待现实生活的态度将决定人们来世的归宿。现实的感性生活毫无意义，人们应该克制自己的感性欲望，过宁静的灵性生活，真诚地信仰上帝，才能换得一张通往上帝之城的门票。奥古斯丁把柏拉图的理念世界和感性世界的对立进一步发展为灵魂与肉体、天国与人间的对立。

笛卡尔"我思故我在"标志着理性时代的到来，"严格来说我只是一个在思维的东西，也就是说，一个精神，一个理智，或者一个理性"③。笛卡尔发展了理性主义的传统。在康德看来，物自体超出人类认识能力的范

---

① ［古希腊］亚里士多德著，吴寿彭译：《形而上学》，商务印书馆 2014 年版，第 276 页。
② ［古罗马］奥古斯丁著，王晓朝译：《上帝之城》（中册），道风书社 2004 年版，第 213 页。
③ ［法］笛卡尔著，庞景仁译：《第一哲学沉思集》，商务印书馆 1986 年版，第 26 页。

围，却并不意味着物自体不存在，只是由于人类理性的界限，人们无法认识物自体而已。在康德哲学中，自在的物自体世界和现象世界处于二分的状态，它是柏拉图主义和基督教世界二重化的延续。物自体不可认识，却对人类的道德生活极为有利，它可以被看作是安慰、义务和命令，这会促使人类提高道德的自律。人只有把自身的道德准则当成普遍的法则去遵守，服从于善良意志的绝对命令，才有可能过上德福一致的生活。

黑格尔用绝对精神的运动变化发展来描述整个自然界、历史和精神世界，把自然界、历史、国家和法律看成绝对精神发展过程中的环节。他把绝对精神确立为整个世界的本质和尺度，现实事物由本质在先的绝对精神规定，他预先用绝对精神去裁割感性现实及其历史，观念和世界的现实联系完全被颠倒，他把现实的历史理解为绝对精神的外化。"黑格尔的整个辩证法体系与整个传统形而上学一样，都奠基于一个抽象的、超感性的精神活动性的基础上，这一点，使得黑格尔的辩证法'尽管已有一个完全否定的和批判的外表'，但'非批判的实证主义和同样非批判的唯心主义'最终占据了上风，使其革命性和批判性遭受窒息。"① 作为否定原则和革命原则的辩证法不再具有批判性，理性形而上学在黑格尔哲学中发展到了顶峰。

黑格尔哲学没有脱离柏拉图主义的窠臼，仍然是一种理性形而上学的思维模式。黑格尔哲学代表了柏拉图主义的最高形态，也集中体现了理性世界的最高理论成果。黑格尔构造的理性世界是从其"绝对"概念生发出来的，在黑格尔的理解中，"绝对"即自身是一个包含一切的有机整体，不仅是无限的实体，同时还是绝对的能动的主体，拥有自己运动的内在根据。"绝对"具有内在的自相矛盾性，它要超出自身向对立面转化，通过对立面的综合，使对立双方被扬弃为新的统一体的两个构成环节，以

---

① 贺来：《马克思哲学与"存在论"范式的转换》，《中国社会科学》2002 年第 5 期。

达到对立的统一和否定之否定。精神运动的出发点从潜在的对立统一体变成现实的对立统一体，实现了"自我"发展和"自我"认识。"现实历史仅仅是'概念'生成过程的附属物，本身不能为概念的自觉提供理由，出于同样的原因，黑格尔也没有认真对待运用概念的现实条件。概念的自觉和自由运用由此成了一个孤立、神秘的过程。"①黑格尔认为，人们头脑中的思想不是现实事物及其发展过程的反映，而是在世界出现之前就已经存在的"绝对"概念发展到一定阶段的产物，这样，观念和世界的现实联系完全被颠倒了。观念创造出了现存世界，这种观点体现出了思想的能动性和创造性，但观念的创造如何能创造出具体现实，这个问题仍然没能得到解决。

二、绝对精神：颠倒的哲学逻辑

马克思对理性世界的批判主要体现在对黑格尔哲学和青年黑格尔派的批判中。"要想站起来，仅仅在思想中站起来，而让用思想所无法摆脱的那种现实的、感性的枷锁依然套在现实的、感性的头上，那是不够的。可是，绝对的批判从黑格尔的《现象学》中至少学会了这样一种技艺，即把存在于我身外的现实的、客观的链条转变成纯观念的、纯主观的、只存在于我身内的链条，因而也就把一切外在的感性的斗争都转变成纯粹的思想斗争。"②他要把倒置的世界重新颠倒过来，把世界的真相重新展示在世人面前。在黑格尔的哲学中，绝对精神只是在观念世界中运动，本身并不能让现实世界发生改变。让绝对精神走出观念世界，真正成为变革世界的力量，就不能只是去述说绝对精神运动的历史，因为这只是对世界的一种解

---

① 田冠浩：《从德国观念论到〈资本论〉——重思马克思哲学的形上观点》，《哲学研究》2015年第4期。

② 《马克思恩格斯文集》（第1卷），人民出版社2009年版，第288页。

释而已。改变世界不是随心所欲的，创造者面对的是现实世界，现实世界具有内在的规律。人创造自身的现实，这种创造受制于一定的自然和社会条件。马克思承认人的创造性和自主性，同时也承认外在环境对人创造活动的束缚，他克服了黑格尔"绝对"概念创世论的不足。

黑格尔认为，范畴和现实事物没有任何关联，不是经验观察的产物，范畴是思维自身的产物。他说："一般的思维范畴，或通常的逻辑材料，概念，判断，和推论的种类，均不能只是从事实的观察取得，或只是根据经验去处理，而必须从思维自身推演出来。"① 范畴本身不需要任何经验内容，通过自身就可以规定自然和精神，自然和人类精神的历史是范畴外化的结果。他说："因为这些范畴和范畴的总体（即逻辑的理念）并不是停滞不动，而是要向前进展到自然和精神的真实领域去的，但这种进展却不可认为是逻辑的理念借此从外面获得一种异己的内容，而应是逻辑理念出于自身的主动，进一步规定并展开其自身为自然和精神。"② 对于黑格尔的范畴自身运动导致自然和人类历史的观点，马克思批判道："黑格尔的过错在于双重的不彻底性：首先，他宣布哲学是绝对精神的定在，同时却决不宣布现实的哲学家个人就是绝对精神；其次，他只是在表面上让绝对精神作为绝对精神去创造历史。因为绝对精神只是事后［post festum］才通过哲学家意识到自身是具有创造力的世界精神，所以，它制造历史的行动也只是发生在哲学家的意识中、见解中、观念中，只是发生在思辨的想象中。"③ 精神发展的历史和人类本身没有任何关系，人类在历史发展进程中所发挥的作用就是可有可无的了，人类不是历史的创造者，反倒成了历史发展的惰性力量。对黑格尔的唯心史观，马克思批判道："黑格尔的历史观以抽象的或绝对的精神为前提，这种精神是这样发展的：人类只是这种

① ［德］黑格尔著，贺麟译：《小逻辑》，商务印书馆 2014 年版，第 122 页。
② ［德］黑格尔著，贺麟译：《小逻辑》，商务印书馆 2014 年版，第 125 页。
③ 《马克思恩格斯文集》（第 1 卷），人民出版社 2009 年版，第 292 页。

精神的无意识或有意识的承担者，即群众。可见，黑格尔是在经验的、公开的历史内部让思辨的、隐秘的历史发生的。人类的历史变成了抽象精神的历史，因而也就变成了同现实的人相脱离的人类彼岸精神的历史。"① 黑格尔的历史观是一种本末倒置的历史观，无视人类创造历史的事实。唯物史观和黑格尔的唯心史观不同。"这种历史观和唯心主义历史观不同，它不是在每个时代中寻找某种范畴，而是始终站在现实历史的基础上，不是从观念出发来解释实践，而是从物质实践出发来解释各种观念形态，由此也就得出下述结论：意识的一切形式和产物不是可以通过精神的批判来消灭的，不是可以通过把它们消融在'自我意识'中或化为'怪影''幽灵''怪想'等等来消灭的，而只有通过实际地推翻这一切唯心主义谬论所由产生的现实的社会关系，才能把它们消灭；历史的动力以及宗教、哲学和任何其他理论的动力是革命，而不是批判。"② 在马克思看来，由绝对精神构造的理性世界明显与人无关，与人的感性现实生活不存在关联。把世界分为感性世界和理性世界是理性的独断，思维和现实的异质性是不言而喻的，不存在一个由范畴构建起来的理性世界，只存在人们生活其中的感性现实世界。理性世界是理性概念构造的结果，不是世界本来存在的样态，以知性逻辑和概念化思维构造的理性世界使人专注于一个虚无缥缈的超感性世界，而不在感性现实生活中去寻求人存在的意义。理性世界不足以成为人类安身立命的支点，它会给感性生命造成伤害，注重感性现实的马克思反对摒弃现实存在的理性世界。

理性世界固化了世界和人的关系，否定了世界的多样性存在的可能，人被当作理智的静观者，这是对人动态性存在的否定。理性设定了超感性世界的存在，否弃了人在现实世界的作为，扼杀了人的感性生命。不存在

---

① 《马克思恩格斯文集》（第 1 卷），人民出版社 2009 年版，第 291–292 页。

② 《马克思恩格斯文集》（第 1 卷），人民出版社 2009 年版，第 544 页。

所谓的理性世界，世界是唯一的，那就是人现实地生存着的感性世界。设置超感性世界并把对超感性世界的认识作为人的最高使命，这是对人现实生命意义的剥夺。马克思认为理性世界根本不存在，由范畴和概念构成的理性世界超出人类的实在经验，对理性世界我们根本不能形成有效的认识，最多只是对世界的解释。丰子义曾对马克思的哲学立场做出中肯的评价："马克思无意于考察那种先于人类存在、作为万物始基的自然界的本性问题，而是将关注的重点聚焦于自然界对于人类生存与发展的价值和意义上。"① 世界只有和人的现实感性生活发生关联才有意义，人的实践活动把意义赋予世界，在人的实践活动之外的世界对人而言是"无"，世界只能是人的世界。

马克思说："全部社会生活在本质上是实践的。凡是把理论引向神秘主义的神秘东西，都能在人的实践中以及对这种实践的理解中得到合理的解决。"② 马克思哲学要解决的不是客体世界或主体世界是什么这样实体性、知识性问题，而是自然与人、主体与客体等矛盾关系如何更好地实现统一。他注重与人的生存发展内在相关的"生存性"问题，实体性、知识性问题只是关于存在者的问题而非存在的问题，它们只有奠基于生存性问题的基础上，才能获得自身坚实的根基。

三、谬误推论——对理性的盲目信赖

尼采反对理性世界，认为这是形而上学家自我设想的结果，他说："这个世界是虚假的——因此有一个真实的世界。这个世界是有条件的——因此有一个无条件的世界。这个世界是充满矛盾的——因此有一

① 丰子义：《马克思本体论思想的方法论》，《天津社会科学》2002 年第 6 期。
② 《马克思恩格斯文集》（第 1 卷），人民出版社 2009 年版，第 501 页。

个无矛盾的世界。这个世界是生成着的——因此有一个存在着的世界。纯属谬误推论（对理性的盲目信赖：如果 A 存在，则它的对立概念 B 也一定存在）。"①尼采认为理性世界是形而上学家为了摆脱感性世界的痛苦，逃避对不确定事物的恐惧而设想出来的，源于理性自身的无能。

尼采把自己的哲学理解为颠倒的柏拉图主义。柏拉图把理念世界当成真实世界，而感性世界是虚幻不实的。而尼采认为唯有感性世界是真实世界，理念世界根本不存在，理念世界是形而上学家的理性构建，没有真实性可言。"感性的世界——用柏拉图的话来讲就是假相世界和谬误世界，亦即谬误——倒是真实的世界。"②尼采并不是要把柏拉图的理念世界颠倒过来，他是要废除感性世界和理念世界的对立。他说："我们业已废除真正的世界：剩下的是什么世界？也许是假象的世界？……但不！随同真正的世界一起，我们也废除了假象的世界！"③根本不存在真正的世界和虚假世界的对立，他要废除真实世界和虚假世界虚幻的对立，确定感性世界的唯一性。

权力意志世界才是世界的本来样态，不存在真实世界和虚假世界的对立，设置真实世界是虚假的、残暴的、矛盾的、诱惑的、毫无意义的。尼采明确表明，形而上学家所贬斥的虚假世界，即感性世界，才是真实的、完满的、和谐的、实在的、充满意义的。"为了繁荣发达起来，我们必须固守于我们的信仰——由此我们已经得出：'真实的'世界并不是可变的和生成的世界，而是一个存在着的世界。"④真实世界只是单纯的虚构，是从纯粹虚构的事物中形成的，它拒绝生成和变化，权力意志支配的世界才是真实世界。

---

① ［德］尼采著，孙周兴译：《尼采著作全集》（第 12 卷），商务印书馆 2010 年版，第 372 页。

② ［德］海德格尔著，孙周兴译：《尼采》，商务印书馆 2010 年版，第 84 页。

③ ［德］尼采著，周国平译：《偶像的黄昏》，湖南人民出版社 1987 年版，第 30 页。

④ ［德］尼采著，孙周兴译：《尼采著作全集》（第 12 卷），人民出版社 2010 年版，第 400 页。

权力意志世界是力的海洋，力不能无限地累积，达到一定程度，力必须释放自己。"由于力的总量的限制，由于固定空间的限制，力积累到一定的时候，就必须释放。"① 尼采认为权力意志世界的真正特点就是在力的驱使下不断地生成，力在权力意志世界中不断地翻腾、激荡，同时在不断地充盈和消减。"作为一个看透了意义世界真相的哲学家或诗人，尼采看到了整个世界就是一种混沌，一切都在生成，各种权力意志都在争夺资源、拓展自己，没有任何方案和世界是真正真实的，也没有任何意义与价值是牢不可破、确实可信的。"② 在永恒变易的过程中，万物都在变换存在的形式，或产生，或消灭，这就是世界在人们面前呈现的状态。不管力是怎样地积累和释放，力的总量不变。力不遵循任何规律，它遵循的是要求变大变强的自身本性，这是一种盲目的内在冲动。权力意志世界中的力以一种嬉戏的方式在行进，没有任何先在的目的。"就像一个小孩子在海滨堆起沙堆，又将其捣毁；他不断地重新开始这个游戏。"③ 尼采认为权力意志是自然法则和生命本能，他的哲学就是要激发作为自然法则和生命本能的权力意志。权力意志通过不断战胜外在的敌对力量，通过对他力的否定和克服来使自我本能得以强化。生命本能的内部增长是在同外部的力的较量中得以显现的，除了使生命本能得到自足自在地增长外，还得与外力处在一定的关系中，需要同具有权力意志的他者进行较量，通过压制他者的权力意志使自身得到增长。权力意志不需要通过理智推理就能被直接把握，通过感官和体验能够真实地感受到力的存在。感性的权力意志世界和抽象世界不同，它是人切实生活在其中的世界，没有分毫超验色彩，主体可以通过增强自身的权力意志证明自身是独特的存在。"作为生命的本质

---

① 汪民安：《尼采与身体》，北京大学出版社 2008 年版，第 134 页。

② 刘森林：《物与无——物化逻辑与虚无主义》，江苏人民出版社 2013 年版，第 38 页。

③ ［德］尼采著，杨恒达等译：《尼采全集》（第 1 卷），中国人民大学出版社 2013 年版，第 587 页。

的权力意志就是让自身，让生命（'生命本身就是权力意志'）变得更加强大，就是生命之力的自我增加。"① 人并不追求幸福，而是追求权力，追求力量的壮大。权力意志不是作为理性主体，而是作为欲望和意志的主体，虽然这也是一种主体，但和理性主体完全不同。尼采以欲望和意志的主体来反抗理性主体，这种欲望和意志是一种不言而喻的现实存在。

---

① 汪民安：《尼采与身体》，北京大学出版社 2008 年版，第 128 页。

第二节 "理性世界"的认识根源

形而上学通过先验范畴演绎系统来把握超验的理性世界，它仅仅注重概念之间的推演，不关涉概念所指向的具体对象，以概念构造出的理性世界突出了理性的优先性和至上性。理性世界本质上属于"概念形而上学"，它探究的不是可被经验的具体事物，它致力于超验的理性实体，即作为世界的最后基础，由于作为本原的理性实体具有"高于他者的至上性"①，从而具有了神圣性。抽象世界的形成经过一个不断被学科化、概念化、模式化、体系化的过程，在这个形成进程中，存在者被一再招致贬斥，理性世界超脱于生活世界，成为超验的存在。"普遍的和抽象的观念是人们产生大错误的根源，形而上学的呓语从来没有使人发现过一个真理，它使哲学充满了许多的谬论。"② 马克思和尼采颠覆形而上学，就是要颠覆概念对人的强制，以实现概念向人自身的回归，即思辨哲学向生活世界的回归。

一、知性思维模式的特征

在古希腊时期，理性主义倾向就表现得极为强烈，毕达哥拉斯的"数"是理性思考的对象，虽然"数"在一定程度上还具有感性的色彩；在巴门尼德哲学中，感性和理性的对象截然不同，"存在"成为理性的对象，感

---

① ［德］阿多诺著，张峰译：《否定的辩证法》，重庆出版社 1993 年版，第 281 页。

② ［法］卢梭著，李平沤译：《爱弥儿：论教育》（下卷），商务印书馆 2016 年版，第 430 页。

性的对象则是"非存在"，对"存在"的认识才是真理，对"非存在"的认识只能是意见，这种把感性和理性二分的思想在柏拉图哲学中得到了系统和完整的发挥。柏拉图把肉体看成是理性的囚牢，想要获得真理，必得摆脱肉体的纠缠。"只要我们有形体，灵魂受到形体的累赘，我们就不能完全如愿以偿，获得真理。"① 感性不能深入事物内部把握到事物的本质。"思想时不要借助视觉，不凭借任何其他感官，只靠干净纯粹的心思钻研干净纯粹的本质，尽可能摆脱眼睛、耳朵以及其余形体的影响。"② 如果想要对某事某物得到纯粹的知识，必须摆脱肉体，只需要用理性来观照对象本身即可。"你能够看见它们，触摸它们，或者用其他官能感知它们，至于那些永远如一的实体却只能用理性把握，是看不见的。"③ 柏拉图明确对感性和理性的对象做出区分，感性能把握的只是经验事物，理性要把握的是一般的永恒实体。知性思维模式是在区分感性和理性的前提下形成的，它对整个西方哲学发展影响深远。

作为理性表现形式的知性逻辑和概念化思维成了把握理性世界的方式，在传统形而上学中，知性逻辑和概念化思维被视为通达超感性本体世界的通道。知性逻辑和概念化思维的理论逻辑遵循"同一性原则"，强调思维和存在之间存在一致关系，是一种认识符合论，即命题或判断与客观实际符合。对于抽象世界的理解主要有两种类型：唯物主义的理解和唯心主义的理解，这两种理解在根本上并无差别。"传统的形而上学，无论是旧唯物主义的自然主义形而上学，还是唯心主义的主体性形而上学，都是关于超验性的'存在'之本性的理论，它力图从一种永恒不变的'实体'出发，即从一种'终极存在'或'初始本原'出发来理解和把握事物的本

---

① ［古希腊］柏拉图著，王太庆译：《裴洞篇》，商务印书馆 2013 年版，第 13 页。
② ［古希腊］柏拉图著，王太庆译：《裴洞篇》，商务印书馆 2013 年版，第 13 页。
③ ［古希腊］柏拉图著，王太庆译：《裴洞篇》，商务印书馆 2013 年版，第 33 页。

性以及人的本性和行为依据。"① 旧唯物主义和唯心主义想在认识层面上把握超验的永恒实体,认为现实世界背后存在一个超出感性经验把握的不变不动和永存的本原或本质。知识就是从差异性之中寻找相似性,并将其以概念形式固定下来。把世界概念化是出于人的需要,因为自然本身既不知道形式也不懂得概念。人类喜欢将概念固定下来,我们将自己的需要投射到世界上,以概念的方式创造出了世界,然后再以概念规范来制约自己。

知性思维模式的特征是以概念方式把握世界,对现实世界理解是以概念来表达的,现实世界的结构在知性思维模式中表现为概念整体的结构。知性思维以逻辑和概念去把握现实世界,现实世界事物之间的关系在知性思维模式中被转化为概念之间的相互关系,以概念构成的观念世界和现实世界实现了同一。问题在于,知性思维模式把概念世界和现实世界等同掩盖了两者存在的本质差异。概念是剔除了事物个别特征和具体属性的一般指称,以语词的形式存在。以概念进行思维的知性思维模式磨平了事物之间的差异,以抽象形式把形态各异的万物归结为或还原为"一",把超感性的抽象概念实体化、终极化。作为世界反映的概念存在种属的差别,种属概念存在内涵和外延之间的差别,同时两者在具体指称范围内存在一定的重叠。种属概念的差别和相同使得概念之间存在一定的关联,这种关联存在严密的逻辑关系,能够相互推演并组合成完整和层级分明的概念体系。知性思维模式使得现实的世界在观念中转变为内在关联的概念世界,知性成了把握概念世界唯一可能的思维工具。柏格森说:"知性的特征就是按照任何法则分解和重构任何体系的无限能力。"② 知性思维所构造的概念由于具有高度的抽象性和广泛的普遍性,这就把概念绝对化为超时空的唯一存在。

---

① 丰子义:《马克思本体论思想的方法论》,《天津社会科学》2002 年第 6 期。

② [法]柏格森著,王珍丽、余习广译:《创造进化论》,湖南人民出版社 1989 年版,第 123 页。

康德是知性思维模式的杰出代表，他的"先天综合判断"典型地表达出知性思维模式的认识特质。在康德看来，先天综合判断是一种非先验分析判断也非经验综合判断的科学真理，先天综合判断要解决的是具有普遍必然性的科学真理是如何可能的问题。经验直观和知性概念的结合才能形成先天综合判断，才能形成具有普遍必然性的科学真理。知性概念给经验直观以形式，经验直观为知性范畴提供内容。要形成具有普遍必然性的知识，经验直观和知性范畴两者都不可或缺。经验直观和知性概念是知识的两大构成要素，知性概念若没有经验直观支持或者经验直观若没有知性概念进行规范，都无法产生知识。康德宣称道："思维无内容是空的，直观无概念是盲的。"[1] 知性思维如果没有感觉经验的内容，它就无所凭依和空无所有，感性直观没有知性概念的规范就是杂乱无章和混乱不堪的了。经验直观需要借助想象力，想象力对感性杂多进行综合；知性概念需要求助于先验统觉，先验统觉给想象力以概念范畴。想象力和先验统觉在图式中结合成具有普遍必然的知识。图式具有感性和知性的特点，从而能成为沟通感性经验和知性概念的通道和桥梁。先天综合判断只能限于现象世界，超出现象世界认识就会成为谬误，现象为必然性制约，科学真理就是对现象的概念表达。

二、感性直观和抽象能动的认识缺陷

马克思认为以主客同一的认识模式不能形成普遍必然的知识，对于唯心主义和旧唯物主义两条认识路线，马克思都进行了批判。他说："从前的一切唯物主义（包括费尔巴哈的唯物主义）的主要缺点是：对对象、现实、感性，只是从客体的或者直观的形式去理解，而不是把它们当做感性

---

[1] ［德］康德著，邓晓芒译：《纯粹理性批判》，人民出版社2004年版，第52页。

的人的活动，当做实践去理解，不是从主体方面去理解。因此，和唯物主义相反，唯心主义却把能动的方面抽象地发展了，当然，唯心主义是不知道现实的、感性的活动本身的。"① 从客体或者主体的方面不可能形成对事物的正确认识，只有实践才可以对认识的正确与否做出评判，所以真理不是一个纯粹的认识问题，而是实践问题。"人的思维是否具有客观的〔gegenständliche〕真理性，这不是一个理论的问题，而是一个实践的问题。人应该在实践中证明自己思维的真理性，即自己思维的现实性和力量，自己思维的此岸性。关于思维——离开实践的思维——的现实性或非现实性的争论，是一个纯粹经院哲学的问题。"② 马克思明确表明了在认识上所持的立场，不再像他之前的认识论纯粹从对象层面或观念层面对真理问题进行探讨，并认为这种探讨真理的方式是没有出路的。抛开从主体或客体方面去探讨真理，而把真理的探讨切实地立足于实践基础之上，才能避免各种无益的争论。

实践的展开是在意识的指导下进行的，同时，实践的整个环节都是客观的，它是一种把主客统一为一体的感性活动，是能动改造世界的物质活动，从实践出发去检验真理是最合适不过的，它摆脱了逻辑证明的认识缺陷。如果认识具有真理性，必然能从现实效果中得到检验。从实践的观点出发，马克思对黑格尔的绝对精神和青年黑格尔派的自我意识进行了激烈的批判。

黑格尔认为，绝对精神是主客同一的辩证逻辑精神，主客同一不是绝对同一，而是包含差异在内的同一。黑格尔强调说："对于同一的真正意义加以正确的了解，乃是异常重要之事。为达到这一目的，我们首先必须特别注意，不要把同一单纯认作抽象的同一，认作排斥一切差别的同一。

---

① 《马克思恩格斯文集》（第 1 卷），人民出版社 2009 年版，第 499 页。
② 《马克思恩格斯文集》（第 1 卷），人民出版社 2009 年版，第 500 页。

这是使得一切坏的哲学有别于那唯一值得称为哲学的哲学的关键。"①黑格尔认为，如果要去确信"绝对"，一定要把"绝对"设想为实体和具体形态的结合体，是无限和有限的融合，"绝对"包含有限和现象的变化寓于自身，黑格尔坚信"绝对"不仅是实体而且还是主体。"于是同一律便被表述为'一切东西和它自身同一'；或'甲是甲'。否定的说法：'甲不能同时为甲与非甲'。这种命题并非真正的思维规律，而只是抽象理智的规律。这个命题的形式自身就陷于矛盾，因为一个命题总须得说出主词与谓词间的区别，然而这个命题就没有作到它的形式所要求于它的。"②实体即主体的命题突破了抽象的主客同一的局限，主体有内在的潜能，能打破客体的限制，实现和客体的同一，主客同一就不再像 A 是 A 的抽象同一而有了具体的内容。"对主客同一的真理性的真正证明毋宁只在于这样进行，即对每一方的自身，就它的逻辑规定亦即它的本质的规定加以考察，从而可以得出这样的结论：主观是这样的东西，它自身必然要向客观转化；而客观是这样的东西，即它不能老停留在客观上面，它必然要使自身成为主观的东西。我们必须揭示出有限的东西本身即包含有矛盾在自身内，使自身成为无限的东西。这样我们就有了有限和无限的统一。"③正如有学者对黑格尔"实体即主体"这个命题所做的评价那样："黑格尔所谓的存在与思维的同一，只不过是思维与其自身的同一。在他那里，思维就是存在；思维是主体，存在是宾词。"④虽说主客体实现了同一，但这种同一仍然是在语言结构上的同一，而不是具体现实的同一，马克思不满意黑格尔的主客同一的解决方案。

---

① ［德］黑格尔著，贺麟译：《小逻辑》，商务印书馆 2014 年版，第 250 页。
② ［德］黑格尔著，贺麟译：《小逻辑》，商务印书馆 2014 年版，第 249 页。
③ ［德］黑格尔著，贺麟等译：《哲学史讲演录》（第 4 卷），商务印书馆 2014 年版，第 393 页。
④ 吕大吉、高师宁：《马克思主义宗教理论研究》，中国社会科学出版社 2011 年版，第 66 页。

马克思认为黑格尔的批判缺乏现实根基，这种批判最终演变为神秘主义，他说："德国的批判，直至它最近所作的种种努力，都没有离开过哲学的基地。这个批判虽然没有研究过自己的一般哲学前提，但是它谈到的全部问题终究是在一定的哲学体系即黑格尔体系的基地上产生的。不仅是它的回答，而且连它所提出的问题本身，都包含着神秘主义。"① 神秘主义是马克思给黑格尔贴的最鲜明的标签，并且认为神秘主义是黑格尔最大的特点，原因在于黑格尔的逻辑是神和自然的合一。黑格尔把观念中的必然性套用到实在领域，对经验性的实在规定加以程序性的逻辑规定，并且赋予范畴规定以优先性，若以理念为主体，现实的主体就只是理念的化身形态。马克思认为黑格尔完全颠倒了现实和理念的关系，他认为社会存在决定社会意识，社会意识只是社会存在的观念反映罢了。现实存在是正确研究哲学的一般前提，把理念作为哲学研究的前提只能导致神秘主义。

青年黑格尔派的哲学前提是黑格尔哲学，黑格尔用没有任何现实内容的范畴去理解自然界和人类精神历史的发展，对现实世界的解读具有神秘主义的色彩，青年黑格尔派从黑格尔哲学出发无法对现实世界做出合理的批判。"既然青年黑格尔派认为，观念、思想、概念，总之，被他们变为某种独立东西的意识的一切产物，是人们的真正枷锁。"② 马克思认为，青年黑格尔派之所以不能对现实做出有效的批判，原因在于他们没有把自身的哲学和德国的现实进行联系，不懂实践活动对外在世界的革命性作用。他说："这些哲学家没有一个想到要提出关于德国哲学和德国现实之间的联系问题，关于他们所作的批判和他们自身的物质环境之间的联系问题。"③ 处于观念世界的思想和意识一开始就受到物质的"纠缠"，不存在黑格尔所谓的纯粹的范畴，这些思想、观念、意识是物质活动的产物。"思

---

① 《马克思恩格斯文集》（第1卷），人民出版社2009年版，第514页。
② 《马克思恩格斯文集》（第1卷），人民出版社2009年版，第515页。
③ 《马克思恩格斯文集》（第1卷），人民出版社2009年版，第516页。

想、观念、意识的生产最初是直接与人们的物质活动，与人们的物质交往，与现实生活的语言交织在一起的。人们的想象、思维、精神交往在这里还是人们物质行动的直接产物。……意识［das Bewußtsein］在任何时候都只能是被意识到了的存在［das bewußte Sein］，而人们的存在就是他们的现实生活过程。"① 对世界进行考察不能从意识出发，而需要通过考察现实的人的生产状况，才可能找到合理批判的落脚点。"这种考察方法不是没有前提的。它从现实的前提出发，它一刻也不离开这种前提。它的前提是人，但不是处在某种虚幻的离群索居和固定不变状态中的人，而是处在现实的、可以通过经验观察到的、在一定条件下进行的发展过程中的人。"② 只有终止那种空洞无物的思辨，主张对人的现实生活、对人的生存样态做出切实的研究，才能结束在真理问题上的无谓争论。

世界因为人的存在才具有意义，人是世界的真理，任何无涉人的问题都是无意义的，脱离现实历史考察所抽象出来的一般概况没有任何价值，只有对人的生活进行关注的实证科学才有意义，才能摆脱无意义的思辨。"在思辨终止的地方，在现实生活面前，正是描述人们实践活动和实际发展过程的真正的实证科学开始的地方。关于意识的空话将终止，它们一定会被真正的知识所代替。对现实的描述会使独立的哲学失去生存环境，能够取而代之的充其量不过是从对人类历史发展的考察中抽象出来的最一般的结果的概括。这些抽象本身离开了现实的历史就没有任何价值。"③ 所谓的自我意识只是一句空话，没有独立自存的自我意识，脱离现实的自我意识只是一种词句，这种词句只是一种符号指称，自我意识不能真正解放人，只有通过实践这种历史活动，切实改变人的生存状况，才能现实地解放人。解放人的过程不是纯粹自我意识的思辨过程，而是实际地改造客观

① 《马克思恩格斯文集》（第 1 卷），人民出版社 2009 年版，第 524–525 页。
② 《马克思恩格斯文集》（第 1 卷），人民出版社 2009 年版，第 525 页。
③ 《马克思恩格斯文集》（第 1 卷），人民出版社 2009 年版，第 526 页。

外在世界的实践过程。"如果他们把哲学、神学、实体和一切废物消融在'自我意识'中,如果他们把'人'从这些词句的统治下——而人从来没有受过这些词句的奴役——解放出来,那么'人'的'解放'也并没有前进一步;只有在现实的世界中并使用现实的手段才能实现真正的解放;没有蒸汽机和珍妮走锭精纺机就不能消灭奴隶制;没有改良的农业就不能消灭农奴制;当人们还不能使自己的吃喝住穿在质和量方面得到充分保证的时候,人们就根本不能获得解放。'解放'是一种历史活动,不是思想活动,'解放'是由历史的关系,是由工业状况、商业状况、农业状况、交往状况促成的。"①这是马克思对黑格尔和青年黑格尔派只注重思维革命的批判。

对于费尔巴哈的直观,马克思也进行了批判,他说:"诚然,费尔巴哈与'纯粹的'唯物主义者相比有很大的优点:他承认人也是'感性对象'。但是,他把人只看做是'感性对象',而不是'感性活动',因为他在这里也仍然停留在理论领域,没有从人们现有的社会联系,从那些使人们成为现在这种样子的周围生活条件来观察人们——这一点且不说,他还从来没有看到现实存在着的、活动的人,而是停留于抽象的'人',并且仅仅限于在感情范围内承认'现实的、单个的、肉体的人',也就是说,除了爱与友情,而且是理想化了的爱与友情以外,他不知道'人与人之间'还有什么其他的'人的关系'。他没有批判现在的爱的关系。可见,他从来没有把感性世界理解为构成这一世界的个人的全部活生生的感性活动。"②马克思对费尔巴哈的批判集中体现在三点:一是费尔巴哈把人只看作是感性对象,而不是切实进行感性活动的个人;二是费尔巴哈把人看成是抽象的人,而不是活生生的、有肉体欲求的个人;三是费尔巴哈不是从社会关系

---

① 《马克思恩格斯文集》(第 1 卷),人民出版社 2009 年版,第 526–527 页。

② 《马克思恩格斯文集》(第 1 卷),人民出版社 2009 年版,第 530 页。

中去理解人。正是由于费尔巴哈这三个理论缺陷，"费尔巴哈对感性世界的'理解'一方面仅仅局限于对这一世界的单纯的直观，另一方面仅仅局限于单纯的感觉。费尔巴哈设定的是'人'，而不是'现实的历史的人'"①。现实生活的人现实地改变现实世界，现实事物由于其中被赋予的人的力量和意志，已经不是原初的自然物，费尔巴哈"没有看到，他周围的感性世界决不是某种开天辟地以来就直接存在的、始终如一的东西，而是工业和社会状况的产物，是历史的产物，是世世代代活动的结果，其中每一代都立足于前一代所奠定的基础上，继续发展前一代的工业和交往，并随着需要的改变而改变他们的社会制度。甚至连最简单的'感性确定性'的对象也只是由于社会发展、由于工业和商业交往才提供给他的"②。没有人类的感性活动，就不可能有现存世界的一切，感性活动对人、社会、世界都具有决定性意义，这种活动是人的本质。"这种活动、这种连续不断的感性劳动和创造、这种生产，正是整个现存的感性世界的基础，它哪怕只中断一年，费尔巴哈就会看到，不仅在自然界将发生巨大的变化，而且整个人类世界以及他自己的直观能力，甚至他本身的存在也会很快就没有了。"③在实践活动中，人们把外在于人的自然不断地纳入社会之中，把"自在自然"不断地转化为"人化自然"，使自然不断地成为自己的"无机身体"。在对外在自然的改造过程中，人不断地把自己的目的、意图、意志、需要等灌注到自然之中，不断提高人类的生存境况，提高人类改造世界的层次。"先于人类历史而存在的那个自然界，不是费尔巴哈生活于其中的自然界；这是除去在澳洲新出现的一些珊瑚岛以外今天在任何地方都不再存在的、因而对于费尔巴哈来说也是不存在的自然界。"④在实践过程中，人

① 《马克思恩格斯文集》（第1卷），人民出版社2009年版，第527-528页。
② 《马克思恩格斯文集》（第1卷），人民出版社2009年版，第528页。
③ 《马克思恩格斯文集》（第1卷），人民出版社2009年版，第529页。
④ 《马克思恩格斯文集》（第1卷），人民出版社2009年版，第530页。

本身的内在世界得以丰富，不断地提高了自身和自然共处的能力。实践活动使得生存世界得以改变，马克思对于人类的实践活动给予高度评价："整个所谓世界历史不外是人通过人的劳动而诞生的过程，是自然界对人来说的生成过程。"① 马克思认为连续不断的感性劳动和创造构成了整个现存感性世界的基础。

费尔巴哈坚持了唯物主义原则，但由于缺乏对现实的研究，不能把唯物主义原则贯彻到底，一旦对历史进行研究时，就不可避免陷入了唯心主义的深渊。"当费尔巴哈是一个唯物主义者的时候，历史在他的视野之外；当他去探讨历史的时候，他不是一个唯物主义者。"② 存在的历史前提在于为人的现实生存提供生活资料，而生活资料是通过实践活动获得的。"我们首先应当确定一切人类生存的第一个前提，也就是一切历史的第一个前提，这个前提是：人们为了能够'创造历史'，必须能够生活。但是为了生活，首先就需要吃喝住穿以及其他一些东西。因此第一个历史活动就是生产满足这些需要的资料，即生产物质生活本身，而且，这是人们从几千年前直到今天单是为了维持生活就必须每日每时从事的历史活动，是一切历史的基本条件。"③ 这种实践活动是可以经验观察到的、客观的活动，不是纯粹的自我意识。"历史向世界历史的转变，不是'自我意识'、世界精神或者某个形而上学幽灵的某种纯粹的抽象行动，而是完全物质的、可以通过经验证明的行动，每一个过着实际生活的、需要吃、喝、穿的个人都可以证明这种行动。"④ 只有从社会实践出发，才能形成正确的历史观；从自我意识去解释历史，只会陷入历史迷雾中。从历史的现实基础和人类的实践活动出发，把人的关注始终放在现实的感性世界中，不断地改变感

①《马克思恩格斯全集》（第 3 卷），人民出版社 2002 年版，第 310 页。
②《马克思恩格斯文集》（第 1 卷），人民出版社 2009 年版，第 530 页。
③《马克思恩格斯文集》（第 1 卷），人民出版社 2009 年版，第 531 页。
④《马克思恩格斯文集》（第 1 卷），人民出版社 2009 年版，第 541 页。

性世界不利于人发展的方面，才是哲学要关注的问题。"迄今为止的一切历史观不是完全忽视了历史的这一现实基础，就是把它仅仅看成与历史进程没有任何联系的附带因素。因此，历史总是遵照在它之外的某种尺度来编写的；现实的生活生产被看成是某种非历史的东西，而历史的东西则被看成是某种脱离日常生活的东西，某种处于世界之外和超乎世界之上的东西。这样，就把人对自然界的关系从历史中排除出去了，因而造成了自然界和历史之间的对立。"①对于一个唯物主义者来说，改造不合理的世界，创造一个合理的世界，才是其承担的历史重任。

实践活动形成了现实生活世界，现实生活世界不寻求抽象的终极实体和原因，哲学应该关注在感性生活中的生存关系。在实践活动中，精神和物质、主观和客观、意识和存在的二元对立关系得到了协同，不再作为机械的对立，实践消融了两者对立状况。实践活动总是发生在一定的社会关系之中，是在一定的社会状况下实施的活动，社会存在成为实践活动发生的前提。

三、虚构的主体模式

要真正解决人类认识何以可能的问题，在尼采看来，首先要打破的是认识中的主客二元对立的状况。尼采说道："如果我们放弃了'主体'和'客体'概念，也就放弃了'实体'（Substanz）概念——因而也就放弃了'实体'概念的各种变式，譬如'物质'、'精神'以及其他假定性的本质，'质料的永恒性和不变性'，诸如此类。我们摆脱了质料性。"②认识不可能在主客对立的情况下得出普遍必然性的知识，主客对立只是神话，要解决

---

① 《马克思恩格斯文集》（第 1 卷），人民出版社 2009 年版，第 545 页。

② ［德］尼采著，孙周兴译：《尼采著作全集》（第 12 卷），商务印书馆 2010 年版，第 437–438 页。

认识问题，首先要打破这种主客对立的模式。尼采说："唯有主体是可证明的：只有主体，这是一个假设——'客体'只不过是主体对主体的一种作用……一种主体模式。"① 尼采对于主体还这样论述道："我们'对于一个发生事件的理解'乃在于：我们虚构了一个主体，后者造成了某物发生以及它如何发生。"② 所谓的主体和客体只是一种虚构，根本就没有实质意义。"从心理学上来考虑，这整个概念来自那种主观的信念，即：我们就是原因，也即说，我们的胳膊在运动……但这是一种谬误。我们把自己（行为者）与行为区分开来，并且处处使用这个模式——我们寻找每个发生事件的行为者……我们做了些什么呢？我们具有一种力量感、张力感、抵抗感，一种肌肉感，这种感觉已然是行动的开始，但被误解为原因。或者说，我们有做这个做那个的意志，因为行动跟着意志，所以被理解为原因。"③ 把主体和客体分离开来，把主体和主体的行为分离开来，这只是我们的主观信念，这种分离的直接后果确定了主体是认识的原因，而客体对主体的刺激产生的表象成了认识的结果。如果放弃起作用的主体，也就放弃了受作用的客体。持续性、自身相同性、存在，既不寓于被称为主体的东西之中，也不寓于被称为客体的东西之中。它们是一些事件复合体，从其他复合体来看，它们表面上是持续存在的。

认识是如何形成的？在尼采看来，认识是肉体对世界的直接感知，认识并不来源于外部事物对肉体的刺激，外部世界的事物我们无从知晓，认识是内在经验的结果。"我们已经学会，感官感觉，被人们天真地设定为受外部世界制约的感官感觉，倒是由内部世界决定的：外部世界一切真正的行动始终是无意识地进行的……为我们所意识的外部世界一部分，是在从外部对我们产生作用或结果之后晚生的，是在事后作为这种作用或结果

---

① ［德］尼采著，孙周兴译：《尼采著作全集》（第12卷），商务印书馆2010年版，第451页。
② ［德］尼采著，孙周兴译：《尼采著作全集》（第13卷），商务印书馆2010年版，第332页。
③ ［德］尼采著，孙周兴译：《尼采著作全集》（第13卷），商务印书馆2010年版，第332页。

的'原因'而被投射出来的……在关于'内部世界'的现象主义中，我们颠倒了原因与结果的时间顺序。'内在经验'的基本事实是：原因是在结果产生以后才被虚构出来的……"①认识源自在内在经验，内在经验才是整个认识的开端。"整个'内在经验'的依据就在于：为了刺激神经中枢，要寻找和设想一个原因——而且首先是这个被找到的原因进入意识之中：这个原因绝对不与现实的原因相合，——这是一种根据以前的'内在经验'所做的摸索——亦即根据记忆所做的摸索。可是，记忆也包含着陈旧解释的习惯，亦即其错误的因果性……——以至于'内在经验'本身必定要承受从前所有虚假的因果虚构的后果。我们的'外部世界'，正如我们任何时候都要对之加以投射的那样，已经被移置了，与陈旧的根据之谬误紧密地捆绑在一起了：我们用'物'的公式化来解释这个'外部世界'"②。内在经验是根据记忆而来的，记忆进入意识之后，形成了我们的认知习惯，任何对外部世界的陈述都是由记忆发动的。"'内在经验'只有在它发现了一种能为个体所理解的语言之后才能进入我们的意识中……也就是一种翻译，一种使某个状态转变成个体更熟悉的状态的翻译——'理解'只是单纯地意味着：能够用关于某个陈旧之物、熟悉之物的语言去表达某种新东西"③。我们之所以能够对世界进行理解，原因在于我们用熟悉的语言重新解释，不能被纳入熟悉语言的事物，我们不能对之形成理解，一种新的状况能否转换为个体熟悉的语言变得尤为重要。

以同一性思维为基础的知性思维模式把握不了世界，世界是主观设定的结果。尼采说道："一切思想、判断、感知作为比较，都是以一种'设

① ［德］尼采著，孙周兴译：《尼采著作全集》（第13卷），商务印书馆2010年版，第539页。

② ［德］尼采著，孙周兴译：《尼采著作全集》（第13卷），商务印书馆2010年版，第539—540页。

③ ［德］尼采著，孙周兴译：《尼采著作全集》（第13卷），商务印书馆2010年版，第540页。

为相同'为前提的，更早地，还以一种'搞为相同'为前提。"① "同一性原则"没有任何客观性可言，是人主观任意的结果。在旧形而上学的建构中，一切充当形而上学本体的东西，如"自在之物""上帝""自我"，无非是具备最抽象的同一性与最初始的原因性的逻辑范畴。同一性思维必然导致对世界"第一因"的追究，"最后的、最稀薄的、最空洞的东西被设定为最初的东西"②。欲望、情绪和感觉是一切认识的开端，而权力意志是认识发动的动力和起因，在认识之前的权力意志比理性更为根本，如果认识不是由权力意志发动，就根本不会形成认识，自然也不能形成普遍必然的知识。理性和良知都服从于作为我们最强大的欲望的权力意志。"通过分工，感官知觉与思维和判断差不多已经分离开来了：而在早先，思维和判断是包含在感官知觉之中的，不是分离的。更早先的时候，欲望与感官知觉必定是一体的。"③感官知觉与思维和判断并不是两种不同的认识能力，思维和判断包含在感官知觉中，并不是高于感官知觉的能力。二者都是肉体的认识能力，在欲望的驱使下对世界进行有效的认识。"既然已经准备了对外部世界的理解和传达，理智和感官就必定是表层的。逻辑的完全空洞性——"④理智和感官不能把握世界，因为它们只是对世界的表层认识，要对外部世界形成理解和传达，必须要寻求直觉，这是肉体把握世界的方式。理智和感觉在认识过程中并没有独立的地位，理智和感觉只是权力意志本能活动的产物，理智和感觉是依附于权力意志的，二者只是权力意志的玩偶和工具。

尼采认为不存在一种"为知识的知识"，也就是纯粹的认识，认识都是在某种意图和目的指导下形成的。对认识论的研究必须打破从经验或者

① ［德］尼采著，孙周兴译：《尼采著作全集》（第12卷），商务印书馆2010年版，第243页。
② ［德］尼采著，周国平译：《偶像的黄昏》，湖南人民出版社1987年版，第25页。
③ ［德］尼采著，孙周兴译：《尼采著作全集》（第12卷），商务印书馆2010年版，第31页。
④ ［德］尼采著，孙周兴译：《尼采著作全集》（第12卷），商务印书馆2010年版，第30页。

从人类理性方面去寻求，也不能通过考察人类的认识能力去解决人类的认识问题，而应该关注认识能力背后的动力，这才能解决人类的认识问题。认识活动是人自主的行为，而不是被动接受的。对事物的认识只有在对人类的生存条件有益的时候，它们才能被人类有效地感觉和认识到。认识与价值判断是紧密结合在一起的，尼采把认识看成是一种价值判断。"意识存在之程度即意识的有益性。毫无疑问，一切感官感知完全是靠价值判断来实施的（有益的或有害的——因而就是愉快的或不快的）。"[1]尼采把纯粹关于事实的认识变成了一种价值认知。尼采不认为存在那种关于客观事实的绝对真切的认识，这种认识根本不存在。

---

[1] ［德］尼采著，孙周兴译：《尼采著作全集》（第12卷），商务印书馆2010年版，第127页。

第三节 ｜ "理性世界" 形成的语法结构

理性世界形成的语言根据是：世界是以语言的形式进行表述的世界，语言是表现世界的符号，在语言中出现的世界就是世界本身，以概念为基础的语言和世界在性质上是同一的，并且语言遵照逻各斯精神，具有严格的规定性，这样，语言和世界具有同一的内在的规律。

一、"理性世界" 形成的语言溯源

形而上学是在本体论、认识论和语言逻辑的共同作用下形成的，最早注意到存在和语言之间关系的是巴门尼德，他认为，存在和对存在的思维是同一回事，这就是其 "思维和存在是同一" 的命题，思想总是对事物的思想，不存在不能被思想的事物，思想总是以语言的方式进行，因而，思维、存在和语言有着内在的逻辑关联。罗素对巴门尼德思想评论道："在哲学上，这是从思想与语言来推论整个世界的最早的例子。"① 高尔吉亚反对巴门尼德把思维、存在和语言同一起来，他认为本体论、认识论和语言三者之间并不存在一致的关系，他的三个主要哲学命题清楚地表明了这点，"他（指高尔吉亚——引者注）说，无物存在；如果说有什么存在，它也是不可认识的；如果既存在又可以认识的，也无法向其他人

---

① ［英］罗素著，何兆武、李约瑟译：《西方哲学史》（上卷），商务印书馆 2013 年版，第 62 页。

讲明"①。高尔吉亚是要否定思维、存在和语言之间的同一性，认为"存在"是不存在的，不能被认识，也不能用语言进行表述。高尔吉亚之后，主要的哲学流派都努力要实现这三者之间的一致——如果有物存在，必然能被认识，如果能被认识，就一定能以语言表述出来。

对语言形而上学做出杰出贡献的首推亚里士多德，他对实体的定义就是从语言逻辑层面展开的。"实体，就其最真正的、第一性的、最确切的意义而言，乃是那既不可以用来述说一个主体又不存在于一个主体里面的东西，例如某一个个别的人或某匹马。但是在第二性的意义之下作为属而包含着第一性实体的那些东西也被称为实体；还有那些作为种而包含着属的东西也被称为实体。"② 亚里士多德把个别事物看成是第一实体，属和种看成是第二实体，第二实体和第一实体是根据语法结构进行区分的，第一实体永远只能作主词，不能作谓词，而第二实体既可以作主词，也可以作谓词。亚里士多德后来实际放弃了个别实体才是真正实体的观点，代之以形式实体。正如徐长福教授所说："形式之为第一实体的最突出优点在于它是可定义之物，是通过述谓可以把握的最可靠、最基本的意义，或者说是一种意义本原物，是关于'是什么'的一切可能的答案中最接近到位的答案。"③ 在亚里士多德看来，形式能对事物进行定义，所以是实体，形式主体和第一实体最大的不同是：第一实体是物质实体，是可被经验的，而形式实体是一种概念规定性，是理性把握的对象。

要对个别事物下定义是不可能的，个别事物因而难以成为实体。实体是可以被普遍言说和传达的东西，形式能进行定义，且能确定事物的本性，形式满足了成为实体的要求，所以亚里士多德把形式当作实体。当然，实体是独立自足的，它是一切事物的来源，任何其他事物只能作实

---

① 苗力田主编：《亚里士多德全集》（第7卷），中国人民大学出版社1993年版，第18页。
② [古希腊]亚里士多德著，方书春译：《范畴篇 解释篇》，商务印书馆2009年版，第11页。
③ 徐长福：《拯救实践》（第1卷 意识与异质性），重庆出版社2012年版，第100页。

体的谓词来说明实体。"因为除了实体而外没有一个别的范畴能独立存在，所有别的范畴都被认为只是实体的宾辞。"①实体当然是存在的，这样一来，西方哲学进入了存在论的哲学思维模式，这种存在论是由语言导致的。存在是第一性的，作为本原它不能从其他事物中产生出来，如果实体是被产生出来的，必然就不是本原，本原是"一"，如果本原是"多"，必然会涉及哪种本原在先的问题，所以作为存在的本原就只能作主词，而不能作宾词。"既是本原就不应该是某一主辞的宾辞（否则就会有一个本原的本原了，因为主辞是一个本原，并且被认为是先于宾辞的）。"②在主词和谓词的关系中，主词是始源性的，而谓词是依附性的。实体作为主词是任何变化的承担者，变化的只是作为实体特征的谓词，实体是不变化的，如果实体发生变化，就丧失了作为实体的资格。"只有实体不是用来说明别的什么主辞的宾辞，倒是别的一切都是说明实体的宾辞。"③亚里士多德对实体的定义是从语言逻辑层面做出的，把实体限定在主词上，从而实体相对于除实体之外的任何事物都具有优先的决定性。亚里士多德的实体观对自他以降的西方哲学产生了重大影响。罗素批评自亚里士多德以来的实体思想，他说："'实体'一言以蔽之，就是由于把由主词和谓语所构成的语句结构转用到世界结构上面来，而形成的一种形而上学的错误。"④罗素对实体概念的批判可谓一语中的，认为形而上学的出现是错误地把语法结构和世界结构等同起来，致使用语言遮蔽了现实世界。

西方哲学从亚里士多德以来，形而上学家大都从形而上学的层面解释语法问题，语法问题由此成为存在问题，这种倾向在黑格尔哲学中达到了

① ［古希腊］亚里士多德著，张竹明译：《物理学》，商务印书馆 2012 年版，第 18 页。
② ［古希腊］业里士多德著，张竹明译：《物理学》，商务印书馆 2012 年版，第 32 页。
③ ［古希腊］亚里士多德著，张竹明译：《物理学》，商务印书馆 2012 年版，第 35 页。
④ ［英］罗素著，何兆武、李约瑟译：《西方哲学史》（上卷），商务印书馆 2013 年版，第 259 页。

最高峰。"从亚里士多德在《范畴篇》中把个别事物看作第一实体后，西方哲学史的主导趋势就是把实体搞得越来越抽象、越来越普遍、越来越单一。这一趋势到黑格尔哲学达到极致。"① 从某种意义而言，黑格尔哲学中的存在概念是亚里士多德实体概念的进一步抽象化和普遍化，黑格尔把存在作为世界的开端，他说："纯存在或纯有之所以当成逻辑学的开端，是因为纯有既是纯思，又是无规定性的单纯的直接性，而最初的开端不能是任何间接性的东西，也不能是得到了进一步规定的东西。"② 纯有即纯思虽说是一种最抽象和空疏的事物，不在现象世界存在，却是一种最真实的客观存在，世界万物的存在都依赖于纯思，没有纯思的存在，万物就只能是空无。通过这种纯思，黑格尔实现了主体和实体的同一，他说："一切问题的关键在于：不仅把真实的东西或真理理解和表述为实体，而且同样理解和表述为主体。"③ 这种"有"根本不能被感觉到，也不可能被直观，对它也形成不了表象，只是一种纯思，并且这种纯思是黑格尔逻辑学的开端，世界就是这种纯思自我运动变化发展的产物，是纯思的外化。

对于黑格尔哲学方法的基本特征，马克思批判道："用思辨的话来说，就是把实体了解为主体，了解为内在的过程，了解为绝对的人格。这种了解方式就是黑格尔方法的基本特征。"④ 马克思认为，黑格尔把实体和主体等同起来，把世界的产生当作纯思外化的结果，是一种神秘主义，无论如何，纯思都是在观念世界中进行的，不可能产生出客观的物质世界。正如罗素所评价的那样："实体被认为是某些性质的主体，而且又是某种与它自身的一切性质都迥然不同的东西。但是当我们抽掉了这些性质而试图想

---

① 徐长福：《马克思哲学中的"主谓颠倒"问题》，《马克思主义与现实》2009年第3期。

② ［德］黑格尔著，贺麟译：《小逻辑》，商务印书馆2014年版，第189页。

③ ［德］黑格尔著，贺麟、王玖兴译：《精神现象学》（上卷），商务印书馆2015年版，第12页。

④ 《马克思恩格斯文集》（第1卷），人民出版社2009年版，第280页。

象实体本身的时候，我们就发现剩下来的便什么也没有了。"① 把实体抽象化，作为一种语言的存在，最后导致语言纯粹作为一种能指，而没有所指的对象，这样，哲学就有可能成为一种纯粹的语言游戏。

二、马克思对"主谓颠倒"的批判

在《黑格尔法哲学批判》中，马克思批评黑格尔处处把国家理念当作主体，而把市民社会和家庭当作是观念主体的产物；观念变成了主体，而现实的主体，比如家庭、市民社会以及现实的人变成了观念的因素，变成了观念的"谓语"。"变成主体的是：抽象的现实性、必然性（或实体性的差别）、实体性，因而是些抽象逻辑范畴。"② 马克思要把人变成主语，和费尔巴哈的人不同的是，他的主语不是自然人，而是社会人。在《黑格尔法哲学批判》中，马克思多次使用"主体"和"谓语"，其实在和"谓语"相对应的地方应该译为"主语"，更为恰当的翻译应该把"谓语"译为"谓词"，"主体"译为"主词"，这样就可以清楚地看到马克思对黑格尔的法哲学进行批判时持有清晰的语言批判维度。德文 Subjekt 可译为"主体"或"主词"，在什么情况之下翻译为"主体"或"主词"，就要视具体的情境而定。在不同的语境下，同名异义的词需采用不同的汉译名称，才不会因概念的混淆而导致理解混乱。"当若干事物虽然有一个共通的名称，但与这个名称相应的定义却各不相同时，则这些事物乃是同名而异义的东西。"③ 主词和谓词属于符号维度的问题，主体和客体属于对象维度的问题。虽说把德文 Subjekt 翻译成"主体"并无语用上的问题，但在语义维度上

---

① ［英］罗素著，何兆武、李约瑟译：《西方哲学史》（上卷），商务印书馆 2013 年版，第 258 页。

② 《马克思恩格斯全集》（第 3 卷），人民出版社 2002 年版，第 21 页。

③ ［古希腊］亚里士多德著，方书春译：《范畴篇　解释篇》，商务印书馆 2009 年版，第 9 页。

还是相差甚远。如果不加区别地把该译为"主词"的时候译为"主体"，那就遮蔽了马克思的语言批判维度，亦无法探明马克思在语言哲学上所做出的贡献。

马克思认为黑格尔颠倒主谓关系是为了辩护普鲁士的反对统治，他说："当黑格尔把国家观念的因素变成主语，而把国家存在的旧形式变成谓语时——可是，在历史真实中，情况恰恰相反：国家观念总是国家存在的〔旧〕形式的谓语——他实际上只是道出了时代的共同精神，道出了时代的政治神学。这里，情况也同他的哲学宗教泛神论完全一样。这样一来，一切非理性的形式也就变成了理性的形式。但是，原则上这里被当成决定性因素的在宗教方面是理性，在国家方面则是国家观念。这种形而上学是反动势力的形而上学的反映，对于反动势力来说，旧世界就是新世界观的真理。"① 马克思对黑格尔法哲学的批判实质是一种语言批判，其认为黑格尔把国家观念当作主词，而把家庭、市民社会和感性的现实的人当作谓词，这种以观念、理性规制现实的做法是一种形而上学，目的是为了论证国家反动本性的合理性。"马克思批判黑格尔颠倒主谓词，就是批判他把抽象理念当作主词，把实际的主词当作谓词，从而达到用逻辑学的理由为普鲁士的政治现实作辩护的目的。"② 马克思不认同黑格尔以"主谓颠倒"的方式去论证现实国家的合理性，他反对黑格尔的语言逻辑，意欲将黑格尔的"主谓颠倒"的语言逻辑重新摆正。

黑格尔的根本错误在于把合乎理性的东西说成是真实的东西，对于这种观点，马克思批评道："这种差别的根源不在于内容，而在于考察方式或语言表达方式。"③ 黑格尔以一种"主谓颠倒"的语言表达方式实现了国

---

① 《马克思恩格斯全集》（第40卷），人民出版社1982年版，第368-369页。

② 徐长福：《论马克思早期哲学中的主谓词关系问题——以〈黑格尔法哲学批判〉为解读重点》，《哲学研究》2016年第10期。

③ 《马克思恩格斯全集》（第3卷），人民出版社2002年版，第11页。

家理念和政治现实的颠倒。"主词（原文主体——引者注）是'理想性中的必然性'，'观念自身内部'，而谓词（原文谓语——引者注）则是政治信念和政治制度。明确地说就是：政治信念是国家的主观实体，政治制度是国家的客观实体。"① 马克思对黑格尔的"主谓颠倒"批判道："重要的是黑格尔在任何地方都把观念当作主词（原文主体——引者注），而把本来意义上的现实的主体，例如，'政治信念'变成谓词（原文谓语——引者注）。而发展却总是在谓词（原文谓语——引者注）方面完成的。"② 黑格尔曾经明确表达了政治制度是概念本性自身外化的结果，他说："政治情绪从国家机体各个不同的方面取得自己特定的内容。这一机体就是理念向它的各种差别的客观现实性发展的结果。由此可见，这些被划分的不同方面就是各种不同的权力及其职能和活动领域，通过它们，普遍物不断地（因为这些差别是概念的本性规定的）、合乎必然性地创造着自己，又因为这一普遍物也是自己的创造活动的前提，所以也就保存着自己。这种机体就是政治制度。"③ 因而，马克思对黑格尔法哲学批判的第一维度是语言维度，其次才是意识维度和现实维度。马克思对黑格尔的语言表达方式进行了重点批判，不只是批判黑格尔法哲学中的王权、行政权和立法权等具体内容。

在《法哲学原理》中，黑格尔把国家看成是实体即主体的精神，国家不是从家庭和市民社会的特殊本质中引申出来，而是从一种必然性和自由的普遍关系中引申出来，这种方法在马克思看来是神秘的。马克思对这种方法批判道："这完全是在逻辑学中所实现的那种从本质领域到概念领域

---

① 译文略有改动，马克思在《黑格尔法哲学批判》中多次使用"主体"和"谓语"，为了清晰地呈现出马克思对黑格尔法哲学批判时所持有的语言批判立场，在和"谓语"相对应的"主体"应改为"主语"，更为恰当的翻译应该把"谓语"译为"谓词"，"主体"译为"主词"。《马克思恩格斯全集》（第3卷），人民出版社2002年版，第14页。

② 译文略有改动。《马克思恩格斯全集》（第3卷），人民出版社2002年版，第14页。

③ ［德］黑格尔著，范扬、张企泰译：《法哲学原理》，商务印书馆1982年版，第268页。

的过渡。"①马克思认为黑格尔总是以正、反、合的辩证逻辑和用一些永恒的范畴去规定现实中的事物，如果现实事物不能满足辩证法的逻辑，那么不是辩证逻辑的问题，而是现实事物本身的问题，逻辑永远不会出错，出错的只能是现实事物。"他（指黑格尔——引者注）不是从对象中发展自己的思想，而是按照自身已经形成了的并且是在抽象的逻辑领域中已经形成了的思想来发展自己的对象。"②本来现实应该成为主词，思想作为谓词来说明主词，但黑格尔把主谓关系给颠倒了，所以"他使作为观念的主体的东西成为观念的产物，观念的谓词（原文谓语——引者注）"③。正如徐长福教授所评论的那样："在《黑格尔法哲学批判》中，马克思反对以政治理念作主词而现实政治作谓词，主张以现实政治作主词而政治理念作谓词；反对'用国家来论证逻辑'，主张'用逻辑来论证国家'。"④在主谓关系中，主词处于绝对性地位，谓词作为主词的特征对主词进行述谓，因而是依附性的。黑格尔以一种颠倒的语言表达方式，把政治理念作为主词，把现实政治作为谓词去述谓主词，以国家来论证逻辑的合理性，确定了"主谓颠倒"的语言逻辑。

马克思认为黑格尔把逻辑放置在主语位置上是有深意的。"除了主词（原文主体——引者注）和谓词（原文谓语——引者注）的这种颠倒之外，还造成一种假象，似乎这里谈的是与机体不同的另一种观念。这里的出发点是抽象的观念，这种观念在国家中的发展就是政治制度。因此，这里所谈的不是政治观念，而是政治领域中的抽象观念。"⑤具体的政治制度被说成了抽象观念的产物，这样现实的国家就被遮蔽在黑格尔辩证逻辑的厚重

①《马克思恩格斯全集》（第3卷），人民出版社2002年版，第13页。

②《马克思恩格斯全集》（第3卷），人民出版社2002年版，第18-19页。

③译文略有改动。《马克思恩格斯全集》（第3卷），人民出版社2002年版，第18页。

④徐长福：《拯救实践》（第1卷　意识与异质性），重庆出版社2012年，第103页。

⑤译文略有改动。《马克思恩格斯全集》（第3卷），人民出版社2002年版，第15-16页。

迷雾中。"主谓颠倒"的语言言说方式最终导致的结果是现实的主体成为抽象的谓词，人的真实性被消解了，超出个人的国家成了可以凌驾于个人之上的最真实存在物。"既然出发点是被当作主体、当作现实本质的'观念'或'实体'，那现实的主体就只能是抽象谓词（原文谓语——引者注）的最后谓词（原文谓语——引者注）。"① 马克思要纠正被颠倒的语言逻辑，为现实存在的个人的根本权利做出合理性说明。

在《黑格尔法哲学批判》中，马克思批判了黑格尔所赞同的君主制，在君主制中，人民附属和依存于政治制度；马克思提倡民主制，在民主制中，国家制度是"人民的自我规定"，是人民的国家制度。"民主制是一切形式的国家制度的已经解开的谜。在这里，国家制度不仅自在地，不仅就其本质来说，而且就其存在、就其现实性来说，也在不断地被引回到自己的现实的基础、现实的人、现实的人民，并被设定为人民自己的作品。"② 要颠覆黑格尔以抽象范畴构造的抽象世界，必须在语言逻辑上实现突破，把现实生活的人作为主词，让抽象范畴作为谓词来言说和述说主词，才能颠覆抽象世界的统治，把人的注意力集中到唯一的现实感性世界中来，以现实的活动去改变和塑造外部世界，从而使世界和自我发生有益的改变。"思想本身根本不能实现什么东西。思想要得到实现，就要有使用实践力量的人。"③ 马克思认为黑格尔思想存在的问题是：往往把思辨的叙述当作现实的叙述，以思辨的阐述方式所作的现实的阐述会造成一种假象，即把思辨的阐述看成是现实的，而把现实的阐述看成是思辨的。黑格尔以"主谓颠倒"的方式混淆了思辨和现实的关系，从而达到为反动的社会现实进行论证的目的。

---

① 译文略有改动。《马克思恩格斯全集》（第3卷），人民出版社2002年版，第22页。

② 《马克思恩格斯全集》（第3卷），人民出版社2002年版，第39-40页。

③ 《马克思恩格斯文集》（第1卷），人民出版社2009年版，第320页。

三、"理性世界"：语法信仰的结果

形而上学家认为语言和世界具有同一结构，在尼采看来，正如对世界不能形成具有确切的认识一样，作为传达认识的语言也不具有确切性。对语法的信仰让我们相信了一个真正的世界的存在，尼采说："语言中的'理性'：一个多么欺诈的老妪啊！我担心我们尚未摆脱上帝，因为我们还信仰语法……"[①]形而上学的语法结构是理性世界形成的语言根源，为了破除这种形而上学的语言神话，需要从以下几个方面进行批判：

1. 反对对语法结构的迷信。形而上学家之所以有语言表达世界这种信念就是对语法结构的迷信的结果。形而上学家习惯于为行为设置一个行为者这种语法习惯，这是因果律在语言上的一种误用。因果律在语言上的运用，表现为语法上的主谓结构，这是逻辑上的因果关系在语言上的表达。尼采认为逻辑上的因果关系源自语法的主谓结构。谓词由主词决定，行动背后必有行动者，结果肯定是原因导致的，由此看来，主词与谓词、行动者与行动都构成了因果联系；而实际情况是，对因果关系的信仰根本说来是对语法的信仰。在这种语法结构中，主词是行为的发动者，谓词是对主语状态的一种描述，主词是原因，谓词是结果。理念、彼岸、物自体只能作为主词，现实世界的事物只能对这些主词进行表述，真正的世界就这样产生了，成为感性世界的原本。实际情况是，从来就没有这样一种语言决定思维的情况，这只是人类中心主义的一种表现而已。形而上学家受制于这种语言之网，逃离不开语言的制约，把语言和世界等同起来。

2. 反对对语言概念的误用。概念的误用也是世界二重化的原因之一。"德谟克利特将上与下的概念转用到无限空间，其实这些概念在那样的空间里已没有任何意义；而一般哲学家则将内与外的概念转用到世界的

---

① ［德］尼采著，周国平译：《偶像的黄昏》，湖南人民出版社1987年版，第27页。

本质和现象上，他们认为，人们带着深入的感觉深入到内部，接近自然之核心。"①尼采认为，世界本来就没有上下内外之分，上下内外概念的使用必然会把真正的世界看成是高于和内在于虚假世界。形而上学家带着深入世界内部的感觉去对世界做出解释，但这感觉没有感觉对象，从而形成不了关于世界内部的知识，感觉在一种自我欺骗和蒙蔽的状况下杜撰出了关于世界内部的知识，其实这种知识毫无真实性可言，感觉和感觉的知识内在没有关联，两者之间毫无关系。语言概念遮蔽了对感性世界的认识，构建了一个供信仰的真正的世界。真正的世界只是人类用语言概念编造的，尼采说道："'假象的世界'是唯一的世界；'真正的世界'只是编造出来的……"②尼采认为，事物的名称只具有偶然性，正如把衣服加于事物，事物的实质却和衣服毫不相干，不能把衣服看作是事物本身。

3. 否弃对语言本质做一元性的理解。坚持对语言做一元性的理解，必然会推导出真正的世界的存在，形而上学家把用语言掌握的世界称为真正的世界。在尼采看来，这是一种语言独断论，并不存在一种单一本质的语言世界。尼采认为，语言是多义的，不存在一个作为文本的精确语言的存在，语言本质上是一种解释。"包括语言在内的每一个符号，每一个说出来的词，都仅仅只是解释——是我们运用于一个未知或者可能并不存在的文本的解释。"③所以，解释并不是直接对应着事物的，每一个解释的符号就不再是关于一个对象的符号，而成了对另一个符号的解释。解释只能被其他的更有力的解释所取代，当一种解释比另外一种解释更有力时，那么它就更接近真理。解释可以在不同的角度之间进行变换，不同类型的解

————————
① ［德］尼采著，杨恒达译：《尼采全集》（第2卷），中国人民大学出版社2011年版，第20页。
② ［德］尼采著，周国平译：《偶像的黄昏》，湖南人民出版社1987年版，第24页。
③ ［德］贝勒尔著，李朝晖译：《尼采、海德格尔与德里达》，社会科学文献出版社2002年版，第84页。

释也就可以相互发生作用。当然，解释并不是任意的和没有条件的，新的解释之所以能取代旧的解释，是因为新的解释更有力量，更符合人们的生活，而不是这种解释更符合事实。可以不断从新的视野中做出解释，从而不断地代替在旧的视野中做出的解释。视野在不断地扩大，解释力度也在不断地加大。"既然一切都是通过某个视角作出的解释，那么，单一的真理和本质当然就是独断论的。从透视的角度来看，单一的本质就一定以多样性为前提，也就是说，所谓的'本质'，不过是众多意见中的一种，众多'本质'中的一种，本质之所以成为本质，完全是解释的产物，是'我'基于各种特定条件而主动选择出来的产物。"① 尼采的语言哲学正是要打破语言的逻辑明晰性，强调语言的多义性和模糊性，这和工具理性的现代思维方式存在明显的冲突。

周国平指出："哲学解释学的兴起基于两点重要认识：第一，一切认识都是解释，不存在纯客观的世界'文本'；第二，解释必凭借语言，语言在很大程度上决定了人的世界图景。这两点认识，尼采实际上都提出了。"② 借助于语言对世界的解释是主体意图的一种表达，意图具有主观色彩，对世界的语言把握也就是对世界的解释。对于此在的任意行动，谁若根据它赖以发生的意图来衡量它的价值，这就是指有意识的意图了。在所有行动中，都往往存在无意识的意图，而且作为意图突显出来的东西，可做多重解释，其本身只是一个征兆而已。任何一种未曾表达且不可表达的意图都是一种解释，一种可能错误的阐释，此外就是任意的简化和伪造。因而，语言本身不存在唯一的文本，存在的文本是可以进行多种解释的，这就消解了纯客观的世界"文本"。此在对语言把握的程度和解释的能力就决定了各自关于世界的图景，语言构成了此在存在的生存境阈。德勒兹

① 汪民安：《尼采的认识论批判》，《国外理论动态》2008 年第 3 期。
② 周国平：《尼采与形而上学》，译林出版社 2012 年版，第 146 页。

对尼采强调解释多义性的观点甚为赞同，他对尼采解释多义性的观点评价道："阐释乃至评价总是意味着衡量。本质的观念在此并没有消失，而是被赋予了新的意义，因为并非所有的意义拥有同一种价值。对于一个事物而言，有多少种力能够占有它，它就存在着多少种意义。"①在多元解释的推动下，创造力不断得到发挥，生命力感不断得到刺激，机体的力量和活力不断得到增强。

在语法结构支配下的语言创造出了一个单一本质的世界，这个世界缺乏活力、机械僵化、死气沉沉。这种世界压抑了去创造、去增强的权力意志，所以尼采要对它加以颠覆。尼采把语言和人类生活世界的意义结合起来，把语言看成是人的存在方式，而不再是纯粹的思维工具，把语言归结到人类安身立命的本性中去。"现实语言的生命就在于多义性。把活生生的、动态的词语转换为一系列单义的、机械地固定下来的僵化符号，这或许就是语言的死亡，是此在的僵死和荒芜了。"②尼采主张排除词义的确定性，破除句法结构和逻辑结构，保持和创造词的歧义性和其隐喻性。尼采改变了以往形而上学家重视语言的形式而贬低语言的内容的倾向，主张重视语言的内容，重视语言对人类社会生活的表达，不再追求语言的确定性，破除语言形式对语言意义的限制。

权力意志不再作为一个纯粹的主语或谓语，它是主谓结合体，是持续生成着的存在和存在着的生成，生成与存在无限接近。权力意志打破了形而上学家对主谓结构语法和逻辑因果律的迷信，清除了主语和谓语的巨大差异，颠覆了语言才能把握真正的世界的神话。尼采反对语言对于传统哲学思维的支配地位，他更为注重语言的解释效果，重视语言的多义性，这是尼采在语言观上做出的突破。尼采要从语言多义性角度粉碎把世界二分

---

① ［法］德勒兹著，周颖、刘玉宇译：《尼采与哲学》，社会科学文献出版社 2001 年版，第 6 页。

② ［德］海德格尔著，孙周兴译：《尼采》，商务印书馆 2010 年版，第 171 页。

的做法，在他看来，世界二重化只是一种幻梦，不存在真正的和虚假的两个世界，只有一个世界的存在——权力意志的世界。"二十世纪以降，西方哲学的基本趋向是否弃以柏拉图的世界二分模式为特征的传统形而上学。从这个角度回顾，我们可以发现，正是尼采最早对传统形而上学进行了全面的批判，这是他在哲学上做的主要工作，也是他的最重要的哲学贡献。"[1] 尼采颠覆了以理性和逻辑构建的超验世界，其思想对海德格尔、施特劳斯、德里达等哲学家产生了巨大影响，现代的存在主义、解释学和后现代主义都与尼采思想有着紧密联系。

尼采要以权力意志取代理性在哲学中的根本地位，和尼采不同，马克思不是要取消理性的根本地位。马克思反对的是把理性看成"无人身的理性"，认为并不存在理性主义者所鼓吹的"精神的精神"。在马克思看来，现实的物质生活关系是理性的生发之地，理性并不是独立自存的，它根本不能脱离作为其起源和根基的现实。马克思也肯定意志、本能、激情等非理性因素的积极作用，他认为这些非理性因素需要接受理性的指导和约束，如果非理性因素不加控制，就会导致破坏性的结果。理性具有普遍性质，而非理性则更多地具有主观色彩。在马克思看来，如果把非理性因素作为人们认识世界和改造世界的前提，那么世界就是极为相对的、个体化的世界，这就把世界的唯一性给消除了。马克思肯定世界的唯一性，主体以观念形式把握到的世界虽然具有多样性，但这并不能作为客观外在世界唯一性的否定。如果把观念中的世界，即主观世界作为评判世界的标准，世界的唯一性就消解了，认识的一元论也就不存在了，把世界主观化的结果就是认识的相对主义，人类认识的主观化使得世界成为不可理解和把握的幻象。马克思对理性主义的批判要比尼采合理，尼采只是把极端化的理性主义转变为极端化的非理性主义，只是从一种形而上学的错误改变为另

---

[1] 周国平：《尼采与形而上学》，译林出版社 2012 年版，再版自序第 1 页。

一种形而上学的错误，这无助于形而上学问题的解决。形而上学问题的解决只能寻求于"实践的唯物主义"，只有通过感性的实践活动才能消除从主体层面或从客体层面去确定真理的片面性。在马克思看来，只有以实践作为检验真理的标准，才能改变以往真理探究的"经院哲学式"争论，这种争论除了增添无聊和琐碎，不会有任何积极的结果。

第二章

"神性世界"：形而上学的神学漫画

　　基督教神学主要有两个思想来源，一是希腊的哲学思想，二是犹太教的创世论。"基督教认为一切存在者都是由一个第一因引起的，这个观念是形而上学的，特别是旧约创世故事的一个希腊形而上学式的翻版。"①希腊思想对本原和第一因的探讨，对基督教的理论化产生了直接的影响，基督教从本质上被形而上学化了。马克思和尼采作为形而上学的颠覆者，对形而上学进行批判时，基督教就成为他们的主要对象。马克思和尼采认为形而上学是宗教背后的理论根源和支柱，没有形而上学，基督教就不能被体系化。上帝是基督教的核心，只有上帝死了，基督教所构造的神性世界才会崩塌，想象天国中的种种魅惑才能被破除。为了颠覆神性世界，马克思和尼采对基督教进行了猛烈批判，在他们看来，上帝不构成人存在的价值和意义，人本身是自足的，消解彼岸世界对人的魅惑，人才能在尘世中创造属于自己的价值和意义。

---

　　① ［德］海德格尔著，孙周兴译：《尼采》，商务印书馆 2010 年版，第 503 页。

第一节 ▏ 宗教的非神圣起源

在基督教教义中，上帝是世界的创造者，人只是上帝的造物，人只有在精神上皈依上帝，才有可能进入天国。尘世生活在基督教教义中没有意义，它是进入天国的障碍，"人应当蔑视自己"是基督教秉持的基本态度。中世纪的神学家安瑟伦说："轻视自己的人，在上帝那里就受到尊重。不顺从自己的人，便顺从了上帝。可见，你应当把自己看得很微小，这样，在上帝眼中，你就是大的；因为，你愈是为人间所蔑视，你就愈是得到上帝的珍视。"[①]奥古斯丁把永恒和极乐的彼岸生活和充满罪孽、暂时的尘世生活相对立，认为现实生活只是死后生活的准备，脱离尘世生活越早，就能越快地步入天国或来世。12世纪法国神学家伯尔拿则说："谁慕求属天的东西，谁就对属地的东西不感兴趣。谁企望永恒的东西，谁就厌恶暂时的东西。"[②]神学还用"原罪说"来使人接受禁欲主义的清规戒律，要人弃绝尘世的感情，因为这是亵渎神灵的，也终将遭到上帝的惩罚。人们除了受到神学理论的束缚，还受到种种烦琐的、让人窒息的宗教仪式的钳制。这些仪式使人时刻牢记上帝的至高无上和人自身的卑微低下。"为了转移人民对于现实生活的痛苦和不幸的注意，神学竭力否定人的价值。"[③]所有

---

① 转引自［德］费尔巴哈著，荣震华等译：《费尔巴哈哲学著作选集》（下卷），商务印书馆1984年版，第53页。

② 转引自［德］费尔巴哈著，荣震华等译：《费尔巴哈哲学著作选集》（下卷），商务印书馆1984年版，第197页。

③ 邢贲思：《欧洲哲学史上的人道主义》，上海人民出版社1979年版，第23页。

这些宗教的教条和仪式，都是为了使人民安于自己不幸的生活处境，逆来顺受所遭遇的痛苦。宗教神学是捆绑在人们身上的巨大的精神枷锁，要重拾人的价值和尊严，需要打倒神圣的上帝，揭下宗教的神圣外衣。

一、神性世界的退隐

马克思说"宗教是人们的鸦片"，认为宗教只是一轮虚幻的太阳，给人以想象的温暖；尼采把宗教看成是人类历史的一个永恒污点，并宣称"上帝死了"。在他们看来，宗教构造了一个虚无缥缈的彼岸世界，上帝成了人的信仰对象，人沦为上帝的附庸、上帝的工具、上帝存在的证明物。除了否定人的价值外，宗教还竭力贬低现世生活的意义，要求人们否弃尘世生活，它把彼岸构造为真实世界，尘世反倒成为虚幻不实的了。马克思和尼采认为根本不存在一个超绝的神性世界，只有颠覆神性世界，摆脱神学理论的种种限制，才能注重唯一的现实世界，才能在尘世中肯定人自身的价值。

宗教的出现是早期人类理智水平低下所导致的，在这一点上马克思和尼采的看法高度一致。在马克思看来，由于早期人类理智的不发达，难以对诸多自然现象做出合理解释，从而创造出了神。"正像神原先不是人类理智迷误的原因，而是人类理智迷误的结果一样。"[1] 对世界理解的困难必然导致人在观念中对现实世界做出扭曲的反映，作为社会意识构成部分的宗教由此产生。在宗教起源问题上，尼采和马克思所持观点一致，他说："所有的宗教都具有这样的一个特征，这就是，它们的起源都只能归因于人类的理智的早期的不成熟。"[2] 不成熟的理智无法合理解释外在的自然现

---

[1] 《马克思恩格斯文集》（第 1 卷），人民出版社 2009 年版，第 166 页。

[2] ［德］尼采著，陈君华译：《反基督：尼采论宗教文选》，河北教育出版社 2003 年版，第 25 页。

象，只能求助于神秘的、宗教的解释。二者认为，宗教从根源上来说就不具有神圣性，原初人类理智水平低下使宗教得以形成。

在马克思和尼采对宗教进行批判之前，上帝和《圣经》就受到了强烈的质疑。弗洛姆曾说："一切信神的体系以及非'神学'的神秘主义体系是以一种精神实体为前提，这一精神实体超越人，并对人的精神力量以及追求拯救和新生的努力赋予意义和价值。"① 基督教作为一种神学体系，精神实体的上帝是它的核心，宣告上帝的死亡，才能最终摆脱宗教的迷梦。《圣经》作为基督教的教义，被认为出自上帝之手，因而是上帝的启示，要颠覆基督教对人的思想统治，需要消除《圣经》的神圣性。对《圣经》有怀疑的杰出代表首推斯宾诺莎，他通过历史学、语言学的研究方法，以其深厚的希伯来知识和历史知识对《圣经》进行了历史考证，揭示了《圣经》中存在的诸多相互矛盾之处。《圣经》如果是上帝的作品，它自然是完美的，不可能存在矛盾。斯宾诺莎向人表明，《圣经》是人类伪造的，不是出自上帝之手，而是由不同的创作者在不同的历史时期编造而成，前后历时两千年之久。他说："圣书不是一个人写的，也不是为一个时期的人写的，而是出自脾气不同的许多著者的手笔，写作的时期自首至尾几乎亘两千年，还许比这更要长些。"②《圣经》既然出自多人之手，且经历了漫长过程，不同创作者的生平、作为和经历必然会使《圣经》的叙述出现矛盾，这就合理解释了《圣经》存在的问题。斯宾诺莎对《圣经》的考证消解了《圣经》的神圣根源，使人们有可能从盲目的信仰中解脱出来，摆脱"上帝的普遍的绝对的教义"的束缚，挣脱神圣权威的统治。

黑格尔认为犹太教和基督教用信仰的权威迫使人们服从，使人丧失了行使理性的权利，扼杀了理性自由，贬低了人的价值。"归根到底教会的

---

① ［美］弗洛姆著，李健鸣译：《爱的艺术》，上海译文出版社2011年版，第87-88页。

② ［荷兰］斯宾诺莎著，温锡增译：《神学政治论》，商务印书馆1963年版（2013年重印），第195页。

整个体系的根本错误在于无视了人心中每一个能力所应有的权利，特别是其中最主要的一个，即理性的权利。只要教会体系无视理性，它除了只是一个轻蔑人的体系之外再也不能是别的东西。"①他反对把宗教置于信仰的基础上，要求把宗教置于理性的审视之下。当然，黑格尔不是要废黜上帝，而是要以理性的方式重塑上帝。黑格尔"所理解的'上帝'，就是作为黑格尔哲学之本体的'绝对精神'、'绝对观念'、'绝对理念'或'永恒的自我意识'。这种'绝对物'，实质上不过是形而上学改装了的、脱离了人的理性或意识而客观化了的人的自我意识"②。费尔巴哈曾对黑格尔的自我意识批判道："在黑格尔哲学中，上帝的本质事实上不是别的，就是思维的本质，或从'自我'，从思维的人抽象出来的思维。因此黑格尔哲学是将思维，亦即将那被思想作为无主体的、异于主体的主观本质，当成了神圣的、绝对的本质。"③黑格尔将宗教理性化，在他看来，只有把宗教理性化才能消除神秘主义，抛弃纯粹的教义学和宗教神迹，才能拒斥宗教迷信。

施特劳斯和鲍威尔对《圣经》进行了深入细致的批判。施特劳斯在《耶稣传》中，以翔实的历史考证方式证实了《圣经》的虚构性。在他看来，《圣经》是编造者无意为之的结果，而不是有意要制造欺骗。无论如何，编造的事实不能代替历史的真实，耶稣的生平没有任何的历史真实性，对不真实对象的信奉是荒谬的。在鲍威尔看来，耶稣和福音书是一种有意伪造的结果，根本上是为了欺骗。他从黑格尔的自我意识出发，认为救世主是"观念"的结果，"观念"作为历史发展的主体，如果"观念"要发挥

---

① ［德］黑格尔著，贺麟译：《黑格尔早期神学著作》，商务印书馆1988年版，第249页。
② 吕大吉、高师宁：《马克思主义宗教理论研究》，中国社会科学出版社2011年版，第45页。
③ ［德］费尔巴哈著，荣震华等译：《费尔巴哈哲学著作选集》（上卷），商务印书馆1984年版，第152页。

其历史作用，需要借助能意识到"观念"作用的个人，通过个人的自我意识作为中介来宣扬宗教教义，救世主就是在这样的思想下产生的，所以宗教是有意为之的结果。鲍威尔认为，宗教是自我意识异化和自我意识分裂的结果，人是把自身的属性归置于上帝，上帝是人自身的虚幻反映。施特劳斯和鲍威尔认为，不是宗教和神创造了人，而是人创造了宗教和神。在宗教批判的立场上，鲍威尔比施特劳斯更为极端，施特劳斯只是质疑耶稣的生平，鲍威尔甚至对耶稣的真实存在也存疑。"鲍威尔与施特劳斯的分歧，主要的并不在于福音故事的真假，而是在于编造它们的方式：究竟'救世主'观念是在古代信徒的流传过程中无意识地表现出来的呢？还是福音书作者的'自我意识'的有意识的编造呢？二人都是在黑格尔哲学体系中高谈阔论，不过施氏强调'观念'的客观发展，鲍氏则强调'观念'的主观意识。从施氏观点出发，救世主观念在古代信徒中自发地表现为神话故事，有可能具有某些历史真实性，而非蓄意虚构；而从后者出发，那些救世主神话则完全是神话创作者的文学虚构，没有任何历史真实性可言。"[①]对于施特劳斯和鲍威尔在宗教批判方面所做出的成就，恩格斯给予过高度评价，他们"从历史学和语言学的角度来批判圣经，研究构成新旧约的各种著作的年代、起源和历史意义等问题，是一门科学"[②]。施特劳斯和鲍威尔对《圣经》做出的批判，进一步动摇了犹太教和基督教的神圣根基。

"绝对精神"被鲍威尔转化为"普遍的自我意识"，黑格尔和鲍威尔都把自我意识推到了神的地位，把宗教神学哲学化，他们的思想成为间接论证神学的理论根据。要彻底地批判宗教，就必须彻底批判黑格尔和鲍威尔的自我意识哲学，费尔巴哈初步承担起了这个任务。费尔巴哈认为，要彻底摆脱宗教的束缚，必须摆脱黑格尔哲学的影响，他说："谁不扬弃黑格

---

① 吕大吉、高师宁：《马克思主义宗教理论研究》，中国社会科学出版社 2011 年版，第53–54 页。

② 《马克思恩格斯全集》（第 21 卷），人民出版社 1965 年版，第 10 页。

尔哲学，谁就不扬弃神学。黑格尔关于自然、实在为理念所建立的学说，只是用理性的说法来表达自然为上帝所创造，物质实体为非物质的、亦即抽象的实体所创造的神学学说。"① 黑格尔认为物质世界是由抽象实体所创造的，抽象实体成了造物主。费尔巴哈把黑格尔哲学看成是宗教的理论根基，他说："黑格尔哲学是神学最后的避难所和最后的理性支柱。"② 费尔巴哈认为人的本质不是神所决定的，相反，神是由人的本质决定的。对于费尔巴哈在宗教批判方面所取得的成就，马克思给予高度评价，费尔巴哈的伟大功绩在于其"证明了哲学不过是变成思想的并且通过思维加以阐明的宗教，不过是人的本质的异化的另一种形式和存在方式；因此哲学同样应当受到谴责"③。可惜的是，费尔巴哈把人作为抽象的类来理解，而不是把人看成是感性的活动的人。

斯宾诺莎以历史学和语言学的方法证明了《圣经》的虚假性，施特劳斯指出基督教福音书存在的神话本质，鲍威尔认为福音书和耶稣只是有意的伪造，黑格尔把神学哲学化和理性化，费尔巴哈从哲学上论证基督教的上帝本质只是人类普遍本质的一种抽象化和人格化。马克思认为，这些思想家对宗教的批判全面而深刻，不再需要对宗教进行专门和系统的批判，宗教从历史学、语言学、自我意识层面进行批判的工作基本结束。同时马克思认为，前人的宗教批判并没有击中宗教的致命要害，他们没有触及宗教产生和存在的社会历史条件。只有从人的社会实践活动和社会政治经济条件对宗教进行批判，才能从根基上颠覆宗教神学。对宗教的现实批判是马克思宗教批判的出发点。尼采认为，只有从人的自然、生命、本能层面

① ［德］费尔巴哈著，荣震华等译：《费尔巴哈哲学著作选集》（上卷），商务印书馆1984年版，第114页。

② ［德］费尔巴哈著，荣震华等译：《费尔巴哈哲学著作选集》（上卷），商务印书馆1984年版，第115页。

③《马克思恩格斯文集》（第1卷），人民出版社2009年版，第200页。

对宗教进行批判才能彻底驳倒宗教，宗教的最大危害在于使人懦弱，降低了人的生命力感，抑制了权力意志的张扬。宗教是一种反自然的伪造，它保存弱者，压制和扼杀强者，在根子上是一种奴隶本能，要消灭一切高贵、伟大和稀有的事物，是对强者的诅咒。

二、自我意识：神学的最后支柱

青少年时期的马克思就掌握了丰富的宗教知识，正如他的中学毕业证书中所描述的那样："他对基督教教义和训诫的认识相当明确，并能加以论证；对基督教会的历史也有一定程度的了解。"[①] 那时，马克思认为基督是一位非常伟大的人生导师和哲人，通过基督才能实现人类光明而美好的未来。"我们的心、理性、历史、基督的道都响亮而令人信服地告诉我们，同基督结合为一体是绝对必要的，离开基督，我们就不能够达到自己的目的，离开基督，我们就会被上帝所抛弃，只有基督才能够拯救我们。"[②] 正如学者所评述的那样："当时马克思在传统宗教思想的影响下，基本还是持有神论的观点。"[③] 基督教对少年马克思的影响是不言而喻的，在宗教信仰问题上，马克思和普通的基督教信徒并无二致，这符合人成长的事实。年轻人不具备自我批判的能力和完整的自我意识，传统的信仰和文化自然会对年轻人的心灵产生作用，马克思也不能摆脱传统的影响。

随着年龄的增长，马克思开始怀疑他之前获得的知识，怀疑直接导致他同他青少年时期怀有的信仰决裂。马克思在大学期间，由于受到康德、费希特和当时盛极一时的浪漫主义思潮的影响，他开始质疑上帝，狂热的宗教信仰不再虔敬了。"我最神圣的东西被毁掉了，必须用新的神来填补

---

① 《马克思恩格斯全集》（第 1 卷），人民出版社 1995 年版，第 933 页。

② 《马克思恩格斯全集》（第 1 卷），人民出版社 1995 年版，第 451 页。

③ 牛苏林：《马克思恩格斯的宗教理解》，河南人民出版社 2003 年版，第 38 页。

这个位置。我从理想主义——顺便提一下，我曾拿它同康德和费希特的理想主义作比较，并从中吸取营养——转而向现实本身去寻求观念。如果说神先前是超脱尘世的，那么现在它们已经成为尘世的中心。"①从那时起，马克思对宗教的神圣性展开了批判，开始转向黑格尔哲学，用自我意识来对抗神和取代神。在马克思的博士论文中，他认为人的自我意识具有最高的神性，"不应该有任何神同人的自我意识相并列"②。他坚持用自我意识去批判宗教，否定神的神性而肯定自我意识的神性。在 1843—1844 年马克思大学毕业后的这段时期，他开始受到费尔巴哈思想的影响。1843 年马克思在一封写给卢格的信中说道："我们的全部意图只能是使宗教问题和政治问题具有自觉的人的形态，像费尔巴哈在批判宗教时所做的那样。"③ 马克思这时仍然没有完全脱离黑格尔哲学的影响，没有摆脱抽象自我意识对他思想的统治。马克思在受到费尔巴哈思想的影响之后，虽说对自我意识抱以赞同的态度，同时也对自我意识的神圣性产生了怀疑，进而对自我意识展开了批判，这是马克思在 1844 年之后的主要工作。

黑格尔的思辨哲学虽说没有直接抬出上帝、抬出神，甚至不承认圣经故事的历史可靠性，表面看来黑格尔是宗教神学的反对者，实则不然。他的哲学思想和神学存在诸多差别，由于这些差别不是本质性的，因而黑格尔哲学和神学之间不存在本质的不同。黑格尔说道："在其普遍性中的上帝，这个其中无局限、无有限性、无特殊性的普遍者，乃是绝对的持续存在，且仅仅是持续存在；而且它仅仅在这个独一者之中有其根源，有其持续存在。如果我们这样来理解这最初的内容，那么我们就可以这样说：上帝乃是绝对的实体，是唯一真的现实。所有是现实的他者，并非自为是现实的，不具有自为的持续存在；只有上帝才是唯一绝对的现实；因此，他

① 《马克思恩格斯全集》（第 47 卷），人民出版社 2004 年版，第 12—13 页。

② 《马克思恩格斯全集》（第 1 卷），人民出版社 1995 年版，第 12 页。

③ 《马克思恩格斯全集》（第 47 卷），人民出版社 2004 年版，第 66 页。

就是绝对的实体。"①在黑格尔哲学中，上帝不仅是实体，同时还是主体。"上帝首先仅仅被规定为实体；绝对的主体，精神，也始终是实体，但它不仅仅是实体，而且在自身中也被规定为主体。"②宗教构筑出了上帝，认为上帝是凌驾于世界之上，是万物创造主。从黑格尔对上帝的界定来看，上帝成了绝对精神的化身，基于此，黑格尔哲学和神学实质上是同一的。

黑格尔哲学认为绝对精神的发展变化创造出了整个自然和历史，绝对精神成了凌驾于世界之上的万物创造主，黑格尔的绝对精神实质成了上帝的别称。神学和黑格尔哲学歪曲了自然的本来面貌，否定了人的本质，把自然和人都说成是由某种神秘的、虚幻的超自然力量所产生的。"绝对精神"是一种抽象实体，只有彻底反驳这种抽象实体，才可以摆脱作为神学支柱的黑格尔哲学的影响。"绝对精神"这一抽象实体，在鲍威尔那里转变为一种"普遍的自我意识"。要清除黑格尔哲学和青年黑格尔派的神学意蕴，就得破除自我意识的虚幻性。马克思说："自我意识即精神就是一切。在它之外没有任何东西。'自我意识'即'精神'是世界、天空和大地的万能创造者。自我意识必定要使自己外化并采取奴隶形象，而世界就是自我意识的生命表现，但是世界和自我意识之间的差别只是虚假的差别。自我意识不把任何现实事物同自身区别开来。世界实际上只是形而上学的区分，是自我意识的超凡入圣的头脑的幻想和想象物。"③在黑格尔和青年黑格尔派看来，自我意识是一种自足的抽象实体，它本身不是被产生出来的，自我意识不再具有属人的特性。自我意识只是一种诡辩的唯心主义，自我意识是从现实的感性的生活世界产生的，本身不具有自足的特

---

① ［德］黑格尔著，燕宏远、张国良译：《宗教哲学讲演录》（第1卷），人民出版社2015年版，第65页。

② ［德］黑格尔著，燕宏远、张国良译：《宗教哲学讲演录》（第1卷），人民出版社2015年版，第68页。

③ 《马克思恩格斯文集》（第1卷），人民出版社2009年版，第343页。

性，受到现实世界的约束。马克思对黑格尔的自我意识哲学批判道："黑格尔把人变成自我意识的人，而不是把自我意识变成人的自我意识，变成现实的、因而是生活在现实的对象世界中并受这一世界制约的人的自我意识。黑格尔把世界头足倒置，因此，他也就能够在头脑中消灭一切界限；可是即便如此，对于坏的感性来说，对于现实的人来说，这些界限当然还是继续存在。"① 黑格尔在自我意识问题上所犯的错误在于忽视了感性、现实性和个性是自我意识的界限，自我意识的根源在于现实的对象世界。

青年黑格尔派继承了黑格尔关于自我意识的观点，把它发展为一种"无限的自我意识"。由于自我意识具有无限的特性，故能成为有限事物的存在根据，一切事物都可以从自我意识层面追溯其起源并得到解释。自我意识是抽象实体，具有和一切事物不可比拟的优先性，作为有限的、变化的现实事物都可以从无限的、永恒的自我意识中得到说明。"在鲍威尔那里，自我意识也是提高到自我意识水平的实体，或者说，是作为实体的自我意识，自我意识从人的属性变成了独立的主体。这是一幅讽刺人同自然分离的形而上学的神学漫画。"② 马克思认为鲍威尔的问题在于忽视自然和现实的人，停留在形而上学的臆想之中，所以他对鲍威尔批判道："他所反对的实体不是形而上学的幻觉，而是世俗的内核——自然，他既反对存在于人之外的自然，也反对人本身这个自然。"③ 马克思认为黑格尔和青年黑格尔派的共同问题是割裂了思维和存在的内在统一性，所以他说："实际上，无形体的实体和无形体的形体，是一个同样的矛盾。形体、存在、实体是同一种实在的观念。不能把思想同思维着的物质分开。"④ 如果只强调思维这一方面，就只能把历史和真理看成是自我意识演化的结果，这

① 《马克思恩格斯文集》（第 1 卷），人民出版社 2009 年版，第 357–358 页。
② 《马克思恩格斯文集》（第 1 卷），人民出版社 2009 年版，第 340 页。
③ 《马克思恩格斯文集》（第 1 卷），人民出版社 2009 年版，第 345 页。
④ 《马克思恩格斯文集》（第 1 卷），人民出版社 2009 年版，第 332 页。

把现实的人类个体给幻化了。"历史也和真理一样变成了特殊的人物，即形而上学的主体，而现实的人类个体倒仅仅是这一形而上学的主体的体现者。"① 一旦把自我意识推上神坛，自我意识就会否弃自然和现实感性活动。单纯地强调自我意识的作用丝毫不能对现实世界产生有效的改变，只有以现实的感性活动作用于对象性现实，才能消除存在和思维的思辨的神秘同一。"当我改变了我自己的主观意识而并没有用真正对象性的方式改变对象性现实，即并没有改变我自己的对象性现实和其他人的对象性现实的时候，这个世界仍然还像往昔一样继续存在。因此，存在和思维的思辨的神秘的同一，在批判那里作为实践和理论的同样神秘的同一重复着。"② 自我意识来自概念、范畴的现实规定性，但在鲍威尔这里，现实的规定性反倒成了附属和衍生的东西。"在它用范畴的形式夺得了整个现实并把人的一切活动消融在思辨的辩证法中之后，我们将看到，它又用思辨的辩证法重新创造世界。"③ 马克思认为，混淆实体和主体的做法是黑格尔哲学的基本特征，"用思辨的话来说，就是把实体了解为主体，了解为内在的过程，了解为绝对的人格。这种了解方式就是黑格尔方法的基本特征"④。马克思认为黑格尔颠倒现实和思辨采取了两个步骤，"首先，黑格尔善于用诡辩的巧妙手法把哲学家借助感性直观和表象从一个对象过渡到另一个对象时所经历的过程，说成是臆想出来的理智本质本身即绝对主体所完成的过程。其次，黑格尔常常在思辨的叙述中作出把握住事物本身的、现实的叙述。这种在思辨的阐述之中所作的现实的阐述会诱使读者把思辨的阐述看成是现实的，而把现实的阐述看成是思辨的"⑤。黑格尔颠倒了思维与存

---

① 《马克思恩格斯文集》（第 1 卷），人民出版社 2009 年版，第 284 页。
② 《马克思恩格斯文集》（第 1 卷），人民出版社 2009 年版，第 358 页。
③ 《马克思恩格斯文集》（第 1 卷），人民出版社 2009 年版，第 274—275 页。
④ 《马克思恩格斯文集》（第 1 卷），人民出版社 2009 年版，第 280 页。
⑤ 《马克思恩格斯文集》（第 1 卷），人民出版社 2009 年版，第 280 页。

在的关系，导致人与自然、自然与精神、历史与逻辑的分离。由于黑格尔强调自我意识的创造性，否定了人与自然、自然与精神、历史与逻辑的内在同一，忽视了自然和人的客观本性，忽视了感性实践活动的创造作用。

意识对于宗教的形成是极为重要的，马克思并不否认这点，他说："当然，意识起初只是对直接的可感知的环境的一种意识，是对处于开始意识到自身的个人之外的其他人和其他物的狭隘联系的一种意识。同时，它也是对自然界的一种意识，自然界起初是作为一种完全异己的、有无限威力的和不可制服的力量与人们对立的，人们同自然界的关系完全像动物同自然界的关系一样，人们就像牲畜一样慑服于自然界，因而，这是对自然界的一种纯粹动物式的意识（自然宗教）。"① 人类的意识以一种虚构的方式创制了一个神性世界，对于严酷自然的不可理解，对于不确定命运的担忧，人们创造一个超验的上帝或神灵进行膜拜，从而获得强大的虚假力量。"宗教的异化本身只是发生在意识领域、人的内心领域。"② 意识对于宗教的形成固然重要，但宗教之所以能对人的精神世界进行全面的统治，根本上是因为统治阶级的统治需要和残酷的社会现实。自然宗教出现之后，由于人类生产力的发展，出现了剩余产品，人类进入私有制社会，出现了阶级对立。统治阶级为了有效地实现统治，需要进一步发挥宗教的麻醉和抚慰功能，把宗教发展成为一种虚假的意识形态，充分发挥其欺骗功能。"在理论上宣布符合于这种资产阶级实践的意识、相互剥削的意识是一切个人之间普遍的相互关系，——这也是一个大胆的公开的进步，这是一种启蒙，它揭示了披在封建剥削上面的政治、宗法、宗教和闲逸的外衣的世俗意义，这些外衣符合于当时的剥削形式，而君主专制的理论家们特别把它系统化了。"③ 马克思把宗教视为维护封建剥削制度和君主专制制度的"外

① 《马克思恩格斯文集》（第 1 卷），人民出版社 2009 年版，第 533–534 页。
② 《马克思恩格斯文集》（第 1 卷），人民出版社 2009 年版，第 186 页。
③ 《马克思恩格斯全集》（第 3 卷），人民出版社 1960 年版，第 480 页。

衣"，这是他第一次用"宗教外衣"这个否定性、消极性的概念，这个概念恩格斯后来多次使用，但赋予了一定的积极意义。马克思清楚地表明，宗教对人的精神统治主要源自不平等的社会现实和统治阶级的统治需要。

三、宗教：一种反自然的伪造

对于原始宗教和宗教仪式的产生和发展，尼采给出了完整的描述。人类早期的宗教生活极为盛行，人们抱有一种信念，认为万物有灵。"在那些时代，人们尚对自然法则一无所知；天地之间没有什么必然的东西；季节、阳光、雨水来去无常，根本没有自然的因果关系的概念。"[①] 没有因果联系的自然在原始人看来是无序的，这种无序自然增加了一种不安全感。"对个人来说，自然——无法理解的、可怕的、神秘的自然——就好像是自由王国，是随意性的王国，是有着更高权力的王国，甚至几乎是此在的超人阶段，是上帝。"[②] 为了使生活可以持续下去，需要求助于一种超验的力量。"相信魔法和奇迹的人的反思在于将一条法则加于自然——质言之，宗教迷信是这种反思的结果。"[③] 为了获得神灵的宠爱，人们还创制出一系列的仪式，通过向神灵献祭取悦于神灵。"通过祈祷和恳求，通过屈从，通过承担起定期进贡和献祭的义务，通过恭维式的美化，是可能将强制运用到自然力上的。"[④] 为了能有效地抵抗自然的强大力量，需要给自然某种

---

① ［德］尼采著，杨恒达译：《尼采全集》（第2卷），中国人民大学出版社2011年版，第71页。

② ［德］尼采著，杨恒达译：《尼采全集》（第2卷），中国人民大学出版社2011年版，第72页。

③ ［德］尼采著，杨恒达译．《尼采全集》（第2卷），中国人民大学出版社2011年版，第73页。

④ ［德］尼采著，杨恒达译：《尼采全集》（第2卷），中国人民大学出版社2011年版，第73页。

规律，让其遵守，从而使得自然规范有序。"宗教迷信的意义在于支配自然和驱除自然妖魔以有利于人类，也就是说，给它强加上一个它一开始并不具有的规律。"① 在宗教思想的支配下，人们的精神生活有了安顿，久而久之，宗教情感成了人的内在诉求，甚至成了一种形而上学需求。"在宗教思想的钳制下，人们习惯于'另一个世界'的理念；假若消除宗教的这一幻想，人们便产生难耐的空虚，总感到缺少了什么。从这一情感遂产生'另一世界'，不过它是一个形而上的、而非宗教的世界。在远古时代，导致人们接受'另一世界'的并非是本能欲望，亦非某种需要，而是在解释自然现象时发生的错误，或者可以说是智力不济吧。"② 宗教存在不在于正确地解释世界，而在于给人以精神安顿。罗素曾言："任何地方的原始宗教都是部族的，而非个人的。人们举行一定的仪式，通过交感的魔力以增进部族的利益。……这些祭礼往往能鼓动伟大的集体的热情，个人在其中消失了自己的孤立感而觉得自己与全部族合为一体。"③ 由于对自然的恐惧，为了给不安定的生活找到一个基点，必须构造出一个神性的对象并对之膜拜，幻想有一个强大的神秘力量在保护自己，从而得到想象中的强大，生活才能得以继续，不可解释的外在现实和形而上的精神需要导致宗教的产生。

和马克思一样，尼采也是从现实层面对基督教进行批判的，但他的现实和马克思所谓的现实不同。尼采不是从政治和经济这些社会现实对基督教进行批判，而是从人的自然本能方面展开对基督教的批判。基督教把苦难看成是人生的毒剂，力图根除人世间的一切恐惧和绝望，向人承诺一

① ［德］尼采著，杨恒达译：《尼采全集》（第2卷），中国人民大学出版社2011年版，第74页。
② ［德］尼采著，黄明嘉译：《快乐的知识》，中央编译出版社2005年版，第107页。
③ ［英］罗素著，何兆武、李约瑟译：《西方哲学史》（上卷），商务印书馆2013年版，第11页。

个美满幸福的彼岸世界。在尼采看来，基督教根除苦难的做法是反自然的，苦难是现实世界不可避免的现象，只要人存在着，苦难就是人生不可避免的一部分，苦难植根于人的现实存在之中。对于强者而言，苦难这种毒剂恰好是一种增强剂。"毒剂可使弱者走向毁灭，但对于强者，它无异于增强剂，强者是绝不会称之为毒剂的。"①宗教看到了人生的苦难，并且想要根除苦难，结果导致人世的种种悲痛与不幸。"基督教决意揭示世界的丑陋和恶劣，却反倒造成世界的丑陋和恶劣。"②宗教让人躲避苦难的结果是产生了大量的弱者。尼采说道："在人类这里，正如在所有其他种类的动物那里，存在着大量过剩的失败者、病变者、蜕变者、衰老者和必然罹受苦难者；成功案例在人类这里也总是例外，考虑到人是尚未固定的动物，成功甚至是罕见的例外。"③宗教固化了人的生命，造成对其他生命理解的不可能。"它们寻求保持，寻求在生命中坚持只要能以某种方式维持的东西，乃至从根本上偏袒那些失败案例，作为为罹受苦难者的宗教，它们给所有罹受生命如罹受病痛的人们以权利，它们想要潜移默化使大家认为，任何对生命的其他理解都是虚假的，都不再可能。"④宗教以消除苦难的方式保存了大量弱者，导致生命的弱化，这在尼采看来是违反自然现实的。

尼采认为宗教敌视自然现实。"远离感官经验，上升到抽象世界，——过去人们确实觉得因此得到了升华。但是，我们今天已经不太熟悉这种感情了。带着对这个有形的、充满诱惑和罪恶的世界的蔑视，人们在暗淡的语词构造和事物构造中找到了欢乐，在这些不可见、不可闻、不可触知的

---

① ［德］尼采著，黄明嘉译：《快乐的知识》，中央编译出版社 2005 年版，第 18 页。

② ［德］尼采著，黄明嘉译：《快乐的知识》，中央编译出版社 2005 年版，第 97 页。

③ ［德］尼采著，赵千帆译：《尼采著作全集》（第 5 卷），商务印书馆 2015 年版，第 95 页。

④ ［德］尼采著，赵千帆译：《尼采著作全集》（第 5 卷），商务印书馆 2015 年版，第 96 页。

存在身上看到了光明，觉得自己生活在它们中间就像是生活在一个更高的世界。"① 在尼采看来，宗教否弃现实世界，以一种虚幻的想象世界取而代之，宗教想象出来的世界的真实性连梦都不如。他说："一种想象出来的目的论（'上帝国'、'末日审判'、'永生'）。——这个纯然虚构的世界与梦境非常不同，并且相形见绌，因为后者反映了现实，而它却要扭曲、贬低、否定现实。一旦'自然'概念被虚构为'上帝'的反概念，'自然的'就必定意味着'卑贱的'，——这整个虚构的世界都根源于对自然之物（——现实！——）的仇恨，都表达了一种对于现实之物深深的厌恶。"② 在尼采看来，宗教之所以这么仇恨现实，是因为宗教宣扬的教义和自然现实完全对立。

自然事物都渴望变得强大，全情追求生命力的增长，力求不断克服自身从而不断超越自己；而宗教则要求保存自身，宣扬平等，拒绝自我超越。"基督教，这个迄今尚未被战胜的反对实在的死敌，就生长在这样一个错误的基础之上——每一种自然、每一种自然价值、每一种实在都与统治阶级最内在的本能相违背。"③ 弱者没有强大的生命本能，缺乏自我强大的能力，由此寻求与他人相似，基督教宣扬的"在上帝面前人人平等"的学说正好投合了他们的脾胃。尼采认为，基督教的平等学说出于对自然实在的仇恨，它要逃入"不可思议"和"不可理解"的事物中去，否弃任何一种具有形式、时空概念、坚固的东西，安居在一个任何实在性都不再能触及的世界里，进入一个"真实的"和"永恒的"世界。这样一来，自然现实就不能触及这个世界。对于基督教而言，任何一种自然的触碰都是致

---

① ［德］尼采著，田立年译：《朝霞》，华东师范大学出版社 2007 年版，第 82 页。

② ［德］尼采著，孙周兴等译：《尼采著作全集》（第 6 卷），商务印书馆 2015 年版，第 226 页。

③ ［德］尼采著，孙周兴等译：《尼采著作全集》（第 6 卷），商务印书馆 2015 年版，第 243 页。

命的。"对实在源于本能的仇恨：因为一种对于痛苦和刺激的极端感受力，不愿再被'触碰'，因为觉得任何一种触碰都太强烈了。"[1] 自然现实的世界的根本特点是生成和可被感觉，基督教由于缺乏现实合理性，从而不愿正视自然现实，其害怕被自然现实触及，从而构想出了一个不变不动、永恒的超感性世界。

基督教压制竞争，抑制自然本能，因而是柔软者和失败者的宗教，它破坏人的生命力，诽谤自然，敌视一切真实的事物，让人陷于一种虚幻的幸福感中。柔软者和失败者缺乏生命力感，无力进行具有创造力的活动，他们集聚起来，相互安慰和予以同情。相互温情和宽慰赋予他们以存在感，使得生活得以继续，在尼采看来，他们的种种表现只能证明自身的懦弱，以及面对冷酷的自然现实的无能。"基督教站在所有软弱者、卑贱者和失败者一边，它与强大生命的保存本能正相抵触，并从中树立了一种理想；即便精神上最强大的本性也被它败坏了理性，其途径是教人把最高的精神价值感受为有罪的、误导性的，感受为诱惑。"[2] 尼采认为，基督教败坏了生命本能，这种败坏就是一种颓废。当一种动物、一个种类、一个个体失去它的本能时，在它选择或喜欢对它有害的事物时，这本身就意味着败坏生命。基督教败坏生命的一个最突出表现就是让人同情，同情是无能的表现，弱者在同情的感召下团结起来，向强者进行复仇，压制一切能危及基督教存在的事物。基督教主张的同情悖逆了事物发展的法则。任何物种要变得强大，都必须经历残酷的竞争和选择，只有跨越这种无情的竞争和选择，那些具有最强大生命力的事物才能被存活下来，并提高整个种族的生存能力。同情排斥竞争和选择，保有没落者，保存那些已经被剥夺生

---

① ［德］尼采著，孙周兴等译：《尼采著作全集》（第6卷），商务印书馆2015年版，第247页。

② ［德］尼采著，孙周兴等译：《尼采著作全集》（第6卷），商务印书馆2015年版，第213页。

存权利和应当受到谴责的生命，使各种失败者和卑贱者存活下来，这对提高生命本身是毫无益处的。同情竟被基督教奉为德性本身，这无疑是反自然生命的。

偶像崇拜者"①。从马克思对路德宗教改革之后的新教批判中，可以看出他对基督教的基本态度。"的确，路德战胜了虔信造成的奴役制，是因为他用信念造成的奴役制代替了它。他破除了对权威的信仰，是因为他恢复了信仰的权威。他把僧侣变成了世俗人，是因为他把世俗人变成了僧侣。他把人从外在的宗教笃诚解放出来，是因为他把宗教笃诚变成了人的内在世界。他把肉体从锁链中解放出来，是因为他给人的心灵套上了锁链。"② 宗教利用偶像崇拜消解了人对自身价值的认同，只有把人的本质归还给人，破除一切使人被奴役、侮辱的状况，才能促使人去热爱现实世界。宗教使人醉心于被奴役的现状，让人丧失改变现实的勇气，虚假的灵魂平等学说使人遗弃和遗忘自身。宗教学说使人忘了自身具有改变现状的使命，消除宗教的麻醉功能，民众就能变得坚毅、勇敢，自然会拥有进行革命的大无畏精神，就会采取切实的行动来改变自身被压迫的命运。"最后，在于形成一个若不从其他一切社会领域解放出来从而解放其他一切社会领域就不能解放自己的领域，总之，形成这样一个领域，它表明人的完全丧失，并因而只有通过人的完全回复才能回复自己本身。社会解体的这个结果，就是无产阶级这个特殊等级。"③ 马克思对宗教进行批判的意图极为清楚，就是要通过宗教批判，使丧失自身的民众形成一个能自我解放的等级，从而打破社会普遍的不公正状态。他看到基督教宣扬"上帝面前人人平等"的主张的荒谬性，在现实世界中，这种在灵魂层面的虚假平等实质掩盖了在政治上和经济上的不平等。打破宗教宣扬的灵魂平等学说才能改变社会现实中的不平等状态。

和马克思一样，尼采也认为宗教信徒是缺乏自我、不敢直面命运的人。为了使人们从自身出发去设定生活的目标，首先要打破偶像崇拜。尼

---

① 《马克思恩格斯文集》（第 1 卷），人民出版社 2009 年版，第 13 页。
② 《马克思恩格斯文集》（第 1 卷），人民出版社 2009 年版，第 12 页。
③ 《马克思恩格斯文集》（第 1 卷），人民出版社 2009 年版，第 17 页。

采反对那些偶像崇拜者，因为他们信奉的偶像根本不存在。"尼采所追求的是基督教的完全世俗化，因为在一个完全'世俗'的社会中不存在'偶像'。因而一个缺乏偶像的社会才是一个真正'基督教'的社会，也像马克思所相信的那样。"[①] 信仰者缺乏自我，没有强大的生命意志，无法对自己的行为负责，不能积极创造生命的意义。信仰者在上帝面前祷告，"祈祷是专门为那些根本没有自己的思想、不知如何提升灵魂的人而设的"[②]。信徒向上帝祈求福佑，极力控制自身的本能欲望，不敢有所作为，期望内心平和。尼采要探听一切偶像的底细，这种偶像不管是时代的偶像还是永恒的偶像，尼采都要用锤子砸碎它，只有砸碎偶像，才能彻底粉碎偶像崇拜。结果就是，"决没有比这些偶像更古老、更令人信服、更膨胀的偶像了……也没有比它们更空洞的偶像了……这不妨碍它们是最被人们信奉的东西；也有人说，特别是在最重要的场合，根本就没有什么偶像……"[③] "上帝死了"，真正的偶像没了，以前由上帝确定的价值不存在了，人必须在现实世界中去确立价值。尼采要打破信仰者的偶像崇拜，颠覆对天国的迷恋，使人注重尘世的意义。基督教使人丧失生命意志，让人软弱，让人迷恋天国，不注重现实的尘世生活，使人把生命献给上帝，没有能力为自己负责。

马克思和尼采都要破除对上帝的信仰，打破这种永恒偶像，使人置身于现实的感性世界中，才能张扬人的本质生命。"上帝面前人人平等"只是空洞无物的说教而已，人没有为上帝献身的义务，人只能对自身的感性生命负责。只有在现实世界中以切实的行动去打破精神世界中的一切束缚，才能坚实地立足于大地，才能取消上帝之国的虚幻性。

---

① Harry J. Ausmus. *A Schopenhauerian critique of Nietzsche's thought: toward u restoration of metaphysics*. New York: The Edwin Mellen Press, 1996, p31.

② ［德］尼采著，黄明嘉译：《快乐的知识》，中央编译出版社 2005 年版，第 96 页。

③ ［德］尼采著，孙周兴等译：《尼采著作全集》（第 6 卷），商务印书馆 2015 年版，第 67 页。

二、宗教："虚幻的太阳"

马克思说："宗教里的苦难既是现实的苦难的表现，又是对这种现实的苦难的抗议。宗教是被压迫生灵的叹息，是无情世界的情感，正像它是无精神活力的制度的精神一样。宗教是人民的鸦片。"① 破除想象的天国的幻梦，人才能正视他所处的生活世界，才能从对上帝的膜拜中解脱出来，争取现实幸福。马克思说："人不是抽象的蛰居于世界之外的存在物。人就是人的世界，就是国家，社会。"② 人的自我异化表现为人按照自己的需要创造出宗教，却去膜拜自己的制造物，这是自我意识缺乏的表现。宗教作为形而上学的化身，必然会对人本身的意义遮蔽和疏离，宗教漠视具体的感性的现实个人的生存处境和样态，这是马克思批判宗教的根本原因。虽然宗教对生命的意义、价值、尊严等方面也进行了探讨，但它对人的存在意义、价值等问题的思考是从虚假的前提出发的，自然不能切实解决人在尘世的意义和价值问题。只有注重对现实世界和现实人生的构建，才能给民众以恰当的幸福。

马克思宗教批判的目的非常明确，他说："废除作为人民的虚幻幸福的宗教，就是要求人民的现实幸福。要求抛弃关于人民处境的幻觉，就是要求抛弃那需要幻觉的处境。因此，对宗教的批判就是对苦难尘世——宗教是它的神圣光环——的批判的胚芽。"③ 他废除宗教是为了让人们求得现实的幸福，如果人们总处在虚幻的幸福中，不采取有力的行动去变革现实，那么只会处在无尽的痛苦中。他要消除宗教的神圣光环，因为宗教没有任何神性，它只是人类自身歪曲的反映，是一种自我本质的异化。"谬误在天国为神祇所做的雄辩［oratio pro aris et focis］一经驳倒，它在人间

---

① 《马克思恩格斯文集》（第1卷），人民出版社2009年版，第4页。

② 《马克思恩格斯文集》（第1卷），人民出版社2009年版，第3页。

③ 《马克思恩格斯文集》（第1卷），人民出版社2009年版，第4页。

的存在就声誉扫地了。一个人，如果曾在天国的幻想现实性中寻找超人，而找到的只是他自身的反映，他就再也不想在他正在寻找和应当寻找自己的真正现实性的地方，只去寻找他自身的假象，只去寻找非人了。"① 在宗教中是不可能寻找到真正的自我，也不可能得到真正的幸福，宗教是人的创造物，而不是相反。宗教是人自我意识缺乏的标志，人只能生活在现实的感性世界，这是唯一的世界，一个超验的抽象的神性世界根本不存在。宗教是一种颠倒的世界意识，它构造的天国是颠倒的世界，剥夺天国对人虚假的精神安慰，才能在现实世界中找到实在的安慰。"宗教是这个世界的总理论，是它的包罗万象的纲要，它的具有通俗形式的逻辑，它的唯灵论的荣誉问题〔Point-d'honneur〕，它的狂热，它的道德约束，它的庄严补充，它借以求得慰藉和辩护的总根据。宗教是人的本质在幻想中的实现，因为人的本质不具有真正的现实性。因此，反宗教的斗争间接地就是反对以宗教为精神抚慰的那个世界的斗争。"② 需要用现实批判去撕碎缠绕在宗教神圣光环上的那些虚幻的花朵，去除那些不能带来任何慰藉的精神锁链，抛弃种种虚幻的安慰。"对宗教的批判使人不抱幻想，使人能够作为不抱幻想而具有理智的人来思考，来行动，来建立自己的现实；使他能够围绕着自身和自己现实的太阳转动。宗教只是虚幻的太阳，当人没有围绕自身转动的时候，它总是围绕着人转动。"③ 只有摆脱宗教洒在人们身上那种虚幻的温暖阳光，去追求真正的现实太阳，才能始终得到现实的满足。"因此，真理的彼岸世界消逝以后，历史的任务就是确立此岸世界的真理。人的自我异化的神圣形象被揭穿以后，揭露具有非神圣形象的自我异化，就成了为历史服务的哲学的迫切任务。于是，对天国的批判变成对尘世的批判，对宗教的批判变成对法的批判，对神学的批判变成对政治的

---

① 《马克思恩格斯文集》（第 1 卷），人民出版社 2009 年版，第 3 页。
② 《马克思恩格斯文集》（第 1 卷），人民出版社 2009 年版，第 3 页。
③ 《马克思恩格斯文集》（第 1 卷），人民出版社 2009 年版，第 4 页。

批判。"①宗教的产生来自现实的不平等，只有把导致现实不平等的现实土壤给清除了，才能重获此岸的真理。宗教存在的缺陷根源于国家本身，宗教不是世俗局限性的原因，而是它的现象，一旦消除了世俗限制，宗教的合理性自然就丧失了，也就没有继续存在的必要。

神学问题基于世俗问题之上，只有把神学问题化为世俗问题才能解决神学问题。长期以来，对人类历史从宗教迷信去解释，历史一直处于神性的迷误中。在马克思看来，政治解放对宗教的关系问题已经成为政治解放对人的解放的关系问题。撇开政治国家在宗教上的软弱无能，去批判政治国家的世俗结构，这样才能显示出它在宗教上的软弱无能。归根结底，宗教问题不是独立自存的，它依附于国家之上，国家是统治阶级的工具，是从事欺骗的场所，国家的欺骗性质必然使宗教也具有欺骗性。只有消除国家的欺骗性，达到政治解放，才能对宗教进行切实的批判。清除宗教产生的不平等现实，才能最终消灭宗教。未来社会是由无神论者构成的，马克思说："无神论是对神的否定，并且正是通过这种否定而设定人的存在。"②导致人的异化的社会现实和精神压迫都不存在了，获得了完整的人性，宗教自然会退出历史舞台；只要社会存在使人被异化和奴役的现实条件，消灭宗教只能是一句空话。

三、基督教是民众的柏拉图主义

尼采说："基督教就是民众的柏拉图主义。"③柏拉图认为具体的个别事物之所以能被称为存在，是因为"分有"或"模仿"了理念，这才具有了一定的实在性。因而，理念是现实事物的原本。由于理念和具体事物的分

①《马克思恩格斯文集》（第1卷），人民出版社2009年版，第4页。
②《马克思恩格斯文集》（第1卷），人民出版社2009年版，第197页。
③［德］尼采著，赵千帆译：《尼采著作全集》（第5卷），商务印书馆2015年版，第7页。

离，致使出现了真实世界和感性这个虚假世界的对立。"对于柏拉图来说，在事实上理念的世界被说成是本原的、真实的世界。"①对于理念的真实世界而言，凡夫俗子是根本没有资格进入的。"真实的世界，哲人、虔诚的人和有德行的人可以达到，——他生活于其中，他就是它（理念的最古老形式，比较巧妙、简单、令人信服。是下述命题的改写：'我，柏拉图，就是真理。'）。"②感性世界和理念世界存在着不可逾越的鸿沟，理念世界只是那些哲人、虔诚的人和有德行的人才能进入，凡夫俗子只能停留在感性世界中。

基督教设置了此岸和彼岸、现世和来世的对立，这与柏拉图主义是相对应的。为此，尼采认为柏拉图主义和基督教在精神实质上是一致的。尼采认为，基督教把柏拉图主义变得更为精巧和不可捉摸。"真实的世界，现在无法达到，但许诺给哲人、虔诚的人和有德行的人（'许诺给忏悔的罪人'）。（理念的进步：它变得更精致、更困难、更难以理解——它变成了女人，它变成了基督教式的……）"③柏拉图主义发展到基督教阶段，真实的世界存在于彼岸，处在现世之外，是人类的一个理想，是对人将来的许诺。现实的人，无论如何都进入不了这个真实的世界，它只是对那些哲人、虔诚的人和有德行的人的一种许诺。基督教把真实世界和感性世界之间的距离进一步加大。在柏拉图主义中，现世的哲人、虔诚的人和有德行的人通过努力还是有可能进入真实世界的，而基督教的真实世界是现世的人无论如何都不能进入的，它只是一种允诺、一种理想。基督教的彼岸是柏拉图主义的理念世界的升级版本。

和宗教一样，哲学也要研究死亡，死亡问题是哲学意识的中心。人都

---

① ［德］彼珀著，李洁译：《动物与超人之间的绳索：〈查拉图斯特拉如是说〉第一卷义疏》，华夏出版社 2006 年版，第 21 页。

② ［德］尼采著，孙周兴等译：《尼采著作全集》（第 6 卷），商务印书馆 2015 年版，第 97 页。

③ ［德］尼采著，孙周兴等译：《尼采著作全集》（第 6 卷），商务印书馆 2015 年版，第 97 页。

恐惧有限人生的虚幻性，都祈求不朽和永恒，柏拉图也不例外。"可是那不可见的灵魂却进入一个跟它本身一样高贵、纯粹、不可见的地方，达到真正的另一世界，那里住着善良、智慧的神。"① 柏拉图认为人的肉体就是坟墓，要获得永生，必须摆脱肉体的羁绊，肉体不可能不朽，不朽的只能是人的灵魂。"只要我们有形体，灵魂受到形体的累赘，我们就不能完全如愿以偿，获得真理。"② 哲学思考就是要探究灵魂如何摆脱肉体的纠缠，从而进入真实世界，达到永生。"柏拉图相信永恒理念，是因为他怕死。（这并非个人攻击，因为不怕死的人就不是真正活着。）既然灵魂分享永恒的理念，它也就能够成为永恒的，所以柏拉图自己这人也就可以幸免于死。"③ 柏拉图哲学的推动力来自一种追求永恒的热情，他想要使自身从世界的罪恶和时间的诅咒中解救出来。柏拉图主义是一种饱含热情的宗教学说，它要把人从对死亡的绝望中解救出来，柏拉图对理性那种异乎寻常的强调本身就是一种宗教冲动。海德格尔对基督教和柏拉图主义曾这样评论道："于是基督教的教义就移居在此裂缝中同时把尘世者说成是造物并把上天者说成是造物主，然后就用此改铸过的武器来反对古代的非基督教徒并阻挡他们。所以尼采说的很对：基督教就是为人民的柏拉图主义。"④ 柏拉图的哲学贬低具体感性事物的真实存在性，把理念提升到一个超感性世界中去，致使真实世界和感性世界的对立。这种世界二重化的思想被基督教充分吸收，形成了此岸和彼岸的对立，并且贬抑此岸，把彼岸看成是此岸的理想，把尘世者说成是造物，把上天者说成是造物主。这样一来，柏拉图主义就化身为基督教，达到了对民众的精神控制。

尼采认为基督教的彼岸比柏拉图的理念世界更难以理解和难以捉摸，

① ［古希腊］柏拉图著，王太庆译：《裴洞篇》，商务印书馆 2013 年版，第 36 页。

② ［古希腊］柏拉图著，王太庆译：《裴洞篇》，商务印书馆 2013 年版，第 13 页。

③ ［美］巴雷特著，段德智译：《非理性的人》，上海译文出版社 2012 年版，第 121–122 页。

④ ［德］海德格尔著，熊伟、王庆节译：《形而上学导论》，商务印书馆 2014 年版，第 109 页。

这个评价非常精准。柏拉图在谈论创世时，他还没有基督教上帝那种无中生有的创造概念，他不能设想世界是如何无中生有的。柏拉图也讲神，但这个神和基督教的上帝还是有很大区别的，柏拉图的神没有基督教的上帝那种无中生有的能力。正如罗素对柏拉图的神和基督教的上帝做的区分那样，他说："首先必须认清旧约全书中无中生有的创造，对于希腊哲学来说是一个完全陌生的概念。当柏拉图论及创世时，他想到的是一种由上帝赋予形相的原始物质；而亚里士多德也是如此看法。他们所说的上帝，与其说是造物者不如说是一个设计师或建筑师。他们认为物质实体是永远的和不是被造的；只有形相才是出于上帝的意志。与此见解相反，圣奥古斯丁像所有正统基督徒所必须主张的那样，主张世界不是从任何物质中创造出来的，而是从无中创造出来的。上帝创造了物质实体，他不仅仅是进行了整顿和安排。"① 原始物质没有任何规定性，但毕竟是"有"，柏拉图还不能想象世界何以能从"无"中产生。西塞罗对纯质料这样评价道："作为万物之源的物质实体不大可能是由神意创造的。这个物质的实体始终拥有一种自身的力量和本性。"② 基督教认为现实世界是上帝以说话的方式产生的，现实世界是上帝的作品，上帝使世界从无到有，上帝成了现实世界存在的根据和意义。彼岸和来世比柏拉图的理念世界更加虚无缥缈，它不仅存在于现实世界之上，甚至存在于时间之外。如果人信奉上帝，通过膜拜和祈祷的方式亲近上帝，就可能在死后获得通往天国的门票。人本来是"无"，得不到上帝的宽恕，人将陷入万劫不复的深渊，重新堕入"无"的境地，这是祈求永恒的人难以接受的。为了获得不朽的"有"，人听从上帝的教诲，不断进行忏悔，就是为了避免虚无。在基督教中，现实世界不存在实在性，纯粹是"无"，这样就把现世生活的真实性给消解了，人的

---

① ［英］罗素著，何兆武、李约瑟译：《西方哲学史》（上卷），商务印书馆2013年版，第448页。

② ［古罗马］西塞罗著，石敏敏译：《论神性》，商务印书馆2012年版，第190页。

价值和意义都是上帝赋予的，自身没有独立的价值和意义。

罗素对柏拉图主义和基督教的历史联系梳理得非常到位，他说："天国与地上王国之间的二元对立见于新约全书，但在圣奥古斯丁的著作《上帝之城》一书中系统化了。在柏拉图的著作中可以找到灵魂与肉体的二元对立，这一理论曾被新柏拉图主义者所强调；它不但在圣保罗的说教中占重要的地位，而且还支配了公元四世纪和五世纪的基督教禁欲主义。"[①] 基督教把上帝说成是造物主，只有通过上帝人们才能获得拯救，就这样，基督教获得了思想和灵魂的统治权，人匍匐于上帝脚下，现实世界的意义完全被粉碎了，基督教把柏拉图主义演绎到了极致。柏拉图的世界二重化思想被基督教所采用，它把彼岸和此岸、来世和现世对立起来。基督教认为现实世界是红尘苦海，人在现实世界不能寻求到真正的幸福。此岸充满了无尽的苦难和折磨，为了弥补现实世界的缺憾，基督教给人设定了一个超验的彼岸，彼岸是一个完美而幸福的国度，通过忏悔和笃信上帝，就有可能进入彼岸世界。尼采认为，基督教的彼岸世界实质是柏拉图理念世界的一个变种，基督教构造了一个永生、福乐的彼岸，并使彼岸成为存在此岸的人的最大追求。

---

① ［英］罗素著，何兆武、李约瑟译：《西方哲学史》（上卷），商务印书馆 2013 年版，第 387 页。

第三节 宗教批判的方式与结局

马克思和尼采都认为宗教起到软化人的意志，并使人服从的作用，同时认为宗教导致世界的二重化，构建了虚幻的神性世界，从而消解了现实世界的真实性。二者认为宗教倡导偶像崇拜，把上帝或神尊崇为世界的真理，否弃了人的现实价值，为了重拾人的价值和尊严，需要打破宗教的思想束缚。马克思和尼采在宗教批判方面存在诸多共同点，同时存在诸多差别。差别主要体现在宗教批判的方式和宗教批判的目的方面，马克思侧重从社会、政治和经济维度展开对宗教的批判，尼采则侧重在心理和文化层面展开对宗教的批判；马克思的宗教批判是为了消灭宗教，尼采宗教批判的目不是要根绝宗教，他是要把宗教改造成为贵族等级制服务的思想工具。

一、马克思批判宗教的政治和经济维度

在《黑格尔法哲学批判》中，马克思对黑格尔的国家学说进行了批判。黑格尔认为，国家是作为客观精神自我发展到较高阶段的一环，决定了绝对精神发展较低阶段的市民社会的一切，只有国家把个人权利和普遍理性统一起来的时候，市民社会的个人才能获得充分的自由。在黑格尔看来，人不是天生自由的，只有国家才能使人得到真正的自由。马克思认为黑格尔把国家和市民社会的关系给颠倒了，情况恰恰相反，不是国家决定

市民社会，而是市民社会决定国家的形态。他说："正如同不是宗教创造人，而是人创造宗教一样，不是国家制度创造人民，而是人民创造国家制度。"①马克思认为黑格尔哲学是宗教的理性基础，黑格尔哲学和宗教是为现实政治服务。黑格尔哲学本身是神学，他把上帝换成了绝对精神，换成了一个无人格的上帝，在根子上，黑格尔哲学和神学是一致的。绝对精神实质是脱离了人的理性或意识而客观化了的人的自我意识。黑格尔的上帝是消除主体意识的客观精神，是思维本质绝对化的结果，是根绝主体思维特性的神圣本质。

在《论犹太人问题》一文中，马克思论及宗教与"政治解放"和"人的解放"的关系问题，人的解放是他评判宗教的历史境域和终极命运的基本尺度。马克思认为青年黑格尔派把世俗问题归结为宗教问题，指望通过对宗教问题的解决来解决世俗问题的方式是没有出路的。马克思说道："我们不是到犹太人的宗教里去寻找犹太人的秘密，而是到现实的犹太人里去寻找他的宗教的秘密。"②他主张应该把宗教问题化为世俗问题，通过对宗教的世俗根源的分析揭示出宗教的本质。犹太教的世俗基础在于它的"实际需要，自私自利"，"做生意"是它的世俗礼拜，"金钱"是它的世俗的神，犹太人的精神实质是市民社会自私自利的原则。光靠政治解放并不能消灭宗教，政治解放对人的解放的作用极为有限，只有实现人的解放，政治解放才能真正实现，才能使宗教最终自行消亡。他对政治解放和宗教的关系提问道："政治解放的观点有权利要求犹太人废除犹太教，要求一般人废除宗教吗？"③马克思认为青年黑格尔派对政治解放和人的解放没有做出实质性批判，甚至把这两者不加区别地混为一谈了。政治解放只是实现了政治国家和市民社会、公民和私人的二元化，如此一来，政治解放导

---

① 《马克思恩格斯全集》（第3卷），人民出版社2002年版，第40页。

② 《马克思恩格斯全集》（第3卷），人民出版社2002年版，第191页。

③ 《马克思恩格斯全集》（第3卷），人民出版社2002年版，第168页。

致的宗教后果是实现政教分离和宗教继续在市民社会领域存在。"当国家从国教中解放出来,就是说,当国家作为一个国家,不信奉任何宗教,确切地说,信奉作为国家的自身时,国家才以自己的形式,以自己本质所固有的方式,作为一个国家,从宗教中解放出来。摆脱了宗教的政治解放,不是彻头彻尾、没有矛盾地摆脱了宗教的解放,因为政治解放不是彻头彻尾、没有矛盾的人的解放方式。"① 并且,"由此可见,甚至在绝大多数人还信奉宗教的情况下,国家是可以从宗教中解放出来的。绝大多数人并不因为自己是私下信奉宗教就不再是宗教信徒。"② 从政治解放对个人的宗教信仰产生的结果而言,政治解放不能根除对宗教信仰的社会生活根基。如果人们把在国家中的生活当作真实的生活,只会导致人与人的疏离。破除世俗局限性,才能真正实现人的解放。"宗教的定在是一种缺陷的定在,那么这种缺陷的根源就只能到国家自身的本质中去寻找。在我们看来,宗教已经不是世俗局限性的原因,而只是它的现象。"③ 宗教的定在与国家的完成并不矛盾,这两者是可以同时并存的,政治解放不能致使宗教消亡。马克思主张把政教分离,不主张把国家的政治法律原则和基督教的宗教原则混在一起。国家应该是在政治和法的理性指导下实现自身,而不能建立在任何宗教原则之上。《论犹太人问题》中探讨的宗教与"政治解放"和"人的解放"的问题是马克思对《黑格尔法哲学批判》中国家问题探讨的进一步深化,是在国家问题上对宗教问题讨论的进一步展开。《论犹太人问题》主要探讨了犹太人的宗教桎梏与世俗桎梏、宗教解放与政治解放以及人类解放问题,论文的基点着重于宗教桎梏的社会根源(世俗桎梏)以及废除宗教实现人类解放的根本途径(废除私有财产制度及其基础上产生的

---

① 《马克思恩格斯全集》(第3卷),人民出版社2002年版,第170页。
② 《马克思恩格斯全集》(第3卷),人民出版社2002年版,第170-171页。
③ 《马克思恩格斯全集》(第3卷),人民出版社2002年版,第169页。

金钱统治）。"① 马克思的立场是极为明确的，只有最终实现人的解放，宗教问题才能自行退出历史舞台。

马克思从现实社会去审视宗教存在的现实，主张对基督教的批判归根结底是要铲除宗教赖以存在的社会苦难，宗教存在严重阻碍了人类社会历史的进程，这是马克思看待宗教的基本态度。"真正吸引他（指马克思——引者注）的是宗教实际上在社会进程中的作用。"② 在一个苦难深重的世界中，人不靠麻醉自己就不能存活，为了延续自己的生存，人以自己的想象构造了一个天国，可以暂时栖身于此，获得片刻的安慰。宗教是人对苦难世界的一种反抗和控诉，对现实世界的批判就变得比纯粹的宗教批判更为重要。

宗教的世界二重化是传统形而上学的化身，驳倒宗教的世界二重化，破坏宗教赖以存在的根基，宗教就会自然崩解。"宗教上的自我异化，从世界被二重化为宗教世界和世俗世界这一事实出发的。"③ 宗教的世界二重化贬低了人在现实世界的地位，否认了人的感性具体的生活。彼岸世界成了人类最有意义的归宿，只有更虔敬地侍奉上帝，人生才有更大意义。马克思说："在我们看来，政治解放对宗教的关系问题已经成了政治解放对人的解放的关系问题。"④ 只有消除政治对人的迫害，才能根除宗教。人凭借自身的发展可以达到完善的境界，宗教之所以会长时间存在，是因为人类的发展水平还没达到消除宗教的条件，不得不借助宗教来提升自身对抗世界的力量，从而以虚幻的方式满足自身对完善性的要求。宗教严重妨碍了人在现实生活中追求的感性幸福，正如洛维特对马克思宗教思想批判所

① 吕大吉、高师宁：《马克思主义宗教理论研究》，中国社会科学出版社 2011 年版，第128 页。

② ［瑞士］汉斯·昆著，孙向晨译：《上帝存在吗？》（上卷），（香港）道风书社 2003 年版，第388 页。

③ 《马克思恩格斯文集》（第1卷），人民出版社 2009 年版，第500 页。

④ 《马克思恩格斯全集》（第3卷），人民出版社 2002 年版，第169–170 页。

做的评价那样，他说："基督宗教的解构是建构一个让人在里面是他自己主人的世界的前提条件。"① 只有破除基督教宣扬的那种虚幻的平等主义，而代之以现实的、不存在阶级剥削和压迫的事实上的平等主义，人才能真正地立足于社会现实，才能实现自由人的联合体。马克思的宗教批判超越了西方哲学对宗教批判所持的理性主义传统，也避免了构建一个存于现实世界之外的天国的危险而陷入信仰主义的陷阱之中。

二、尼采宗教批判的心理和文化维度

尼采对宗教的批判主要集中在基督教对人心理层面的影响上。首先，基督教给人以虚幻的信仰。尼采对这种脱离现实的信仰批判道："人们必须用盼望来维系痛苦者的生存，这种盼望是不能被任何一种现实所反驳的，——这种盼望也不能被一种现实所取消：这就是一种对彼岸的盼望。"② 这种对天国的盼望不可能在现实中得到，也不能被现实所证明，对基督教信仰的结果是否弃现实。"基督教完全压扁了人类，粉碎了人类，使人类深深地陷入烂泥里：然后它突然让一道神的怜悯的光芒照入到完全的堕落感中，以至于人类被这种仁慈的行为惊得目瞪口呆，发出狂喜的尖叫，顷刻之间以为自己心怀了整个天堂。靠着这种病态的感情放纵，靠着这种放纵所必然伴随的心脑的严重腐败，基督教在心理上的一切创造发明发挥了作用：它要消灭人，粉碎人，使人麻醉，使人陶醉。"③ 其次，基督

① ［德］洛维特著，李秋零译：《从黑格尔到尼采》，生活·读书·新知三联书店 2014 年版，第 128 页。

② ［德］尼采著，孙周兴等译：《尼采著作全集》（第 6 卷），商务印书馆 2015 年版，第 236 页。

③ ［德］尼采著，杨恒达译：《尼采全集》（第 2 卷），中国人民大学出版社 2011 年版，第 75-76 页。

教让人无条件顺从。这种宗教要求导致基督教徒扭曲的顺从心理，"跟基督一起钉在十字架上的罪犯：——当这位要忍受痛苦死刑的罪犯本身断言：'就像这位耶稣，毫不反抗、毫无敌意、善良而顺从地受难和赴死，只有这样方可称义'：那么这个罪犯就肯定了福音，并且因此升了天堂……"①只有无条件对上帝的顺从，人们才有可能"称义"，这样一来，基督教教义就成了绝对真理，结果就是阻碍了人类文明发展的进程。"在尼采的眼里，信仰实际上就是一个谎言。信仰的原因是心性的懦弱，是天性的软弱，是不能直接面对现实。因为现实一定是残酷的，偶然的，无法理解的。不能理解现实，就只能是逃避、撒谎和自欺欺人。尼采甚至认为，基督教的信仰本身就是一种逃避、撒谎和自欺欺人的本能。它被一种不安全感主宰，害怕现实，不敢正视现实。"②

　　保罗传教以来，基督教毒害了人类文明。一切都是神意的安排，任何疑问都是不敬神的表现，都是亵渎神的行为。基督教致使人的怀疑精神的消解，这样一来，人类的批判思维不能得到发展，对事物缺乏好奇和追问，自然阻碍了科学和哲学的发展，也阻碍了文明的进步。"宗教，和生命在宗教方面的重大意义，把耀眼的阳光投在这些吃着无尽苦头的人们头上，使他们自己能忍受自己所处的景象，它们的作用正如伊壁鸠鲁的哲学对较高等级的苦难所起的一贯作用，是提神和精练，仿佛是在充分利用苦难，最后简直是将苦难神圣化和正当化。"③宗教的功效是"它用放大镜看每个人的罪过，并用罪过制造一个个伟大而不朽的罪人，其手段就是描述每个人永恒的、未来的前景，教导人们从远处看自己，并把自己当作已经

---

　　①　［德］尼采著，孙周兴译：《尼采著作全集》（第 13 卷），商务印书馆 2010 年版，第 187 页。

　　②　吴增定：《〈敌基督者〉讲稿》，生活·读书·新知三联书店 2012 年版，第 69 页。

　　③　［德］尼采著，赵千帆译：《尼采著作全集》（第 5 卷），商务印书馆 2015 年版，第 94 页。

过往的整体来看待"①。尼采对耶稣是极为肯定的，他说："只有基督的行为方式，只有像死于十字架上的耶稣所生活过的那样去生活，才是基督性的……这样一种生活在今天也还是可能的，对于某些人来说，甚至是必要的：真正的、原本的基督教在任何时代都是可能存在的。"②尼采反对的是自福音书问世和保罗传教之后发展的基督教，这种被制度化后的基督教在尼采看来并不是耶稣所创立的基督教。"基督教历史——并且从十字架上的死亡开始——是一个原本的象征体系逐步被误解、而且误解不断变得更加粗糙的历史。"③由传教士、偶像、戒律、祷告、惩罚等制度化设施构成的基督教没有耶稣创教时的那种真正的基督教信仰，缺乏早期基督教对待苦难生活的积极态度以及充分地肯定现实生活的价值。尼采对基督教的批判实质是针对保罗的，在尼采看来，保罗而不是耶稣，才是基督教的真正奠基者。

尼采对宗教批判的特点在于从文化和心理层面对宗教进行批判，但没有关注到宗教存在的现实原因。诚如刘森林所说的那样："尼采揭示基督教道德的自然本能基础，在自然、生命、本能这个层面上够现实了，但却在政治、经济层面上极不现实。"④一旦涉及如何应对颠覆基督教留下的信仰空白，尼采给出的答案总让人有一种苍白无力感。尼采通过批判基督教的形成历史，试图把被基督教颠倒的价值观给重新摆正，这种努力是从人的主观情感做出的，没有触及基督教产生的社会历史现实，不能不说他的宗教批判是抽象无力的。

---

① ［德］尼采著，黄明嘉译：《快乐的知识》，中央编译出版社 2005 年版，第 56 页。

② ［德］尼采著，孙周兴等译：《尼采著作全集》（第 6 卷），商务印书馆 2015 年版，第 260 页。

③ ［德］尼采著，孙周兴等译：《尼采著作全集》（第 6 卷），商务印书馆 2015 年版，第 257 页。

④ 刘森林：《何为"现实"：马克思与尼采的启示》，《哲学研究》2014 年第 1 期。

三、宗教的消亡或延续

洛维特曾对马克思和尼采宗教批判思想的不同做出精辟的概述，他说："尼采是马克思和基尔克果之后惟一以市民阶级——基督教世界的衰落为同样的基本分析的主题的人。……尼采的文化批判与马克思的资本主义批判的历史联系不太明显，因为它首先被尼采自己的市民性和他对社会问题和经济问题少有重视所掩盖。"[①] 可以看到，二者对基督教批判的维度是不同的，马克思注重从社会和经济层面对基督教进行批判，而尼采把文化心理批判作为基督教批判的立足点。马克思和尼采宗教批判的目的最终是为自己的政治理想服务的，马克思致力于建立一个事实上平等的社会，所以他坚决要废除宗教；而尼采虽说强烈地批判了宗教，但仍然保留宗教，以使宗教为未来的贵族等级制服务。

宗教也强调人，但宗教的超人性却扭曲了人的本性，是对人的本质的一种歪曲。"神学家经常从合乎人性的观点来解释宗教观念，而正因为如此，他们就不断地违背自己的基本前提——宗教的超人性。"[②] 从人具有信仰而动物没有信仰去论证人的神圣性是不具备任何说服力的，人和动物的区别在于人能生产出自身所需要的生活资料，同时也间接地生产着物质生活本身，人类的感性实践活动才是人具有神圣性的根据。"我们的出发点是从事实际活动的人，而且从他们的现实生活过程中还可以描绘出这一生活过程在意识形态上的反射和反响的发展。……因此，道德、宗教、形而上学和其他意识形态，以及与它们相适应的意识形式便不再保留独立性的外观了。它们没有历史，没有发展，而发展着自己的物质生产和物质交往的人们，在改变自己的这个现实的同时也改变着自己的思维和思维的

---

① [德]洛维特著，李秋零译：《从黑格尔到尼采》，生活·读书·新知三联书店 2014 年版，第 236—237 页。

② 《马克思恩格斯文集》（第 1 卷），人民出版社 2009 年版，第 256 页。

产物。不是意识决定生活，而是生活决定意识。前一种考察方法从意识出发，把意识看做是有生命的个人。后一种符合现实生活的考察方法则从现实的、有生命的个人本身出发，把意识仅仅看做是他们的意识。"① 马克思是明确要消灭宗教的。宗教虽然宣扬在上帝面前人人平等，但这只是在灵魂层面的平等，这种灵魂平等并不能改变在现实世界中人的政治和经济层面的不平等。宗教是人类理智迷误和不平等的社会现实导致的，随着人类理智的进步，宗教迷信必将得以破除。生产力的进一步发展，私有制的消灭，不平等的社会现实的消灭，宗教也必将得以消亡，未来的社会是一个不存在宗教的社会，这个社会由无神论者组成。既然人就是人的本质，而不需要神去实现人的本质，这样，宗教的存在也就成了多余的东西。马克思反对任何形式的宗教。具体来说，马克思批判的宗教主要指跟专制政治紧密关联的基督教，因为这种基督教极力为专制统治做合理辩护。马克思说："基督教并不能判定制度的好坏，因为它不懂得制度之间的差别，它像宗教应该教导人们那样教导说：你们要服从执掌权柄者，因为任何权柄都出于神。因此，你们就不应该根据基督教，而应该根据国家的本性、国家本身的实质，也就是说，不是根据基督教社会的本质，而是根据人类社会的本质来判定各种国家制度的合理性。"② 当然，从马克思对宗教批判的整体态度可以看出，马克思不仅反对为专制统治做辩护的基督教，还反对世间存在的一切宗教，宗教是一种意识形态，是一种对社会现实进行歪曲的社会意识。只要这种具有欺骗性的社会意识持续地在人的头脑中对人进行有效的控制，人就不能以现实的感性活动实质地改变现实世界。

尼采极力批判宗教，同时又认为"世界上还没有厌烦宗教到了消灭宗教的地步"③。尼采痛恨基督教，但不主张消灭宗教。西方学者荣格说："我

① 《马克思恩格斯文集》（第 1 卷），人民出版社 2009 年版，第 525 页。

② 《马克思恩格斯全集》（第 1 卷），人民出版社 1995 年版，第 225—226 页。

③ ［德］尼采著，杨恒达译：《尼采全集》（第 2 卷），中国人民大学出版社 2011 年版，第 77 页。

认为，尼采不应被看成是宗教的敌人，而应被看成是一位宗教改革家。"①
宗教具有的独特功能对保存贵族等级制的存在极为必要，所以尼采不主张
消灭宗教。

首先，宗教对于维系等级制国家的存在极为重要，它可以作为一种统
治工具继续得以使用。"宗教更多地是为了克服抵抗和能够统治而采取的
手段。"②宗教还有利于维护国家的神秘性，使人对国家产生敬畏之心。尼
采说："由于监护型政府的利益和宗教的利益相勾结，以至于如果后者开
始消亡，那么国家的基础也会动摇。相信政治事务的神圣秩序，相信国家
存在中的神秘性，这都是有宗教根源的：如果宗教消失，那么国家就将不
可避免地失去它古老的伊希斯面纱，不再唤起任何敬畏之情。"③只有当国
家的存在被认为是必要的时候，国家的存在才具有合法性，而宗教恰恰能
论证国家存在的必要性。

其次，宗教具有特别的安抚功能。如何让多数的平庸者自愿接受这种
被统治和剥削的命运，必须借助宗教的安抚功能，尼采说道："对那些凡
俗之人，那些绝大多数人，为了服侍和公共用途而存在、也只允许在这个
范围内存在的人们，宗教会赋予他们一种对自己的处境和种类的无可估量
的餍足，赋予他们多层次的心灵平静，使他们的服从变得高贵，使他们多
跟他们的同类同甘共苦，对于全部的日常生活、全部的卑微状态，对于他
们灵魂介于人兽之间的全部贫乏，则加以些许增色和美化，使之有几分正
当。"④尼采认为，宗教能让多数平庸者满足于他们的现状，甘心接受剥削
和奴役，并把艰辛劳作当作是一种神圣的奉献。"哪怕最低等的人通过虔
诚而置身于事物的某个高等的假象秩序，并且由此在自己这里坚持对现实

---

① Julian Young. *Nietzsche's Philosophy of Religion*. Cambridge University Press，2006，p2.

② ［德］尼采著，赵千帆译：《尼采著作全集》（第 5 卷），商务印书馆 2015 年版，第 93 页。

③ ［德］尼采著，杨恒达译：《尼采全集》（第 2 卷），中国人民大学出版社 2011 年版，第 204 页。

④ ［德］尼采著，赵千帆译：《尼采著作全集》（第 5 卷），商务印书馆 2015 年版，第 94 页。

秩序的满足，在这个现实秩序当中，他生活得可够艰辛的，——必需的恰恰是这种艰辛！"① 尼采认为，民众需要宗教信仰，是因为他们缺乏强大的权力意志。"哪里缺乏意志，哪里就急不可待地需要信仰。"② 因为民众的意志薄弱，自我的缺失使得信仰成为必需，宗教信仰为生活提供了精神支柱，许诺了一种新的美好前景，让他们滋生新的愿望并且享受这种愿望。

最后，统治者应该牢牢掌控宗教。少数的最高阶层的统治者应该自觉地利用宗教，尼采说道："哲学家，在我们、我们这些自由的精神的理解中——，作为负有最广泛职责的人，对人类总体发展有良心的人：这样的哲学家会为了他的培育和教育事业而利用那些宗教，就像利用他那个时候的政治和经济状况一样。"③ 并且，统治者放弃宗教将会产生灾难性后果。"如果宗教不是作为培育和教育的手段在哲学家手中运作，而是从自身出发和全权自主地运作，如果它想让自身成为最终目标而不是与其他手段并列的手段，就会付出越来越昂贵的可怕代价。"④ 统治者应该像以前的教士那样运用宗教，靠麻醉人类的病痛而继续统治。统治者应该运用宗教的培育和教育作用，始终如一地控制多数常人的思想。"尼采，这位热情而虔诚的无神论者，坚持必须由一个宗教组织即教会来维持这群绵羊和平恬静。"⑤ 宗教信仰能够提供一种和平惬意的生活，能够使人承受现实的苦难。

弗洛伊德说："我们每个人都被一些根深蒂固的内在偏见所左右，我们的思考也不自觉地受到这些偏见的影响。"⑥ 以弗洛伊德这句话能很好地

① ［德］尼采著，赵千帆译：《尼采著作全集》（第 5 卷），商务印书馆 2015 年版，第 94—95 页。

② ［德］尼采著，黄明嘉译：《快乐的知识》，中央编译出版社 2005 年版，第 193 页。

③ ［德］尼采著，赵千帆译：《尼采著作全集》（第 5 卷），商务印书馆 2015 年版，第 93 页。

④ ［德］尼采著，赵千帆译：《尼采著作全集》（第 5 卷），商务印书馆 2015 年版，第 95 页。

⑤ ［美］巴雷特著，段德智译：《非理性的人》，上海译文出版社 2012 年版，第 230 页。

⑥ ［奥地利］弗洛伊德著，林尘等译：《自我与本我》，上海译文出版社 2011 年版，第 79 页。

概述尼采对于宗教所采取的态度，正是出于对宗教所持有的这种根深蒂固的内在偏见，尼采对宗教进行了暴烈而粗野的批判，否定了宗教曾经起到和将能起着的积极肯定作用。无可否认，宗教曾经对人类产生过巨大伤害。"宗教和教会有着久远的历史传统，在人类历史上一直发生着深刻的社会影响，是一种巨大的社会力量。它们以神或上帝的名义，用一切手段，对历史上一切批判和反对宗教的怀疑论、自由思想和无神论思潮，施行残酷无情的打击。"① 由于这种伤害而否认宗教产生的积极和正面的作用也是失真和不客观的。"原始宗教为初级文明提供了某种标志，既象征着人类生活的悲剧内涵，也象征着源自生活挫折的奇迹般的胜利。"② 如果没有原始宗教的强大抚慰作用，早期人类将很难从严酷的自然状况中存活下来，"宗教给我们唤起一个完全不同的希望"③。宗教能使人与人构成的社会长期稳定，且能为社会合理性进行论证。宗教具有社会整合功能，这种"宗教的整合功能，就是指宗教具有一种凝聚力量，它起着社会'黏合剂'的作用，能够把社会中各种不同的网结'黏合'在一起，成为一个统一的网络"④。宗教生活使得人类的生活围绕神圣化的信仰从而得以规范，最终形成一种强有力的社会控制。宗教信仰唤起不同人群的共同信念，形成共同的价值观，有力地维护了社会的统一。宗教的种种积极肯定作用，尼采很少涉及，他对于宗教的批判有着深刻洞见，但同时也存在一定的偏见和成见。对尼采的宗教批判思想应该保持一种审慎，这才是对待其宗教批判思想的正确态度。

尼采对基督教进行了惊世骇俗的批判，同时却保留宗教，这不能不说

---

① 吕大吉、高师宁：《马克思主义宗教理论研究》，中国社会科学出版社 2011 年版，第2-3 页。

② ［英］汤因比著，乔戈译：《希腊精神：一部文明史》，商务印书馆 2015 年版，第 12 页。

③ ［德］雅思贝斯著，王玖兴译：《生存哲学》，上海译文出版社 2013 年版，第 83 页。

④ 吕大吉、高师宁：《马克思主义宗教理论研究》，中国社会科学出版社 2011 年版，第245 页。

尼采在宗教批判上存在自相矛盾之处。和尼采不同，马克思的宗教批判的立场是一以贯之的，他批判宗教就是要消灭宗教。在马克思看来，宗教之所以会发生异化，根源在于现实发生了异化，只要现实中的异化不能根除，宗教异化就不能根除。"宗教本身是没有内容的，它的根源不是在天上，而是在人间，随着以宗教为理论的被歪曲了的现实的消失，宗教也将自行消灭。"① 正是此岸存在着种种痛苦，人们才向往彼岸，然而对彼岸关注多了，人们对此岸的事情就漠不关心了，宗教信仰是以现实生活的扁平化和苍白化为代价的。宗教异化带来的宗教笃诚越高，人的外部世界和内部世界就越贫乏。宗教敌视人的力量，宗教的异化加深了人的异化，而且给人带来了新的异化，异化剥夺了人的本质。为了能够重获人的本质，就必须消灭宗教，这是马克思对宗教的基本态度。在马克思看来，宗教异化发生在人的意识领域和内心领域，它是异化的现实在人的观念世界的反映。宗教的自我异化是在人的精神世界发生的，人的精神世界之所以会产生种种幻想，是因为作为精神世界的基础，即现实世界本身就是扭曲的。在马克思看来，要解决宗教的异化问题，就得消除宗教中的幻想。由于人的本质不能在现实中得以实现，就必然会以幻想的形式呈现在宗教中。现实世界使人痛苦，宗教给人以精神慰藉，这是宗教之所以存在的根源。只有消灭奴役人的、鄙视人的、让人感到屈辱的现实的异化，剥夺宗教存在的土壤，消灭宗教才能成为现实。在马克思看来，天国的问题在于尘世，如果尘世问题处理好了，人们就不会再去设想一个彼岸了，确立此岸世界的真理才能使真理的彼岸世界消逝。

微信扫码，立即获取
☆ PPT总结分享
☆ 更多延伸阅读资源

① 《马克思恩格斯全集》（第 47 卷），人民出版社 2004 年版，第 43 页。

第三章

道德形而上学的幻灭

马克思和尼采对道德形而上学深恶痛绝，他们否认存在一个由普遍道德律令构建出来的道德王国，也不存在永恒有效的道德法则。二者认为，道德源自现实世界，社会现实的改变同时也改变着道德规范，道德一直处在变动之中，主体不受超验道德王国的约束，他们能不断突破道德规范所设置的界限。

马克思认为，道德作为一种社会意识，是社会存在的观念反映，道德的现实根基是社会存在。阶级社会的道德是扭曲的社会意识，是为不合理的现实进行辩护的意识形态。在尼采看来，根本不存在一个超验的道德世界，道德源于现实世界，不存在一个独立于现实世界之外的道德王国。他说："道德领域里的一切生成着、变化着，反复无常，一切都在流动。"[①]尼采认为道德是暴力、习俗和传统共同作用的产物，迄今为止的道德是一部血腥和残酷的历史。道德一旦被确定，它就具有规范和约束作用。"善的等级本身不是按道德的观点建立和改变的；但是一旦它确定下来，就要决定一个行为是道德的还是不道德的。"[②]康德是道德形而上学的杰出代表，马克思和尼采都把他作为批判对象，颠覆以康德为代表的道德形而上学，才能注重现实世界的道德。

---

① ［德］尼采著，杨恒达译：《尼采全集》（第 2 卷），中国人民大学出版社 2011 年版，第 66–67 页。

② ［德］尼采著，杨恒达译：《尼采全集》（第 2 卷），中国人民大学出版社 2011 年版，第 40 页。

第一节　道德形而上学虚假性的祛除

　　按照莱布尼茨—沃尔夫体系的分类标准，形而上学可分为四个部分：第一部分是本体论，即关于本质的抽象规定的学说；第二部分是理性心理学或灵魂学，它研究灵魂的形而上学的本性，亦即把精神当作一个实物去研究；第三部分是宇宙论，探讨世界，世界的偶然性、必然性、永恒性、时空的限制，世界变化中的形式的规律，以及人类的自由和恶的起源；第四部分是自然的或理性的神学，它研究上帝的概念或上帝存在的可能性，上帝存在的证明和上帝的特征。研究自由和恶的起源，属于形而上学的第三部分，在康德哲学之前，还没有纯粹的道德形而上学，道德形而上学是从康德哲学开始的。道德作为一种社会规范的形式，如何演变为道德形而上学，需要对道德的历史进行溯源。

一、道德形成的历史探究

　　善恶是道德的核心范畴，人们对善恶的看法奠定了道德的根基。在希腊荷马史诗中，就已经开始探讨什么是善恶了。善意味着能完满地履行某种社会职责。如果具有某种履行职责的能力，那就是善的，善是从某种行事方式中得以体现的。"'善'完全在于社会职责的履行，与它相联系的其他概念也显出这个特点。"① 反之，恶就是缺乏某种履行社会职责的能力。谈

---

① ［美］麦金太尔著，龚群译：《伦理学简史》，商务印书馆 2003 年版，第 32 页。

论善恶就必然会谈及德性，善恶和德性是紧密联系在一起的。"我们已经看到，'善'这个词在内容上变得怎样不确定，这种不确定也表现在它的同源词，特别是'德性'一词上。'德性'是善者所拥有和实践的东西，这就是他的技能。"[1] 德性即善的观点深刻影响了亚里士多德，他把德性也理解为一种善于从事某种活动的能力。

如果德性意味着完满地履行某种职责，在城邦生活中，参与政治生活被看成是最为重要的事情，获得公职意味着成功，德性就是能够获得公职。赢得人心和获得权力的最好办法就是通过演讲打动民众的心，得到民众的爱戴而进入公共权力体系。演讲能力可以通过学习修辞学和演讲术而得到提高，打动人心靠的是华美的词藻，蛊惑人心的语言，揣测民众的心理。在古希腊城邦生活中，成功的秘诀不是诉诸理性，而是取决于情感。情感是极为个人的，把情感上升为衡量道德的标准，德性就成为相对的东西了。如果每个人内心的善都是自足的，善就是相对的，道德和非道德的区别就不存在了，这就取缔了道德的坚实根基。道德相对主义是智者的根本立场，苏格拉底认为在道德立场上持相对主义态度取消了道德的普遍性，缺乏道德的普遍规范作用会危及整个社会的稳定，为了拯救道德和维护社会安定，苏格拉底从理论上对智者的道德相对主义进行了驳斥。

苏格拉底认为事物本身无所谓善恶，人的行为却有善恶之分，在认识上是否把握到了善本身决定了行为是否具有善的意味。现实生活中，任何一种具体的行为本身并不能构成美德，具体善的行为从不同的立场可以得出不同的认识，具体行为的善的相对性并不能否定善的普遍性和绝对性。具体的善的行为背后存在着善本身，善本身具有不可改变的绝对内容，正是作为绝对内容的善本身从而使美德获得了客观的规定性。只有在认识上理解和把握善本身，才能做出善的行为，善不会因人而异，善本身是普遍

---

① ［美］麦金太尔著，龚群译：《伦理学简史》，商务印书馆2003年版，第35–36页。

的、绝对的、永恒不变的，它是善的行为的本质共相，善作为普遍概念，是能够通过理性得以把握的。苏格拉底认为，善的问题能通过认识解决，理性会引导人走向善。善本身不涉及情感偏好，它是理性认识的对象，理性不受情感的左右，基于自身就能做出道德判断。只有在认识上知道什么是善，才能做出善的行为，如果不知道善，即使做出了符合善的行为也不能称为道德，道德的行为必须基于善的认识之上，这就是"美德即知识"。

柏拉图继承了苏格拉底关于"美德即知识"的思想，他认为只有掌握关于善的知识，在善的知识指导下的行为才具有善的意味。具体事物有善有不善，而善的理念永远是善的，善的理念成为具体事物的原因，善的事物之所以被称为善，是对善的理念"分有"和"模仿"的结果。万事万物都有自身的理念，理念还存在等级的不同，最高等级的理念是善的理念，善的理念具有完满、完善、无所不备、无所不包等特点。善就是神，神是一切善的事物的根源，对神的丑化是最为荒唐的事情。"最荒唐莫过于把最伟大的神描写得丑恶不堪。"① 柏拉图认为，少量的有德之士经过艰苦卓绝的理性探讨和推演，能达到神的境界即善的境界。"神既然是善者，它也就不会是一切事物的原因——象许多人所说的那样。对人类来说，神只是少数几种事物的原因，而不是多数事物的原因。我们人世上好的事物比坏的事物少得多，而好事物的原因只能是神。至于坏事物的原因，我们必须到别处去找，不能在神那儿找。"② 麦金太尔对柏拉图这样批评道："但他的错误的结论是，善因而必定是在超验的、超出这个世界的客体，即形式之中。"③ 柏拉图的道德存在于一个超感性世界中，这个世界只有少许经过理智训练的文化精英才能达到。

在亚里士多德看来，道德固然有赖于智识和理性，同时也依赖于意志

① ［古希腊］柏拉图著，郭斌、张竹明译：《理想国》，商务印书馆 2002 年版，第 72 页。
② ［古希腊］柏拉图著，郭斌、张竹明译：《理想国》，商务印书馆 2002 年版，第 75 页。
③ ［美］麦金太尔著，龚群译：《伦理学简史》，商务印书馆 2003 年版，第 88 页。

或意愿，光强调道德的认识，忽略道德的意愿，只会把道德变为那些有特权并享受过教育者手中的统治工具。道德思想应该注重现实和感性自然，而不是把道德推至一个超绝的世界中。亚里士多德的道德学说的基础是目的论。"亚里士多德的伦理学肯定是目的论的。在他看来，道德在于某种行为，不是因为我们认为这些行为本身是正确的，而是因为我们认为这些行为将使我们更接近'为了人的善'。"① 目的是一种最终完善的状态，意味着每种生命都在积极地实现自身，充分发挥其内在的潜能，不断地使它现实化，从而成为其所是。亚里士多德强调道德实践的具体性和差异性，没有意识到理论和实际之间可以以相互交织的方式发生关联。在亚里士多德进行道德活动的研究时，他把道德活动看作本身是善的，他是从行为的结果去衡量道德，而不是从道德动机出发的，同时他并没有完全摒弃道德动机在道德中的作用，认为道德动机就体现在行为之中，并通过崇高的道德行为体现出道德动机。亚里士多德赋予道德内容更多的价值，一定程度上忽视了道德的形式。"他的实践伦理学大部分的确是并没有什么特别的哲学性，只不过是观察人事的结果罢了。"② 亚里士多德的德性伦理学是一种其理论原则有待分化的伦理学，是伦理学的较早时期的理论形态。在亚里士多德之后，伦理学分化成了斯多葛学派（或称斯多亚学派）的主要忠于理性原则的德性论与伊壁鸠鲁学派的主要出自情感原则的快乐论；在近代更是分化成了康德所代表的基于纯粹理性的道义论和英国经验主义者们关注效果的功利论。

为了达到不动心，人应该做到不为情欲所苦，漠视快乐和痛苦，达到恬淡寡欲的不动情境界，才能摆脱世俗的种种纷扰，实现幸福，这是斯多亚学派道德哲学的基本观点。伊壁鸠鲁学派提倡快乐，快乐需要谨慎地追

① ［英］罗斯著，王路译：《亚里士多德》，商务印书馆 1997 年版，第 207 页。
② ［英］罗素著，何兆武、李约瑟译：《西方哲学史》（上卷），商务印书馆 2013 年版，第 234 页。

求，一旦超出合理的快乐的限度，就会招致极大的痛苦，摆脱强烈的欲望是快乐的条件，达到心灵的宁静，才能求得幸福。在斯多亚学派和伊壁鸠鲁学派看来，幸福就是要达到心灵的宁静，即不动心状态。这里可以看到亚里士多德关于幸福在于沉思的思想对这两个学派的影响。中世纪的基督教是柏拉图和亚里士多德思想的斗争场所。基督教的两大思想家——奥古斯丁和阿奎那是他们的思想传人。奥古斯丁继承了柏拉图关于世界二重化的理论，设置了天国和尘世的对立。"柏拉图的感觉世界和形式王国的二分理论，被圣奥古斯丁基督化了，变成了自然欲望的世界和神圣秩序的王国的两分理论。"① 为了论证彼岸世界的神圣秩序，必须贬低现实世界的各种自然欲望，并把它们妖魔化，认为自然欲望是有悖于上帝的神圣旨意的，要达到超验的神圣世界，需要弃绝各种尘世的享乐，自然欲望成为进入神性世界的障碍。阿奎那不像奥古斯丁那样要求完全摆脱现实世界的各种自然欲望，只是想改变欲望的性质。他赞同原罪说，认为人的欲望背叛了上帝，所以遭到上帝的惩罚。欲望是人本性中的一部分，谁都不能弃绝，现实世界人的欲望虽说遭到一定的败坏，但通过信奉上帝，人性的丑恶是能得到纠正的。人性是如它所应该的那样，而不是像它所呈现的那样，通过"应当"来对其所是进行规范，人就可以达到神圣。为了改造人性，他继承了亚里士多德关于善的思想，在亚里士多德那里，善是每种事物所欲望的，阿奎那认为，既然每个人都愿望善，只要懂得了什么是善，就会去追求善，道德准则的意义就在于获得善，在于获得满足人内在欲望的对象。"上帝是善"可进一步推出"我们应当遵循上帝的命令"，道德是对上帝命令的遵从，不能依据欲望来证明道德的合理性，阿奎那把上帝的戒律确立为善的根基。

康德对道德的思考最为引人注目，"伦理学成了一门以康德的术语来

---

① ［美］麦金太尔著，龚群译：《伦理学简史》，商务印书馆2003年版，第165页。

界说的学科"①。康德道德哲学的任务非常明确，就是要建立一种摆脱受经验影响的道德哲学，并使这种道德哲学可以得到普遍的遵守。"难道人们不认为极为必要有朝一日去建立完全清除了一切只能是经验性的、属于人类学的东西的一门纯粹的道德哲学吗？"②为了完成这个任务，他需要实现"由通俗的道德哲学到道德形而上学的过渡"③。康德认为，道德形而上学是非常必要的，甚至是不可或缺的，在理论方面要探讨超乎经验而存在于我们理性内的实践原理的来源，只有清楚明白这种超经验的最高原理，才能对道德进行正确的判断；否则，没有一个普遍可遵循的标准，道德很容易相对化，甚至会导致道德的腐化。从绝对命令的道德律令出发，康德构建了他的道德形而上学。黑格尔认为对道德的思考就在道德的历史中，人的欲望和情感由特定的社会结构规定，不同社会结构中的人的欲望不尽相同。在他看来，人只能在某一特定的社会结构中进行道德生活，道德并不能随意选择，而是由特定的社会结构提供的，对于特定的社会，道德作为一种价值观是极为必要的。道德不是自由选择的结果，因为决定道德的社会秩序不由我们选择。

二、善良意志：空洞的道德说教

马克思生活在康德之后，对道德的看法自然会受到康德道德哲学的影响，从他对自由意志看法的转变中可以清楚看到康德对他思想的影响。马克思早年受到基督教道德的洗礼，基督教道德提倡的人道主义深深吸引了

---

① ［美］麦金太尔著，龚群译：《伦理学简史》，商务印书馆 2003 年版，第 253 页。
② ［德］康德著，李秋零主编：《康德著作全集》（第 4 卷），中国人民大学出版社 2013 年版，第 396 页。
③ ［德］康德著，李秋零主编：《康德著作全集》（第 4 卷），中国人民大学出版社 2013 年版，第 399 页。

马克思。马克思认为基督教道德提倡爱和宽容，有利于促进人类的团结和友爱，有助于构建人类世界的和谐，并认为全心全意地工作是信奉上帝最好的表达。大学期间，马克思受到以温克尔曼、荷尔德林、莱辛和赫尔德为代表的德国人道主义的影响，他转变了道德应该建立在基督教之上的信念。德国人道主义者认为希腊城邦政治是社会的理想模式，用他们的希腊理想可以克服异化和现代性导致的种种堕落状况，并坚信通过人性的教育可以使人类完善。马克思并不满意人道主义对社会的改造方案，人道主义根本没有触及社会改造的现实根基，而停留于诗意的想象中，没有切实可行性。"每一种人道主义者的历史理论都是基本反复出现模式的一种特意设计的版本，即，历史朝向普遍人类的完善，或至少是希望那种完善。完善本身的景象的范围从宗教激发的'心灵的纯净'的观念，到'心灵之光'，到由美激发的自由玩味，再到对上帝之美的爱。"① 马克思不认为在观念层面就能使人类走向完善，真正的人道主义是建立在现实根基之上的，改变一切使人被奴役和压迫的社会现实才能成就人的价值和意义。"但是在对德国人道主义者的视野及其重要的背离中，马克思把他自己建立在对宗教的彻底批判基础上。对马克思来说，真正的人道主义由这样的实现构成，即'对人来说人是最高的存在'，这恰恰是对宗教的任何严肃批判的结果性的考察。这种人道主义的'绝对范畴'当然是对使人成为奴隶的所有条件的变革。"② 康德哲学坚持道德自律，认为自由意志是道德之所以成立的前提，对自由意志的崇尚无疑符合马克思的人是最高存在的观点。

在康德哲学的影响下，马克思抛弃了基督教道德，认为这种道德在根子上不是提倡爱和善，而是提倡恶。基督教认为人有原罪，原罪源于亚当

---

① ［美］麦卡锡著，郝亿春等译：《马克思与亚里士多德》，华东师范大学出版社 2015 年版，第 32 页。

② ［美］麦卡锡著，郝亿春等译：《马克思与亚里士多德》，华东师范大学出版社 2015 年版，第 43 页。

和夏娃受到了蛇的诱惑，吃了智慧树上的果子，违反了上帝的命令。为了责罚亚当和夏娃所犯下的罪行，上帝要求他们的后代承担他们祖先的罪行，人类的原罪是不可解除的，违抗上帝的命令是最大的犯罪，只有上帝能赦免人类的罪。从原罪说的产生来看，上帝是一个狂暴且爱复仇的主人，他不主张爱和宽容。原罪说源自亚当和夏娃的自主选择，虽说他们受到了蛇的诱惑，但如果没有潜藏在他们心中的反抗意识，也不会做出偷吃智慧果之举。自由意志是原罪产生的原因，自由意味着责任，亚当和夏娃的自由意志导致原罪，这种罪是对人的高贵性的证明。自由选择使人具有了责任意识，责任意识的出现使人告别了动物本能，正是自由和责任，人能够自作主宰，不再匍匐于上帝跟前。

康德的道德哲学极力崇尚自由意志，道德是纯粹的形式规定，是严格的自律，道德在于把自身的道德准则看成是人类可以普遍遵守的道德法则，而不在于道德在现实世界中的具体道德行为和道德表现。他说："如果一个有理性的存在者应当把他的准则思考为实践的普遍法则，那么他就只能把这些准则思考为这样一些不是按照质料，而只是按照形式包含有意志的规定根据的原则。"①这种包含有意志的规定根据的原则就是一种意志自律，正如康德自己所讲的那样："意志自律是一切道德律和与之相符合的义务的惟一原则：反之，任意的一切他律不仅根本不建立任何责任，而且反倒与责任的原则和意志的德性相对立。"②从康德对道德的意志自律的叙述可以清楚看到，原罪说不是一种罪，而是一种道德之举，正是因为意志自律，人类必然要摆脱上帝的束缚，成为能承担罪责的道德主体，人高于动物的地方在于人能承担责任。在康德看来，道德就是自己对自己下命令，要求自行承担责任。"要这样行动，使得你的意志的准则任何时候都

① ［德］康德著，邓晓芒译：《实践理性批判》，人民出版社 2003 年版，第 33 页。

② ［德］康德著，邓晓芒译：《实践理性批判》，人民出版社 2003 年版，第 43 页。

能同时被看作一个普遍立法的原则。"①康德认为只有自律才具有道德意味，完全否定了他律的道德规范意味。他从纯粹的道德动机去审视人类的道德行为，完全忽视行为的结果，把一切不符合绝对命令的行为当作非道德现象看待。康德的道德哲学无疑是高远和超绝的，不带有任何的人间色彩，很难具有现实的操作性，只是纯粹的道德说教而已。按照康德的道德要求，现实世界的行为都很难称为是道德的，现实世界不存在纯粹的道德，这种现实无疑会导致人类放弃从事道德的行为，道德无论如何是实现不了的，那么还不如不道德。

马克思对康德的善良意志批判道："康德只谈'善良意志'，哪怕这个善良意志毫无效果他也心安理得，他把这个善良意志的实现以及它与个人的需要和欲望之间的协调都推到彼岸世界。"②康德完全抛开个人的需要和欲望，只在幻想的道德世界谈道德，这是对现实世界道德的否弃。善良意志无疑是一种软弱和贫乏的道德，根本没有现实色彩，因而只是毫无效果的道德说教罢了。马克思认为，"人是肉体的、有自然力的、有生命的、现实的、感性的、对象性的存在物。"③康德的道德形而上学完全忽视人的需要和欲望，这种道德根本没有现实的根基，在现实世界也不存在，只能存在于幻想的彼岸。马克思对康德道德哲学批判的目的，就是要把人们从抽象的道德世界中解放出来。"他们在幻象、观念、教条和臆想的存在物的枷锁下日渐委靡消沉，我们要把他们从中解放出来。我们要起来反抗这种思想的统治。"④这种要求是马克思对抽象道德的批判，也是对构造出一个抽象的形而上学世界的批判。按照马克思所说，迄今为止，人们一直在为自己制造出关于自身存在的种种虚假观念，这种构造是按照自己关于神

---

① ［德］康德著，邓晓芒译：《实践理性批判》，人民出版社 2003 年版，第 39 页。

② 《马克思恩格斯全集》（第 3 卷），人民出版社 1960 年版，第 211–212 页。

③ 《马克思恩格斯全集》（第 3 卷），人民出版社 2002 年版，第 324 页。

④ 《马克思恩格斯文集》（第 1 卷），人民出版社 2009 年版，第 509 页。

或关于抽象的一般人的种种观念去建立自身的关系。所以，这种观念构造的结果是人类独立思想的异化，自身不再接受自身的统治，而服从于一个超绝的外在对象。只有以符合人的本质来代替种种虚构的臆想，批判性地对待这些臆想，并且从头脑中抛弃这些臆想，现实世界才能明朗地呈现出来。马克思对道德形而上学的批判就是要还原道德的本来面目，破除用臆想构建出来的虚幻的道德世界。马克思要破除善良意志构造出来的虚假美景，重视人的现实诉求，在现实的世界中按照现实的道德规范去从事道德行为。

马克思批判康德的善良意志构造的道德王国，是为了摆脱这种毫无现实意义的道德说教。康德用绝对命令构建了一个超感性世界的道德世界，马克思根本不认为存在一个超越现实世界之上的道德世界，在他看来，道德处在永远的变动之中，没有哪一条道德准则具有永恒的道德意味。每一个时代有每一个时代的占统治地位的道德规范，把道德上升到永恒不变的地步无疑是一种意识形态，统治阶级为了统治的需要，需要这样一种道德世界的理论支撑。马克思要破除道德的抽象性和一般性，使人注意到道德的现实基础，即每一个时代的现实生活条件。马克思对道德的批判是他对理性世界和宗教批判的延续，他把哲学、宗教和道德都纳入意识形态的范畴，因而他对道德的批判构成了其形而上学批判的重要内容。

三、自在之物和绝对命令：康德道德的神秘面纱

康德的认识论最终是为其道德哲学服务的，在道德的驱使下才去确定真理问题。尼采说："包括康德在内的所有哲学家都是在道德驱使下工作的；他们表面上追求'确定性'、'真理'，实际上只追求'宏伟的道德大厦'；再次借用康德的天真自白说，他那'不辉煌但并非无价值'的工作和劳动的目的，就是'为那宏伟的道德大厦平整和夯实地基'（《纯粹理性

批判》，Ⅱ，页 257）。可惜，他的目的未能实现！"① 康德在其著作中也明确表明了他的这种限制知识而为信仰留下地盘的态度。"采取这种方式，内心的两种能力即认识能力和欲求能力的先天原则从现在起就会被查清，并按照它们运用的条件、范围和界限得到规定了，但由此就会为一种作为科学的系统的、既是理论的也是实践的哲学奠定了更可靠的基础。"② 尼采清楚地看到了康德的意图，认为自在之物的设定是康德哲学逻辑发展的必然结果。他说："为了给他的'道德王国'开辟地盘，康德认为除了安置一个不可证明的世界，一个逻辑的'彼岸'之外别无选择，——正是因为这个原因，他才需要他的纯粹理性批判！"③ 康德的自在之物假定了上帝的存在和灵魂不朽，并且构造了一个超感性的道德王国，超验的道德王国比现实世界更加真实。康德把认识限制在现象界，但是道德王国这个抽象世界是超验的存在，抽象的道德世界对人的毒害至深，人一旦把自身的幸福寄托于一个超感性的世界，这本身就是对人类自身价值和意义的否弃和贬抑。价值是人所赋予的，人的价值只能到人身上去寻找。

自在之物是不可知的，对人类的生存没有任何指导作用，当然也是无意义的。"关于康德，我们必须不断进一步指出，即使我们接受他的全部命题，世界正如它对我们显现出来的那个样子仍然是完全可能的。不仅如此，从一种个人的观点看，这整个立场也是毫无意义的，没有谁能生活在这种怀疑主义中。"④ 尼采认为康德完全忽视人的感性生命，用纯粹的概念构造了一个抽象的道德世界作为真实的世界。"迄今为止每一位哲学家都曾经相信过，必须为道德奠基；而道德本身却被当作是'给定'的。"⑤ 退

---

① ［德］尼采著，田立年译：《朝霞》，华东师范大学出版社 2007 年版，第 33—34 页。

② ［德］康德著，邓晓芒译：《实践理性批判》，人民出版社 2003 年版，第 12 页。

③ ［德］尼采著，田立年译：《朝霞》，华东师范大学出版社 2007 年版，第 36 页。

④ ［德］尼采著，田立年译：《哲学与真理》，上海社会科学院出版社 1993 年版，第 48—49 页。

⑤ ［德］尼采著，赵千帆译：《尼采著作全集》（第 5 卷），商务印书馆 2015 年版，第 133 页。

一步说，即使道德律不是给定的，而是先天的，是一个绝对命令，也是有问题的。尼采说："'我们心中有一个绝对命令'，且不说这样的论断有何价值，人们总还可以问道：一个这样的论断对于下此论断的人意味着什么呢？"①作为绝对命令的道德的根本特点是，"它们要求个体服从指令而不考虑作为个体的自己"②。对于个体自身而言，出乎理解之外的绝对命令的意义是什么？如果我们根本不能对绝对命令形成确切的认识，还把它作为道德行为的义务和承诺，这无疑是荒谬的。在尼采看来，作为绝对命令的道德是不存在的，"没有道德现象，而只有对现象的某个道德诠释……"③这就是尼采对康德的道德律做出的回应。

尼采说："也许康德正好也是，用他的道德要人理解：'我这里值得尊重的就是，我可以服从，——而你们的情况则不应该跟我的不一样。'——简言之，这些道德也只不过是情绪的手势语。"④康德的道德形而上学根本就没有约束力，只是情感的突发而已。康德认为，自在之物是超出认识能力范围之外的，不能被人类认识，但可以成为道德实践的规范，他要给超经验的信仰对象和道德实体留下地盘。"真实的世界，无法达到、无法证明、无法许诺，但被视为一个安慰、一个义务、一个律令。（其实还是旧的太阳，只不过被浓雾和怀疑笼罩着；理念变成了崇高的、苍白的、北方式的、哥尼斯堡式的。）"⑤尼采要重估一切价值，颠覆道德形而上学自然成为他思想的题中应有之意。尼采不能容忍一个作为信仰对象和道德实体的上帝，他极力批判和嘲讽康德，并戏称康德为"科尼斯堡那个伟大的中

①［德］尼采著，赵千帆译：《尼采著作全集》（第5卷），商务印书馆2015年版，第135页。
②［德］尼采著，田立年译：《朝霞》，华东师范大学出版社2007年版，第48页。
③［德］尼采著，赵千帆译：《尼采著作全集》（第5卷），商务印书馆2015年版，第111页。
④［德］尼采著，赵千帆译：《尼采著作全集》（第5卷），商务印书馆2015年版，第135页。
⑤［德］尼采著，孙周兴等译：《尼采著作全集》（第6卷），商务印书馆2015年版，第97-98页。

国人"①。

人们根本不知道自在之物具有怎样的性质，没有什么自在之物，假如真有一种自在之物、一个无条件之物，那也不可能被认识，某个无条件之物如果能被认识，那它就不是无条件的。康德的自在之物是一个自我矛盾的东西，本身不能自洽，没有自我解释的能力。人们对事物的认识都建立在某种意图和目的之下，自在之物超出人类的认知，人们不会对自在之物产生某种意图和目的，所以自在之物对于人类而言根本不存在。"倘若竟有一种'自在'，那么，什么是一种思想的'自在'呢？"②我们根本不能对自在之物形成认识，康德认为自在之物能对人的感官造成某种刺激并形成表象，这种观点在尼采看来纯粹是无稽之谈。尼采认为，人们必须知道存在是什么，才能裁定这个或那个东西是否实在；同样也才能裁定什么是确信，什么是认识以及诸如此类。但由于不知道存在是什么，所以一种对认识能力的批判就是荒唐的了，就像如果工具恰恰只能使用自身来进行批判，那它应当如何来批判自己呢？它甚至不能界定自身。物自体连自身都不能界定，它怎么能对世界做出说明呢？"一个'自在之物'的运行就如同一种'自在的意义'、一种'自在的含义'。并不存在什么'自在的事实'，而不如说，为了能够有一个事实，一种意义必须首先被置入其中了。"③纯粹关于实在的认识是不存在的，对于自在之物是什么的问题我们根本不能确认，所以就没有关于自在之物的认识，更谈不上对认识能力进行批判。自在之物并不存在，处在我们认识之外，所以对人的现实生活根本无益。"在某种意义上说，康德的影响是不好的，因为对形而上学的信仰被

---

① ［德］尼采著，梁余晶等译：《善与恶的彼岸》，光明日报出版社2007年版，第175页。

② ［德］尼采著，孙周兴译：《尼采著作全集》（第12卷），商务印书馆2010年版，第27页。

③ ［德］尼采著，孙周兴译：《尼采著作全集》（第12卷），商务印书馆2010年版，第164页。

抛弃了。没有谁会把他的'自在之物'当作一条可以支配什么东西的原则来信仰。"① 我们形成不了关于外在事物的认识，但外在事物对我们是具有意义的，这种意义不是外在事物本身具有的，是我们把意义投射到它们中去的。

---

① ［德］尼采著，田立年译：《哲学与真理》，上海社会科学院出版社 1993 年版，第 16 页。

|第二节| 道德形而上学的实质

　　马克思和尼采要反抗超验道德的统治。马克思认为，抽象的道德统治在阶级社会中表现为虚假的意识形态，要颠覆道德的抽象统治就必须揭开意识形态的神秘面纱。尼采认为，道德本质上是对习俗的尊崇，由于时代的改变，很多习俗已经失去了原有的意义，但它作为一种道德，仍然要对人的行为进行规范和约束。迄今为止的一切道德，都是以扼杀感性生命为代价的，消除对习俗的依赖和崇拜，才有可能建立肯定生命的道德。马克思从自律和他律相统一的层面对超验道德做出了批判，尼采则从权力意志角度对道德进行了规定，二者主张道德不具有抽象和永恒的本性，道德一直在变化之中。马克思和尼采生活在 19 世纪，文艺复兴、启蒙运动和康德及黑格尔哲学都对基督教道德进行批判。马克思和尼采在前人基础上不仅批判基督教神学，而且更进一步批判基督教道德，不消除基督教道德对人的固有影响，现实道德就难以建立。

一、基督教道德的虚假本性

　　在基督教取得对人的精神统治以来，它所宣扬的道德成了现实的社会规范。平等和博爱是基督教道德价值的核心，"'平等'这个概念在宗教中意味着我们都是上帝之子，都是人——上帝本质的一部分，都是一体的"①。耶稣为了救赎世人，他以自己的鲜血洗脱了世人的罪行，从他的死可以看出上帝对世人的爱，为了人类的罪行，上帝牺牲了他唯一的儿子，上帝对人的爱是无私和纯粹的。马克思和尼采批判基督教道德，特别是批判平等和博爱的道德价值，他们认为基督教道德对人实施了奴化，让人侍奉上帝，消解了人在尘世中的使命。

马克思早年信奉基督教，认为基督教宣扬的爱能使人类联结为一个稳定的集体，后来改变了想法，认为基督教的上帝不是宣扬爱，而是宣扬恶，这种恶表现在禁绝人的自由意志，使人变成动物，这是马克思所不能容忍的。马克思对基督教的平等进行了批判。基督教宣扬人在上帝面前人人平等，这种平等只存在于精神与灵魂层面，它是虚幻不实的，实质是为了掩盖现实生活中的不平等现状。马克思把宗教看成是统治阶级维护其统治的"外衣"，根本目的是为了使人能够忍受现实的苦难，消弭人的反抗意识，剥夺民众革命的勇气。他排斥观念的平等，是要实现尘世中真正的平等，"平等，作为共产主义的基础，是共产主义的政治的论据"②。人不能仅仅停留在对痛苦的承受中，基督教让人靠幻想存活，正是幻想的存在致使人们忍受了苦难的现实生活。人不应该继续靠幻想生活，只有消除幻想的麻醉作用，正视生活的苦难，以现实行动去改变不合理的现实，才能使人摆脱幻想，以坚定的行动创造一个合理的世界。

基于现实平等的立场，马克思拥护民主制，认为民主是平等观念的现实反映。民主制意味着人民现实地行使自身的权利，只有在民主制中，人民才能进行自我规定，民主是一种真正意义上的自律，而不是在他律的强制下的被动服从，民主表明了人民是自由意志的真正主体。"在民主制中，国家制度、法律、国家本身，就国家是政治制度来说，都只是人民的自我

---

① ［美］弗洛姆著，李健鸣译：《爱的艺术》，上海译文出版社 2011 年版，第 17 页。

② 《马克思恩格斯文集》（第 1 卷），人民出版社 2009 年版，第 231 页。

规定和人民的特定内容。"① 民主意味着人民服从于自我意志的决定，它体现了主体自由。只有建立起真正民主制的国家才具有合法性。"不言而喻，一切国家形式都以民主为自己的真实性，正因为这样，它们有几分不民主，就有几分不真实。"② 真实民主的根本特征体现在普遍选举权上，马克思是普及选举的支持者。"扩大选举并尽可能普及选举，即扩大并尽可能普及选举权和被选举权。"③ 普及选举才真正意味着民众是国家的主人，民众作为国家的组成部分，应该具有独自参加政治生活的权利，因为"他们不仅是国家的一部分，而且国家也是他们的一部分"④。民众是国家机体的内在组成部分，国家是民众意志的集中体现，在民主的基础上，个人和国家之间不再处于敌对状态中，二者实现了圆融的结合。只有摆脱基督教道德脱离现实的虚假性，破除仅仅停留在观念上的平等和博爱，才能在尘世中成就现实的平等和博爱。废除一切异化人的现实条件，才有可能实现真正的平等和博爱。

尼采在 20 岁时写了一首《献给未知的上帝》的诗，在诗中他写道："我必须知道你，未知的上帝，你找出了我灵魂的深处，暴风般地吹向我的终生，你不可理解然而却是我的亲人！我定要知道你甚而侍候你。"⑤ 可见尼采对上帝的情感是非常深的，后来他猛烈批判基督教，并且宣告"上帝死了"。这说明尼采对基督教的态度发生了逆转，这种转变是与他的哲学思想的转变紧密关联的。尼采把权力意志作为其哲学的出发点，一切违背权力意志的道德在尼采看来都是不能容忍的。基督教宣扬博爱，这种博爱让人麻醉，只是一种邻人之爱，使人忍受自身的无能。尼采认为把旧

---

① 《马克思恩格斯全集》（第 3 卷），人民出版社 2002 年版，第 41 页。

② 《马克思恩格斯全集》（第 3 卷），人民出版社 2002 年版，第 41 页。

③ 《马克思恩格斯全集》（第 3 卷），人民出版社 2002 年版，第 150 页。

④ 《马克思恩格斯全集》（第 3 卷），人民出版社 2002 年版，第 146 页。

⑤ 转引自［美］巴雷特著，段德智译：《非理性的人》，上海译文出版社 2012 年版，第 245 页。

约的上帝改造成新约的上帝，是人类一次厚颜无耻的篡改，他颠覆了文明的根基。旧约的上帝是一个发布命令，冷酷无情且有强大权力意志感的主人，对违背其意志的人实施惩罚，充满"男子气"。而新约的上帝变成了"女人"，让人沉溺于爱之中，这种爱没有原则，即使对罪大恶极的人也进行救赎，这种无尽溺爱的结果最后使人缺乏力量，不崇尚竞争，不主张惩罚，最后导致人的软弱无力和普遍平庸。旧约的上帝和新约的上帝相似于弗洛伊德在《自我和本我》所描述部落中的父亲和母亲的形象。父亲代表秩序和法则，对子女的不合格行为做出惩罚，使其遵照自身的意志行事；母亲则代表无原则的爱，由于孩子是从其肉体中诞生出来的，孩子本身就是其自身的一部分，对内在于自身的部分只会进行无尽的包容与宽慰，这种溺爱使得孩子的意志得不到磨炼，缺乏力量和坚韧。

基督教平等学说是社会主义的理论来源，基督教和社会主义在精神实质上是一致的。尼采说："当基督教谴责、诋毁、丑化'世界'时，当社会主义工人谴责、诋毁、丑化社会时，他们是出于同样的本能：'末日审判'本身也是报复的甜蜜慰藉——革命，即社会主义工人所期待的那种革命，只不过被设想得稍微遥远一些……'彼岸'本身——倘若它不是一种丑化此岸的手段，那么，要一个彼岸干什么？"[①]基督教和社会主义者痛恨现实世界的根本原因在于现实世界普遍存在的不平等，极力通过革命来构造一个平等的世界，尼采把基督教和社会主义看成是一致的。基督教宣扬在上帝面前人人平等的主张。"在上帝面前，所有'灵魂'都是平等的：然而这恰恰是一切可能的估价中最危险的啊！如果人们把个体设为平等的，那么就使种类成问题了，那么就优待了一种结果会导致种类毁灭的实践：基督教就是反对物种选择的原则了。"[②]此外，尼采还把基督教的平等

---

① ［德］尼采著，孙周兴等译：《尼采著作全集》（第6卷），商务印书馆2015年版，第168页。

② ［德］尼采著，孙周兴译：《权力意志》，商务印书馆2006年版，第1220页。

学说看成是社会主义的理论根基。在他看来，社会主义者也要求一个现实的平等世界，同样反对物种选择的原则，这只会导致种族的毁灭。基督教和社会主义者的平等要求在尼采看来无疑是一种痴人说梦，根本不存在一个平等友爱的社会，平等的要求只会保存颓废者、失败者，无谓损耗人类的整体力量，拉低了人类能够达到的创造高度，无助于人的种类的繁荣。在尼采看来，社会主义和基督教都是一种假人道，都想要保存颓废者。社会的强盛需要有人做出牺牲，对颓废者的剥削才能使一些具有创造性的主人种族产生，只有存在等级的社会才能保证社会的强盛。社会强盛的衡量标准在于时代培养出了多少具有强大创造能力的人，时代的强盛是由这些人引领的，评判一个时代的强盛只能从这个时代的文化去衡量，而文化天才是文化兴盛的标志。

基督教道德只是一种奴隶道德，它是从古罗马帝国卑怯的奴隶头脑中产生的。基督徒由于无力从事创造，便把一切卑劣的东西给高贵化，鄙视那些本身高贵的东西。基督徒忍受不了创造所经历的种种艰难困苦，他们就对那些肯定生命的事物进行贬低，颂扬那些否定生命的事物。他们把无力称为"善"，把卑下称为"谦恭"，把屈从于自身所恨的人称为"顺从"，把没有能力复仇称为"宽恕"。基督教给每一种低劣的东西配上一个神圣的名称，使它们表现为高贵。基督教道德是一种奴隶道德，它贬抑高贵的事物，压制生命的本能和潜能，基督教道德是对生命的犯罪。"基督教的否定观不仅针对自然、生命、人类的身体、性欲和生殖，而且也针对自我——针对自己，否定自我，贬低自我，牺牲自我。人们甚至可以看到，这可能是尼采脱离基督教所提供的、旧的退化价值体系的主要中心点。尼采所呼唤的是完全重估自我，全面肯定自我，为自我负责，自尊，自爱。一种彻底的倒转。"① 尼采要重估一切价值，对基督教道德的批判是其价值

① ［美］皮里著，王爱松译：《尼采在二十一世纪的影响》，黑龙江教育出版社 2015 年版，第 32 页。

重估的重要部分，尼采要否定基督教道德对生命的否定，让道德具有肯定生命的意义。

尼采把社会主义看成是平均主义，马克思肯定会反对尼采对社会主义平等的指控，社会主义的平等根本不同于平均主义。以社会财富的分配为例，马克思承认，劳动者个人的天赋的不同会导致不同的工作能力，创造社会财富的能力也不同，此外，由于个人情况的不同，也会出现财富不均等的现象，如结婚的和单身的、子女多的和子女少的等情况，在财产上出现差别是很正常的。他说："在提供的劳动相同，从而由社会消费基金中分得的份额相同的条件下，某一个人事实上所得到的比另一个人多些，也就比另一个人富些，如此等等。要避免所有这些弊病，权利就不应当是平等的，而应当是不平等的。"① 社会主义是建立在平等之上的，平等不意味平均，平等并不是一种削齐拉平，它是存在着差别的平等。"马克思和恩格斯都不是彻底的平等主义者，这种彻底的平等主义者认为所有人在各个方面都应当被严格同一地对待。"② 马克思认为，平均主义只是落后的社会现实的观念反映，这种平均主义欲望是对人的个性的否定，是一种出于忌妒心而表现出的恶意。对于基于平均主义之上的粗陋的共产主义，马克思批判道："粗陋的共产主义不过是这种忌妒心和这种从想像的最低限度出发的平均主义的完成。"③ 这种平均主义是对文化和文明的否定，是一种非自然的简单状态的倒退，平均主义不仅不能否定私有财产，也不能解决私有财产被占有的现实状态。"对私有财产的最初的积极的扬弃，即粗陋的共产主义，不过是想把自己设定为积极的共同体的私有财产的卑鄙性的

---

① 《马克思恩格斯文集》（第 3 卷），人民出版社 2009 年版，第 435 页。

② ［加拿大］尼尔森著，傅强译：《平等与自由：捍卫激进平等主义》，中国人民大学出版社 2015 年版，第 101 页。

③ 《马克思恩格斯全集》（第 3 卷），人民出版社 2002 年版，第 295-296 页。

一种表现形式。"① 在马克思看来，平均主义没有理解到私有财产的积极的本质，对人的本性也缺乏理解，纯粹出于对私有财产的恶意和嫉妒，不了解私有财产具有的解放人本质的潜能。马克思对平等有一个解释，他说："平等是人在实践领域中对他自身的意识，也就是说，人意识到别人是同自己平等的人，人把别人当做同自己平等的人来对待。平等是法国的用语，它表示人的本质的统一，表示人的类意识和类行为，表示人和人的实际的同一性，也就是说，它表示人同人的社会关系或人的关系。"② 平等是一种在社会关系中的现实平等状况，是人与他自身的同一，以平均来代替平等破坏了人与他自身的同一，是对平等的破坏，只有在人和他人的现实关系中才能实现平等，尼采用脱离现实关系的抽象平等是不能把握平等的真实内涵的。

二、作为意识形态的道德

马克思把道德看成是一种意识形态，马克思的意识形态概念来自法国，意识形态创始人是特拉西，他是法国一个哲学团体的领导人。"在特拉西及其追随者看来，意识形态是以理性主义的社会改良的观点对各种观念进行科学研究。"③ 这本来是具有褒义的一个概念，马克思对其进行了改造，赋予该概念一定的否定意义。意识形态概念的具体含义在马克思思想中并不明确，他对意识形态的表述基本上是附带的，也没有进行一种连贯的解释。即便如此，从马克思对意识形态的描述中还是可以看出其大致轮廓。道德作为一种意识形态，它和宗教的功能一样，"它在不完善的现实

---

① 《马克思恩格斯全集》（第 3 卷），人民出版社 2002 年版，第 297 页。

② 《马克思恩格斯文集》（第 1 卷），人民出版社 2009 年版，第 264 页。

③ ［英］麦克莱伦著，郑一民、陈喜贵译：《马克思思想导论》（第 3 版），中国人民大学出版社 2008 年版，第 151 页。

中有其根源，而这种不完善的现实同时又是它帮助掩饰的"①。正是道德为现实剥削进行合理辩解的虚假本性，致使马克思对道德进行了猛烈批判。

进入阶级社会以来的道德规范，都是为了维护剥削阶级的现实利益。在奴隶社会，奴隶作为一种会说话的工具，不能作为纯粹的人来对待，自然也不要求他们有道德，他们也不具备拥有道德的资格。既然奴隶不是真正的人，那么剥削和奴役他们就是再正常不过的了。道德只是那些自由人的专利，亚里士多德就认为奴隶不具有公民权利，奴隶社会道德的根基是要拥有一定的生产资料，具有一定的经济实力，奴隶没有这些现实的物质保障，被排除在道德范畴之外，自然丧失了公民权利。奴隶社会的道德状况就是如此。

封建社会建立在血缘和宗法的关系之上，没有贵族血统就不能讲求道德。拥有世袭封地的贵族是道德的表率，贵族之外的各阶层都是"贱民"，没有固定的经济来源，没有受到教育，没有文化，没有能力谈论道德，道德是僧侣和贵族的专有权利。由于天然尊长的种种封建羁绊，使得道德成为一种专为封建剥削制度进行合理论证的虚假意识形态。顺从就是最大的道德，违逆天然尊长的道德秩序必然会受到道德谴责，道德成为维护封建制度的有力工具。

资本主义提倡自由、平等、博爱，资产阶级道德的根基是自由，也就是交换自由。只有打破封建制度的人身依附关系，才能使失去生产资料和生活资料来源的无产者成为市场的自由职业者，他们能够"自由"地出售自身的劳动力，这样才能解决资本主义发展需要的大量的雇佣劳动力，这也是资产阶级看重自由权利的根源。"资产阶级在它已经取得了统治的地方把一切封建的、宗法的和田园诗般的关系都破坏了。它无情地斩断了把

① ［英］麦克莱伦著，郑一民、陈喜贵译：《马克思思想导论》（第3版），中国人民大学出版社2008年版，第152页。

人们束缚于天然尊长的形形色色的封建羁绊，它使人和人之间除了赤裸裸的利害关系，除了冷酷无情的'现金交易'，就再也没有任何别的联系了。它把宗教虔诚、骑士热忱、小市民伤感这些情感的神圣发作，淹没在利己主义打算的冰水之中。它把人的尊严变成了交换价值，用一种没有良心的贸易自由代替了无数特许的和自力挣得的自由。总而言之，它用公开的、无耻的、直接的、露骨的剥削代替了由宗教幻想和政治幻想掩盖着的剥削。"① 马克思非常好地刻画资本主义道德，资产阶级道德根除了一切高贵和庄严的东西，抹杀了蕴含在道德中令人尊崇和敬畏的神圣色彩，把道德庸俗化和现实化，把道德转变为一种纯粹的金钱关系。

自进入阶级社会以来，无论是何种社会形态的道德，无不是为剥削进行掩饰，马克思把道德看成是一种意识形态，深刻地把握到了道德的虚假本性。道德随着人类历史的发展也处在不断的变动之中，随着现实的社会关系和社会现实状况的改变，道德也随着悄然改变，不存在一成不变、万古长青的道德，道德处在不断的生成之中，这就是道德的自然本色。在马克思的著作中，对道德谈论不多，没有对人类的道德现象进行专门的论述，但这不意味着马克思不注重道德，马克思思想中并不存在着一个道德的空场。马克思在对伊壁鸠鲁自我意识哲学的研究中所揭示的自由、公正和友谊的道德要求，正是自由及其秩序的和谐伦理的基本精神，也是马克思道德哲学思想最初的逻辑起点。"在马克思看来，人是在与他人的关系中存在的，一个人同另一个人发生关系，这个人才不单纯是抽象的、自然的存在，而是真正的现实的社会的存在。马克思批评'抽象的个别性'、孤立主体的'内心自由'，是脱离现实的定在的自由，而不是现实的定在的自由。真正的自由是在与外部世界、与人的交往之中的现实的自由，是在正确处理各种关系中的自由。这个思想可以说是马克思的唯物辩证伦理

---

① 《马克思恩格斯文集》（第 2 卷），人民出版社 2009 年版，第 33-34 页。

观的最初表达。"① 当然，马克思认为在共产主义还讲求道德是荒谬的，正如在一个没有偷窃的社会中，把"不许偷窃"作为一种道德规范来要求是可笑的。在一个人人遵守道德的社会之中，去提倡道德无疑是荒唐之举。在共产主义社会到来之前的社会，仍然需要以道德来对人们进行规范和教导。马克思倡导的道德是与人的生存本性、与人的现实需要和自然欲求关联在一起的，而不是作为一种虚假的意识形态。道德不是一种先天律令，不具有超绝意味，也不存在由道德原理构造出的道德王国，道德就潜藏在人们的具体行为和观念之中，并以社会的现实状况为变化根基。这就是马克思对道德的见解。

马克思对道德的批判是其宗教批判的理论延伸，是在理性主义和宗教批判基础上的理论拓展。形而上学的道德观是由理性主义道德观和基督教道德观组成的。理性主义道德观的典型代表是康德，他用一系列的道德原理构造了一个超验的道德世界，致使经验世界和道德世界的二元对立，把现象和物自体对立开来，这种理性主义道德观有其合理之处，但在现实世界根本无法实现，因而是一种空洞的道德说教。道德不是一种清谈，而是一种具体的实践，它就体现在人们的道德行为中，推翻康德的道德学说，才能把对道德的沉思切换到人的现实道德行为中来，在现实的感性世界中言说道德和践行道德。马克思对康德道德王国的批判深刻体现出其对形而上学的不满，他要把人们从形而上学世界的梦呓中唤醒，使其注重生活于其中的现实感性世界。只有在现实世界的尘世幸福中才能实现人的福祉，而不是仅仅停留在种种外在的道德臆想中；从抽象的统治中解脱出来，关注世界的现实本性，这就是"拯救现象"。关注变动的自然，把道德看成是一种生成，才能摆脱不变不动、永恒的抽象世界的统治。注重个体性，摒弃一般性，才能把个人的内在丰富的生命激发出来，才能使人成为一种

---

① 宋希仁：《马克思恩格斯道德哲学研究》，中国社会科学出版社 2012 年版，第 24 页。

多样性的存在。

基督教道德崇尚谦卑、服从和禁欲，把人作为一种没有创造性的动物，只知一味匍匐于上帝跟前祈祷，戕害了人内在的鲜活的生命，抹杀了人活泼的灵性，忽视了人的自然欲求，这种道德是马克思所不能容忍的。要发扬人的感性生命的高度，就需要戳穿基督教道德的谎言，落实到人的现实生活、感性肉体中来。饱满的生命、丰富的现实生活是抵制禁欲最好的武器，也是人的现实幸福的重要部分。马克思认为，人只有清醒地面对现实，才能泰然应对命运的打击，勇于处置欲望和冲动，忍受一切苦难的折磨，献身于博爱和高尚的事业，摆脱了自私和粗俗的局限才能做到品德纯洁、温和且符合人道。马克思注重世俗道德如何才能趋向纯洁和高尚，强调对高尚人格的追求。

三、习俗即道德

一旦道德在现实生活中被确定下来，后来的人只会被动遵守，而不会对之进行有意识的反思。尼采说："讲道德、合乎道德、合乎伦理的意思是服从自古以来建立的法则和传统。人们是勉强还是欣然服从于它，这是无所谓的，只要人们服从它就足够了。一旦道德规范形成，在长期遗传之后，一个人就会轻松而欣然地做着合乎道德的事情。"① 对道德的遵守出自对传统的认同，没有传统，也不存在道德。"道德完全是（因而也只是）对作为行为和评价的传统方式的任何可能习俗的服从。哪里不存在传统，哪里也就不存在道德；传统决定生活的程度越少，道德世界的范围也就越小。"② 道德要防范自由思想的人的出现，自由思想的人会破坏传统，危及

---

① ［德］尼采著，杨恒达译：《尼采全集》（第2卷），中国人民大学出版社2011年版，第58页。

② ［德］尼采著，田立年译：《朝霞》，华东师范大学出版社2007年版，第47页。

道德。自由思想的人不想遵循道德，在一切事情上都自己做主而不肯依赖传统。"何为传统？传统是一种居高临下的权威，人们之所以听命于它，不是因为它的命令对我们有好处，而是因为它命令。——对于传统的这种感情与一般的恐惧感区别何在？它是对一种发号施令的更高智慧的恐惧，对一种不可理解的无限力量的恐惧，对某种超个人的东西的恐惧，——一种迷信的恐惧。"① 传统只有把怀有自由思想的人纳入遵守传统的范围，传统才不至于被打破，道德依旧能规范着人的行为。

道德和传统是建立在对个体压制的基础之上的，它要消除个体的自主和独立性，这样道德就导致个人特性的湮灭，人变得平面化，道德就是要把人变得平庸，这就是道德的使命。"自我克服所以必要，不是因为它可以给个体带来有益的结果，而是因为只有这样，习俗和传统才能不顾个人的一切愿望和利益而形成支配：牺牲个人——这就是习俗伦理的无情命令。"② 道德压制个人的理由是：个体的独特性会危及群体的安全和稳定，独特个体必须受到压制。对于道德对个体的压制，尼采说："每一种独特行为，每一种独特思考方式，都唤起恐惧；在人类历史长河中，由于总是被人——以及确实也被他们自己——当作坏人和害群之马，那些稀少的、杰出的、有创造力的心灵忍受的折磨是难以想象的。在习俗道德统治下，每一种创造才能都不得不背负起良心的十字架；直到现在这个时刻为止，最优秀的人一直生活在一片本来不应该那么暗淡的天空下。"③ 习俗道德清除了最杰出的人，这无疑是对生命的犯罪，这些人应该得到更好的培养而不是压制，人们应该为他们的成长创造条件、提供便利，但现实结果是杰出的人没能得到培养，社会陷入了普遍的平庸。崇尚权力意志的尼采对这种习俗道德深恶痛绝。"一个群体的支配性道德不断得到全体成员同心合

---

① ［德］尼采著，田立年译：《朝霞》，华东师范大学出版社 2007 年版，第 48 页。

② ［德］尼采著，田立年译：《朝霞》，华东师范大学出版社 2007 年版，第 49 页。

③ ［德］尼采著，田立年译：《朝霞》，华东师范大学出版社 2007 年版，第 50 页。

力的证明：大多数人反复提供假定的因和果，罪和罚联系的例证，证明其可靠性和强化他们的信仰，另外一些人重新观察行动和结果并从这种观察得出结论和规律；极少数人提出这样那样的异议并因此削弱有关信仰。"① 当道德被确定为生存的最高价值时，这种道德展示了其残酷的一面，在道德的驱动下，一切有利生命的思想和行为都受到禁止，丰富的感性生活变得乏善可陈，让人无法忍受，生存本身成为一种痛苦，这让人变得敌视生存。"人们甚至疯狂地要求将生存本身看作一种惩罚，——至今为止支配人类教育的都是狱吏和刽子手的幻想！"② 在道德教育之下，人们忍受不了任何违背道德的行为，对一切持异议者抱有骨子里的仇恨。

任何违背习俗的行为都不可容忍，因为缺乏习俗的生活是不值得过的，习俗是人走向文明的开始。"习俗无所不在，需要持续不断加以服从，从而强化了文明由以开始的第一命题：任何习俗都好过没有习俗。"③ 人们认同并遵从习俗，久而久之，在群体内部慢慢养成了使自身的行为符合习俗的习惯，对于过度的幸福抱有警惕之心，并且对难以忍受的痛苦也能习以为常。习俗本身充满了种种谬见，习俗只是前人在他们的生活状况中确立起来的，这种习俗与他们的生存状况息息相关，一旦习俗脱离了具体的生存状况，就会变得不可理解和荒谬。"习俗代表了前人的经验，代表了他们对于有用和有害的东西的看法——但是，对习俗的情感（道德）关心的却不是这些经验本身，而是习俗的古老性、神圣性和不可争辩性。因此，这种情感妨碍新经验的获得和旧习俗的修改，道德成为创造更新更好习俗的障碍：它使人愚昧。"④ 一味遵从习俗，必然会妨害人们根据变化的现实去确定新的习俗，对习俗神圣性的盲目信仰阻碍了建立一种更合理

① ［德］尼采著，田立年译：《朝霞》，华东师范大学出版社 2007 年版，第 51 页。
② ［德］尼采著，田立年译：《朝霞》，华东师范大学出版社 2007 年版，第 52 页。
③ ［德］尼采著，田立年译：《朝霞》，华东师范大学出版社 2007 年版，第 56 页。
④ ［德］尼采著，田立年译：《朝霞》，华东师范大学出版社 2007 年版，第 60 页。

习俗的可能，习俗变得敌视人了。旧的习俗必须打破，除掉一个旧的圣像，才能建立一个新的圣像。必须有人突破旧习俗的束缚，对旧习俗进行破坏和颠覆，当然，这种敢为人先的破坏者往往在最初被视为罪犯，招致毁谤，甚至毁灭，但这些人必将成为历史的创造者。"人们对所有那些以行动破坏习俗规矩的人毁谤有加，往往将他们称为罪犯，然而他们后来往往不得不大量收回这种毁谤。每一个推翻某种既定习俗规矩的人，迄今总是先被看作坏人，然后，当人们看到，规矩迟迟得不到重建成为事实，他们就接受这一事实，并开始以一种不同的方式谈论它：——历史完全是那些后来变成友好谈论对象的坏人的历史。"①正是道德建立在习俗的基础上，因而少有合理性。"这些道德规则建立在最少科学价值的假设的基础上，根据它们的结果既不能证明它们也不能反驳它们。但是，在过去的时代，当所有科学还处于萌芽阶段而一丁点证据就可以使一件事被认为得到确证时，确定道德规则有效性的方法与我们今天确定任何其他规则有效性的方法是完全相同的。"②习俗是对人自主精神的破坏，它只要求无条件服从。一旦人拜倒在习俗面前，就成为生命本能匮乏的人，人变得愈加懦弱，缺乏野性。"习俗的价值在于，一个人越从小就发自内心地屈服于它，他的攻击和防卫器官——无论身体上的还是精神上的——就越退化，他也就益发美！"③遵从习俗就意味着人需要掩盖自身的独特性，个人将自己掩藏在抽象的人的概念之下，湮灭在群体中，与周遭的环境协调一致，这样就避免导致危险，并能从群体中获得一种虚幻的力量感。

无数习俗规定都是人们根据某些非常事件匆忙做出的，它们很快就变成不可理解的。久而久之，很难确切断定隐藏在这些习俗背后的意图，也搞不清违反这些习俗所带来的惩罚的性质，对风俗的信仰最后使得习俗中

---

① ［德］尼采著，田立年译：《朝霞》，华东师范大学出版社2007年版，第61页。
② ［德］尼采著，田立年译：《朝霞》，华东师范大学出版社2007年版，第64页。
③ ［德］尼采著，田立年译：《朝霞》，华东师范大学出版社2007年版，第64页。

的最荒谬的内容变成了最神圣不可侵犯的金科玉律。这就是道德起源于习俗的历史根源。这样一来，作为一时应急的道德给人带来了永久和无穷的痛苦。"人们用来安慰自己的那些手段使生活变得极端痛苦，但他们现在相信生活本来就痛苦不堪；人类最可怕的疾病不是别的，正是他们用来消除疾病的那些手段，这些手段看起来立竿见影，最终却产生某些比它所要消除疾病还糟糕的东西。他们无知地相信，那些能够在瞬间麻醉和解除他们痛苦的东西，也就是所谓的止痛剂，就是真正的良药；他们事实上根本就没有想过，他们为这片刻轻松付出的是健康的全面和彻底的恶化，看不到不得不忍受麻醉剂副作用之痛苦，日后停止使用麻醉剂之痛苦，以及再后来整个人烦躁不安、神经质和神经衰弱等等压迫性的整体痛苦感觉。病情发展到一定程度，治疗将不再可能：那些受到普遍信仰和崇拜的心灵医生应该对此负责。"① 为了缓解一时的痛苦，带来了永久的困难，这就是道德所能起到的作用。"你应该成为你自己的主人，也成为你自己德行的主人。从前它们是你的主人，但是现在它们只能是你的工具，像其他工具一样。你应该支配你的是非观念，学会按照你的最高目标亮出你的是非观念。"② 对于道德感是如何产生的，尼采进行了细致的考察。他说："所谓的道德感，其历史经历了下列主要阶段。首先，人们把个别的行为称作好或坏，完全不考虑这些行为的动机，而只是考虑有用或有害的结果。但是，不久以后，人们忘记了这些称谓的起源，误以为'好'或'坏'的特性是行为本身固有的，不管其结果怎么样。由于这样的谬误，语言把石头本身称为硬的，把树称为绿的——也就是说，颠倒了因果关系。于是人们就将好或坏的属性装进了动机里，并把行为本身看作在道德上有两种解释。人们进而不再把好或坏的评价给予个别动机，而是给予一个人的全部本

---

① ［德］尼采著，田立年译：《朝霞》，华东师范大学出版社2007年版，第89—90页。

② ［德］尼采著，杨恒达译：《尼采全集》（第2卷），中国人民大学出版社2011年版，第9页。

性，动机从本性中产生出来，就像植物从土壤中生长出来一样。于是人们就按顺序让人为其后果，然后为其行为，然后为其动机，最终为其本性负责。"① 尼采对于道德产生于对习俗的迷信的分析无疑有其独特之处，他对道德的根本立场是：道德是一种反自然的伪造，是对人感性生命的扼杀。

---

① ［德］尼采著，杨恒达译：《尼采全集》（第 2 卷），中国人民大学出版社 2011 年版，第 37–38 页。

第三节 何为道德

马克思和尼采都否认存在以普遍的道德律令构造起来的道德王国，在他们看来，道德一直在生成中，不存在不可改变的绝对命令。他们认为，道德不是绝对命令，不是逻辑辩证发展中的环节，道德是在强制和暴力的驱使下形成的，没有残酷作为道德的背景，道德就失去了其存在前提。道德是在现实世界中形成的，并不具有先验的本性，不存在脱离现实世界之外的超感性的道德世界。道德是对世界的现实规范，不存在永恒不变的道德法则。先验地构造普遍的道德法则去规制人的现实行为是荒谬的，普遍的道德法则不能在现实世界中被遵守，它是对人感性生命的一种压制和剥夺，只有祛除对普遍的道德法则的迷恋，才能在世界寻求到可以普遍遵守的道德准则。

一、自律和他律的历史对立

道德主要存在自律和他律两种观点，自律道德指的是个人的德性，是主体意志的自我规定。在自律道德中，人是自主和自由的意志自律的主体，人的道德意志是绝对自由的。道德是一种自由的理性，只服从理性主体自身颁布的绝对命令，主体服从于道德自律。反之，如果理性主体不再是自主和自由的，那么主体借以律己的道德法则内容则是外在的，那就是他律。

道德一直处在自律和他律的纠葛之中。自律或他律指的是道德价值的根据在哪里，是出于主体自身理性，还是出于主体理性之外的东西，如上帝、权威等。苏格拉底听从心中"灵异"的声音，雅典人控告他引进新神，苏格拉底的神不同于奥林匹斯山的神，雅典人对苏格拉底的控告是成立的。无论是雅典的多神还是苏格拉底的理性神都是外在的神，这些神作为外在力量强制人遵守道德，对神的信奉在道德上表现为他律。柏拉图进一步完善了苏格拉底的理性神，认为理念的最高层次就是"善"，也就是神，柏拉图在道德上也坚持他律的立场。苏格拉底和柏拉图坚持道德他律的立场，同时不缺乏道德自律的成分，理性神是理性的认识对象，其中包含有自由的成分。只要理性是人的认知方式，这种认知方式就具有自由的特性，只要承认理性是自由的，就承认道德有自律的成分。基督教把理性神上升为上帝，上帝成为至高无上的存在，上帝是理性神的变式，和理性神的不同在于，它是信仰的对象，而不是理性的对象。阿奎那以理性来论证神的存在，仍然没有改变信仰高于理性的根本立场。只要道德把理性神或上帝尊崇为最高的存在，那么就是一种他律的道德。基督教要求人们皈依上帝，把上帝作为道德价值的根据，信仰宗教和爱上帝就是道德的。基督教要求人们遵从上帝的律法和宗教教义，根绝人的自然欲望，把人作为纯粹信仰的附庸。基督教教义本身是反人性的，它消除了人的感性生活，用抽象的道德规制人的生活，基督教道德是超验和空洞的。

启蒙运动强调道德应该摆脱宗教的控制，以人类理性作为道德的根据，遵从普遍理性对道德原则的论证，让道德成为神圣的独立范畴。道德不再依附于宗教，它本身具有独特价值，能够在现实生活中发挥积极的作用，启蒙运动要把道德建立在自律的基础上。康德提出了"自律"概念，建立了以自律为基础和核心的道德形而上学体系。康德所说的"律"具有规律、法则、原则、准则等意义，自律就是以普遍性、必然性的规律为法则去行动，亦即按照绝对命令去行动。苏格拉底和柏拉图就具有把"善"

放置在超感性世界领域中去的倾向，这种倾向在基督教中得到了加强，超感性的道德王国在康德哲学中得到了完成。在康德看来，上帝存在和灵魂不朽对于人类的道德生活是非常必要的，"但上帝和不朽的理念并不是道德律的条件，而只是一个由道德律来规定的意志的必要客体的条件，亦即我们的纯粹理性的单纯实践运用的条件；所以，关于那些理念，我不仅要说对它的现实性，而且就连其可能性，我们也都不能声称是认识和看透了的"①。上帝存在、灵魂不朽和意志自由属于自在之物，它们不是现实的存在，却是有用的存在。"一门道德形而上学是不可或缺地必要的，这并不仅仅是出自思辨的一种动因，为的是探究先天地存在于我们的理性中的实践原理的源泉，而是因为只要缺乏正确地判断道德的那条导线和最高的规范，道德本身就依然会受到各种各样的败坏。"②道德律为人类行为做出了规范，促使人类自觉遵守道德律。康德的纯粹理性批判是为实践理性批判做的理论准备。"因此我不得不悬置知识，以便给信仰腾出位置，而形而上学的独断论、也就是没有纯粹理性批判就会在形而上学中生长的那种成见，是一切阻碍道德的无信仰的真正根源，这种无信仰任何时候都是非常独断的。"③康德哲学目的很明确，它要限定纯粹理性批判的范围，从而论证道德形而上学的合理性。康德哲学的核心是对道德的论证，他乐于被人看成是一个道德学家。在康德看来，我们对智性世界不具有知识，不意味着智性世界不存在，智性世界能为经验世界的人提供道德规范。道德律必定是普遍适用的，不特适用于人，也适用于一切真正有理性者，它对于任何情形都有效，它是绝对必定适用的。道德律是普遍有效的，只要是理性

---

① ［德］康德著，邓晓芒译：《实践理性批判》，人民出版社 2003 年版，第 2–3 页。

② ［德］康德著，李秋零主编：《康德著作全集》（第 4 卷），中国人民大学出版社 2013 年版，第 396–397 页。

③ ［德］康德著，邓晓芒译：《纯粹理性批判》，人民出版社 2004 年版，第二版序第 22 页。

的存在物，都需要遵循道德律。康德的道德形而上学推崇道德自律，完全忽视客观外在世界的影响，他注重的是道德的先验形式，不是道德的经验内容；注重的是道德的动机，不是道德行为的结果。

康德和黑格尔在道德上的认识具有一定的相似性，他们都倾向于把人类理性作为道德自律的原则，当然，康德和黑格尔对自律的强调程度是不同的。他们都把道德的理性本质理解为理性对情欲的规制，强调道德的普遍性和必然性，道德必然是符合理性法则的道德。他们的道德哲学把人类理性设定为道德的根基，自律作为道德是人类精神的内在规定，是理性的自我规定和自我立法。康德认为道德的本质是自由，自由就是人具有自我意识，理性能够自行选择和承担责任。康德的道德是一种抽象的、形式主义的原则，黑格尔对康德的绝对自律进行了限定，黑格尔强调自律，但更多地强调他律。在他看来，道德作为一种主观状态是远远不够的，只有当道德的主观状态外化为客观伦理时，才真正具有道德的意味。黑格尔认为自由存在三个层次，第一层次是抽象的自由，第二层次是任性或任意，第三层次是具体的自由。道德虽是一种自由，但不再是自在的自由意志，而是自为的自由意志。道德不再像康德那样是绝对的自由意志，而是可以自作主宰的自由意志。道德是一种规范，这种规范只有在关系中存在，它是主体意志之间的关系，涉及意志之间的相互协调。黑格尔认为道德由三部分组成，那就是故意、意图和良心，道德仅仅作为主观的内心观念是远远不够的，还必须把主观的道德外化为伦理，才能算是道德的真正实现。黑格尔认为"伦理是自由的体现"，道德停留在主观状态还不是自由的真正体现，自由意志发展到伦理阶段才真正具有自由。一旦进入伦理阶段，那就是一种外在的强制性，而不再是绝对的自由。黑格尔更强调道德的他律，而不是道德的自律。

二、道德是自律和他律的统一

康德和黑格尔都承认，道德的本质是自由，马克思对自由的看法和两者存在区别，马克思不是一个纯粹的自由主义者。马克思的自由观有着与自由主义不同的特点，他认为自由的实现程度取决于社会发展的水平，实现自由不但是不断克服障碍的历史过程，而且是未来和谐社会的道德理想。他强调个人自由和他人自由的统一，反对侵犯公共利益的特权自由。马克思说："没有一个人反对自由，如果有的话，最多也只是反对别人的自由。可见，各种自由向来就是存在的，不过有时表现为特殊的特权，有时表现为普遍的权利而已。"① 马克思反对把自由变成少数人的特权，支持自由的普遍权利。不存在不受限制的自由，马克思说："我们并不总是能够选择我们自认为适合的职业；我们在社会上的关系，还在我们有能力决定它们以前就已经在某种程度上开始确立了。"② 不仅职业选择是如此，道德选择更是如此，道德选择既是自主的，又受到社会内容和条件制约，道德价值选择的依据存在于主体自身，同时也存在于主体之外。一定的社会历史条件是在道德选择之前就已经具备的，道德主体只能在既有的社会条件下进行选择。道德选择体现了形式的自律，同时体现了内容的根据是他律的，道德是自律和他律的统一。如果只信奉自我意识的绝对性，也就是说，"如果把那只在抽象的普遍性的形式下表现其自身的自我意识提升为绝对的原则，那么这就会为迷信的和不自由的神秘主义大开方便之门"③。马克思反对把普遍性的自我意识绝对化，主张绝对的自我意识就是主张绝对自由，根本不存在绝对自由。自由不是抽象的，它必须在现实世界中体现出来，现实世界的自由都是有限度的，因而不是绝对的。马克思批评康

① 《马克思恩格斯全集》（第1卷），人民出版社1995年版，第167页。
② 《马克思恩格斯全集》（第1卷），人民出版社1995年版，第457页。
③ 《马克思恩格斯全集》（第1卷），人民出版社1995年版，第63页。

德把道德自律绝对化，康德的道德自律的绝对命令，消除一切经验和特殊，根本否认道德的经验色彩，这就把道德完全超验化了。一旦康德把道德自律的形式原则绝对化，最后就不能不陷入神秘主义的窠臼，最终只能求助于自由和上帝的假设和逻辑推论。

自律和他律是指道德价值的根据，服从理性自身的道德就是自律，反之就是他律。把上帝当作一切道德原则和规范的价值根据，这种道德就是他律。康德要从理论上确立理性的道德权威，实现道德价值根据的转变，使作为道德外在根据的上帝转变为道德自律的理性。道德就是自由，自由是道德的核心，人天生就是自由的，意志自由是道德价值的绝对根据，道德是人的意志自律。道德是理性的自我立法和自我规定，康德要把外在强制的他律转化为自主的意志自律，他强调自律的至上性，否认有任何超出自律之外的他律存在，不承认任何经验意义上的道德他律。由于自律只是一种纯粹的善良意志，不具有任何感性色彩，这就使得自律成为空洞的形式，道德自由成了一种纯粹的形式规定。正如席勒对康德道德哲学所批评的那样："道德的目的是属于素材或内容的，不属于纯粹的形式。"① 黑格尔看到了康德道德哲学中的弊病，他要把道德从主观的层面中解救出来，认为道德主要是一种他律。道德是绝对精神发展的环节，是绝对精神自我实现的环节，个体的自由意志只是绝对精神发展的一个环节，它不是抽象的、孤立的意志自由。个体自由与历史发展、社会发展紧密相关，道德不仅只是一种自由意志，更关乎与他人的关系，因而道德不仅是自律的，同时也是他律的，是自律和他律的统一。黑格尔继承了康德的道德自律思想，同时也批评了康德在道德哲学中的主观性立场。黑格尔认为，道德和伦理是绝对精神辩证发展的环节，绝对精神是道德的价值根据，绝对精神是人的精神客观化、绝对化。从根本来说，黑格尔的绝对精神仍然是一种

---

① ［德］席勒著，徐恒醇译：《美育书简》，中国文联出版公司 1984 年版，第 155 页。

唯心论，他只是把康德在道德上的主观唯心论转变为客观唯心论，依然是一种形式上的他律。马克思用辩证的唯物史观，改造了他们的自律论和他律论，批判地对待康德和黑格尔的伦理思想，清除了他们哲学中的唯心主义和形而上学。

道德作为一种意识形态，它奠基于社会的经济基础和人们的现实生活实践之上，受到经济生活和社会关系的制约。道德是一种反映人们生活过程的意识形态。意识只能是被意识到了的存在，存在就是人们的现实生活，道德植根于人们的社会存在，离开人们的实际生活内容，道德就不可能产生。道德价值的根据不是自由意志，而是人们的实际生活。道德作为个人意识的动机、目的和意图，从其根源和客观内容来说是他律的。道德观念虽以主观形式存在，但它的根基是社会生活和个人的实践。道德的主观表现形式具有一定的独立性，但道德准则必须具有现实内容，它不能只是纯粹的形式规定。内容和形式紧密关联，不存在没有内容的形式，也不存在没有形式的内容，任何内容都有与之相匹配的形式。道德如果只是一种抽象形式，那它就没有任何价值；如果只有道德内容而没有相应的形式，那我们根本无法进行理解。

马克思重视道德的他律性，并不轻视个体道德的自律，道德的基础是人类精神的自律，宗教的基础是人类精神的他律。他说："良心（这东西是永远不能完全摆脱的）。"[1]良心作为一种道德意识，始终与理智紧密联系在一起。"征服我们心智的、支配我们信念的、我们的良心通过理智与之紧紧相连的思想，是不撕裂自己的心就无法摆脱的枷锁。"[2]良心作为一种道德感能辨别善恶，它与理智相联系并通过理智与思想结合在一起，"理性把良心牢附在它的身上"。马克思承认良心依附在理性上，说明他承认

---

[1]《马克思恩格斯全集》（第 32 卷），人民出版社 1975 年版，第 567 页。

[2]《马克思恩格斯全集》（第 1 卷），人民出版社 1995 年版，第 295-296 页。

道德是一种自律，也就是承认自由意志在道德中的作用，承认自由。没有道德的自律，一切道德规范和原则就成了摆设，自律是对个体的主体性、主动性的肯定，也是人的自我认识、自我完善的人格担当。一个人主体性越强，他的自律程度就越高；一个人越是自律，就越是显示出他的主体性、主动性。道德的自律和他律密不可分，个体道德必须是自律的，社会道德的要求只能通过个人的自律得到实现，个体的自律以社会的他律为内容和根据。主体自觉、自主的自律才能成为现实的道德行为，不存在只有自律而无他律的道德，道德准则的客观根据为自律提供道德行为的外在保证。只有他律而无自律的道德，只是客观外部的规定内容，道德从根本上来说是自律的，但他律对于促成道德行为也是必不可少的，缺乏外在的他律只会使道德成为无效的道德说教。

三、道德是对生命价值的肯定

尼采不是从自律和他律层面去审视道德，道德不是来自自我意识，也不是来自外在的强制，它来自个体的生命本能和权力意志。"尼采将哲学的道德目的——对生命进行谴责的目的——视作是哲学史的一般构型；柏拉图是如此，基督教是如此，康德是如此，实证主义也是如此。所有这些哲学，都强调一个'真正的世界'，这个真正的世界隐而不现，并埋藏着最高的价值，而生命却不在这个真正的世界内。"[①] 以往的一切道德都是以扼杀生命为目的的，在传统道德中，生命的价值一直被贬低。

尼采既然反对在认识上抱持一种主客对立的解决方式，竭力要取消主客体的二元对立，那么在道德上就不再纠结于自律和他律的问题，他所考虑的是道德该如何提高人的生命本能，增强权力意志。"没有形而上学意

---

① 汪民安：《尼采与身体》，北京大学出版社 2008 年版，第 108 页。

义上的罪恶，也没有同样意义上的德行，这整个道德观念的领域不断处于波动之中，因而有高高低低的各种善与恶、道德与不道德的观念。"① 迄今为止的一切道德都是作为一种强制和规范，压制了个人的生命力和自然本能，对个人进行规训和教化，使个人的特性消融在无个性的集体之中。在道德的统治下，个人由于惧怕违反道德，必须尊重传统习俗，这样人的创造性就被扼杀了，习俗就是以牺牲个人的独创性为代价的。正如美国学者巴雷特对尼采的《道德的谱系》评价的那样："归根到底，唯有权力欲和怨恨的驱使才是道德的本源。"② 尼采对道德的重估不是为了消除道德，而是为了消灭以善恶为根基的道德，把道德转化为自然主义道德。自然主义道德是以好坏为根基的，能够破除传统道德对人的创造性的抑制，能够使人充分发挥内在的生命力和自然本能。一直以来，人们认为道德建立在一个稳固的根基之上，这个根基就是善恶观念，意识到了道德对社会所起的作用，但没能对道德的善恶根基进行反思。尼采认为，道德根基是极为可疑的，本身就不稳固，对道德进行批判，首先要对道德的起源进行溯源，对道德的根基进行一番梳理之后，就会发现迄今为止的一切道德都是反自然的伪造。

要对道德进行重估，必须要对道德的价值进行批判，需要质问道德价值本身的价值。一直以来，对于道德是否促进了人类的发展还是妨碍了人类的发展这样的问题，没有人进行追问过，把道德作为一种给定的价值来对待。尼采认为，人们需要对道德的起源进行探究，他说："人们把这些'价值'的价值当作给定的，事实性的，超越于一切质问之外；人们设定'善人'比'恶人'有更高的价值，也就是在对于这种人类一般（包括人类的未来）而言有所促进、裨益、繁荣的意义上有更高的价值，对此人们

① ［德］尼采著，杨恒达译：《尼采全集》（第2卷），中国人民大学出版社2011年版，第46页。

② ［美］巴雷特著，段德智译：《非理性的人》，上海译文出版社2012年版，第252页。

迄今亦未曾有过最轻微的质疑和犹豫。怎么办？倘若真相是颠倒的呢？怎么办？倘若在'善'中亦有某种退化症状，同时且有某种危险，某种诱惑，某种毒害，某种麻醉，通过它，当前之生活竟是以未来为代价呢？也许活的更惬意，更安全，却也更小器（im Kleineren Stile），更卑下？……以至于倘若，如果人这个类型本身原来可能达到的某种更高级的强大与壮丽从来没有被达到过，而这恰恰该由道德来承当责任呢？以至于恰恰道德才是那些危险的危险之处呢？"① 尼采的提问确实出人意表，他提出了一个根本问题：如果普遍认为的"善"是一种"恶"，我们是否还要继续遵守道德，如果善恶是颠倒的，那么道德产生的后果将是致命的。

为了打破人们对于道德的坚信，只有把以往被认为是不容置疑的道德给清除之后，才能在这个废墟上建立一种对于人类有益的道德，当然这种道德和传统道德是不同的，它处在"善恶的彼岸"，善恶不足以作为道德的标准。"我下降到大地的深处，掘进到事物的根基，开始调查和发掘一种古老的坚信（Vertrauen），两千年来，我们哲学家已经习惯在这种坚信上建筑，甚至当迄今为止矗立其上的每一座建筑倒掉之后仍然不肯罢手，仿佛它是一切基础中的基础，磐石中的磐石：我开始折毁我们对道德的坚信。"② 对于道德的确信是建立在对善恶的信仰之上的，善恶本身也是成问题的，只要对善恶产生的后果进行考察，可以清楚地看到，善恶是对人的一种压制，当人们拜倒在道德面前，一味服从，只会导致对人独特性的剥夺，对人生命本能的戕害。"善与恶是至今最未受到充分思考的题目：一个永远让人感到太危险的题目。……在道德面前，正如在任何权威面前，人是不许思考的，更不许议论：他在这里所能做的只有——服从！"③ 尼采要对善恶产生的历史进行一种追溯，对道德的谱系进行一番考察。

---

① ［德］尼采著，赵千帆译：《尼采著作全集》（第5卷），商务印书馆2015年版，第321页。
② ［德］尼采著，田立年译：《朝霞》，华东师范大学出版社2007年版，第30–31页。
③ ［德］尼采著，田立年译：《朝霞》，华东师范大学出版社2007年版，第31页。

尼采对道德有一个评判标准，就是真正的道德应该是促进生命的，而迄今为止的道德都是使生命变得贫瘠，他说："人类是在何种条件下为自己发明那些善恶价值判断的？这些价值判断本身又有什么价值呢？它们迄今为止是阻吓还是促进了人类的繁荣呢？它们是生命之窘困、贫乏和蜕变的标志吗？或者相反，这些价值透露出生命之饱满、力量和意志，生之勇气，生之笃信，生之未来？"①

在尼采看来，善恶概念有一个发展的过程，善恶最初的表现是高贵和平庸的对立，这种品格最初表现为肤色上的差别，高贵原来指的是金发的人，而平庸指的是黑发的人，再后来就表现为善和恶的对立。所以，善恶最初并没有道德意义，只是表示肤色的不同而已。"纯洁"和"不纯洁"最初是作为等级标志出现的，在这基础上发展出了不再具有等级意义的"好"和"坏"，再发展为道德上的善恶，其实"'纯洁者'在开始时仅仅是一个清洗自己、禁用会落下皮肤病的特定食品、不跟低贱民众的脏女人睡觉、对血有某种厌恶的人，——仅此而已，大体仅此而已！"②对于善恶进行一种谱系的考察可以看出，善恶最初并没有道德意味，这种最根本的道德价值是人根据自己的需要进行的一种伪造，这种伪造是为了把道德构造成一个道德王国。"在不同语言中被铸造出来的'善'之记号在语源学上究竟有什么含义。我发现，那些记号皆可回推到相同的概念变形，——所有语言中，在等级意义上的'高尚'、'高贵'都是基本概念，从中必然发展出'善'，即在'灵魂高尚的'、'灵魂高贵的'、'灵魂得到高度培养的'、'灵魂有特权的'的意义上的'善'：这个发展总是平行于另一个发展，在那里，'平庸的'、'群氓的'、'低等的'最终转化为'坏'的概念。"③比如

① ［德］尼采著，赵千帆译：《尼采著作全集》（第5卷），商务印书馆2015年版，第316–317页。

② ［德］尼采著，赵千帆译：《尼采著作全集》（第5卷），商务印书馆2015年版，第336页。

③ ［德］尼采著，赵千帆译：《尼采著作全集》（第5卷），商务印书馆2015年版，第331页。

德语单词"schlecht"的原始意义是质朴、平庸的男人，它不带嫌弃和鄙视意味，只是表明与高尚相对。

道德是一种人为的伪造，伪造的过程伴随着暴力和血腥。伪造的道德需要人们遵守，违反道德必须受到惩戒，惩戒以一种使人痛苦的形式进行。人类对痛苦有深刻的记忆，使人在记忆深处保存着痛苦的痕迹，为了避免痛苦，需要遵守道德，这使道德得以普遍遵守。"'人烙刻了某种东西，使之停留在记忆里：只有不断引起疼痛的东西才不会被忘记。'——这是人类心理学的一个最古老（可惜也是最持久）的原理。"① 所以，所谓的道德背后是以血和恐怖作为强制手段的。"强制先于道德，甚至有一段时间道德本身就是强制，人们为了避免不快，便服从了它。然后它就像所有长期以来习惯成自然的东西一样，同快乐相联系——并被称为德行。"② 人类在很长一段历史里是没有所谓的惩罚观念的，一旦道德建立起来，惩罚观念也自然形成。通过一种强制手段使得道德形成，道德的形成意味着契约观念的出现。

马尔库塞曾说："记忆能力也是文明的产物，也许是文明的最古老、最基本的心理成就。在培养记忆，特别是对义务、契约、责任的记忆活动中，尼采看到了文明道德的起源。"③ 人们是在一种压迫下签署道德契约的，契约一旦签订，就必须无条件遵守，道德关系就成为一种契约关系，作为契约的签署人，就出现了债权人和债务人的区别。当然，道德不仅仅通过强制发生作用，还通过心理控制进行操控。道德是为了整个种族繁荣而设定的，这种设定不是出于某种利己的动机，而是出于一种利他的考虑，这

---

① ［德］尼采著，周红译：《论道德的谱系》，生活·读书·新知三联书店1992年版，第41页。

② ［德］尼采著，杨恒达译：《尼采全集》（第2卷），中国人民大学出版社2011年版，第61页。

③ ［德］马尔库塞著，黄勇、薛民译：《爱欲与文明》，上海译文出版社2012年版，第214页。

样违反道德也就意味着罪恶，这种罪恶会形成一种罪恶感，"负罪"概念和"欠债"概念紧密结合在一起。"'负罪'这个主要的道德概念来源于'欠债'这个非常物质化的概念；惩罚作为一种回报，它的发展和有关意志自由的任何命题都毫无关系。"① 作为债务人，违约是一件非常可耻的行为，不履行契约义务就是没有承担起该负的责任，必须受到谴责，负债意识由此成为一种负罪意识，一旦感到自己有罪，心里自然会进行忏悔，道德就这样对人的心理进行了控制。"一提起这些契约关系就会理所当然地对由这些关系造成和认可的古人类产生各种怀疑和抵触情绪；正是在这里需要许诺，正是在这里需要让许诺者记住诺言，正是在这里人会起疑心，也正是在这里发现了冷酷、残忍、疼痛。"② 人们不得怀疑道德的正当性，如果对道德进行怀疑就意味着要受到惩罚，就会招致一系列的暴力对待。道德的形成是暴力血腥的历史。尼采认为，道德就是以扼杀人的生命本能才得以繁荣的，在道德的规制下，人变得唯唯诺诺和日渐平庸。"尼采揭露了那个作为西方哲学和西方道德基础的巨大谬误，这就是把事实变成了本质，把历史条件变成了形而上学条件。"③ 尼采认为，西方文明的特点在于不断提高生产效益，效益提高却是以生命本能的日渐式微和人的退化为代价的，为了构建一种肯定生命的道德，需要对道德价值进行重估。

尼采把一切有助于增强权力意志的东西看成是道德的，把一切有碍于权力意志的东西看成是不道德的，片面肯定强者的作用，忽视弱者的合理权利。尼采道德哲学基于生物主义之上，必然使得道德野蛮化。在马克思看来，弱者的合理权利不应当受到损害，马克思道德哲学的根本特征在于

---

① ［德］尼采著，周红译：《论道德的谱系》，生活·读书·新知三联书店 1992 年版，第 43 页。

② ［德］尼采著，周红译：《论道德的谱系》，生活·读书·新知三联书店 1992 年版，第 44 页。

③ ［德］马尔库塞著，黄勇、薛民译：《爱欲与文明》，上海译文出版社 2012 年版，第 106 页。

捍卫弱者的正当权利，道德谴责是马克思批判资本主义的重要维度。马克思认为，资本主义剥夺了人的本质力量，为了使人重获人的本质力量，即重获"类本质"，就必须消灭资本对劳动的统治。"类本质"招致异化是资本主义的罪恶之一，正是"类本质"的异化，人的活动成为异己的、强制性的活动。"类本质"是"类存在物"的本质属性，它以自由自觉的、创造性的生命活动为根本特征，马克思"把自由自觉的实践活动理解为人的'类本质'"[①]。在马克思看来，正是人的活动是以自由自觉为根本特征的，所以人才成为类存在物，才跟动物的生命活动有了本质的区别。

在马克思看来，资本主义是违背人的本性的。在资本主义社会中，人在经济上和政治上受到全面压制，人的自由全面发展需要摆脱经济上和政治上的压制，并摆脱了现实的种种压迫，人性的解放、人类本质的复归才能成为可能。"为了把这种确定的历史的人从其局部性解放出来，扬弃人的异化，马克思要求人的一种不仅仅经济和政治上的、而且还是'人性的'解放。"[②]扬弃人的异化是人性解放的内在要求，马克思认为扬弃人的异化才能达致人性的解放，人的异化把强者和弱者直接对立起来，消灭人的异化就是要打破强者对弱者的压制和统治，使得每个人的自由发展和一切人的自由发展实现内在的统一。马克思认为，在资本主义社会，资本的逐利本性使得社会力量以政治力量的形式迫使人和自身类本质分离，使人不成为类存在物，而是非类存在物。在资本对劳动的统治中，弱者根本没有条件去实现自身的完美，他们是丢失了自己、异化了自己的人，只能作为可供自由交换的劳动力商品和资本的剥夺对象存在。

---

① 贺来：《马克思哲学的"类"概念与"人类命运共同体"》，《哲学研究》2016 年第 8 期。

② ［德］洛维特著，李秋零译：《从黑格尔到尼采》，生活·读书·新知三联书店 2014 年版，第 422 页。

第四章

合理世界何以可能

形而上学以理性范畴、宗教律令和道德法则构造出了抽象的神话，把哲学当作是纯粹的思辨游戏。形而上学对世界的一般性质和结构的探讨多余且无用，加剧了人类思想的混乱与荒谬。马克思和尼采认为，哲学的真正主题应该关注现实存在，哲学不仅能在形式上高度理论化，并且可以运用于现实世界。哲学作为思想的一个部分，不仅要反思对行动有用的基本观念，更应该成为改变世界的现实方式。他们把形而上学世界看成是虚妄的世界，在颠覆形而上学世界之后，致力于构造合理世界。

第一节 不合理世界的批判维度

马克思和尼采就现实世界的批判维度不同,马克思主要持一种经济批判立场,尼采则持一种文化批判态度。马克思认为社会不平等状况是由私有制导致的,那么他的观点自然就是:只有消灭私有制,真正平等和人道的社会建立才是可能的。尼采认为文化的庸俗化导致人民的民主诉求,只有创造一种更高的文化,才能铲除民主的文化土壤,要兴盛文化,必须实施精英教育,反对功利化教育。

一、人的生存本性的辩护和教育功利化的批判

合理世界应该能为人的发展提供一切有利条件,但在资本主义社会中,限制人发展的外在条件无处不在,人的本质力量招致剥夺,人的类本质活动成为敌视人的力量。马克思不是把异化理解为一种抽象概念,或者是一种外在事物对人的强制,而是理解为自身力量的自我异化。一旦主体在实践中不能体现自身的能动性、创造性和主体性,那么这种活动就具有异化人的本性。强调实践的作用就是强调社会生活对于人的重要性,从根本来说,社会生活本质上是实践的。私有制是对人创造性的剥夺,在异化的社会中,人不是能动的积极的实践主体,而是消极的被动的主体。马克思对实践的强调正是出于对人的生存本性的强调,他认为剥削制度剥夺了世界的属人本性,并且异化了人的社会关系,他要"使人的世界和人的关

系回归于人自身"①。如此一来，人才能摆脱幻想的东西和天国的事物，"实在的东西和尘俗的事物却开始吸引人们的全部注意力"②。马克思强调人的生存本性，注重人的现实欲求。在剥削制度下，肉体存活、人的感性以及自我意识的发展都不再是人的本质需求。需求不再是主体的本质欲求，不再是走向自然的、社会的世界的个体性与创造性的表达，不再与人的自由紧密关联，而变成了一种由人为操纵的计算性机制。

在私有制支配的社会状况之下，人被普遍异化，异化的突出表现就是异化劳动。马克思关注的不是精神的异化和类本质的异化，而是异化劳动。异化劳动是指劳动者自身的劳动和生产出的产品作为一种异己的力量对劳动者本身进行了奴役和统治。劳动本应是人自身一种自由自觉的活动，这种活动却不再属于人，反倒成了一种异己的力量来反对和危害劳动者。异化劳动有四个规定：劳动者同他们的劳动产品之间的异化关系，也就是"物的异化"；劳动活动本身的异化，即"活动着的异化"；人同自己类本质的异化；人与人之间的相互关系的异化。异化的四个规定有着内在的逻辑关系，由于劳动者生产的产品不属于自己，属于对之进行统治的资产者，他们生产的产品越多，为资产者创造的财富就越多，他们就越受制于资产者，进一步接受其产品的奴役和统治。产品是劳动活动导致的，劳动活动作为一种外在的、异己的东西，不是劳动者的自我肯定，而是一种自我否定，劳动活动不是自由自觉的活动，它是使劳动者感到痛苦和不幸的东西。在异化劳动的过程中，劳动者的肉体和精神都遭受到摧残和折磨，劳动者愈是进行异己的活动，异己的力量对劳动者的统治就愈加强烈。由于劳动本身专属于人的活动，人通过自身的活动把人和动物区分开来，但是异化劳动是一种被迫的强制的活动，根本不具备类本质的能动

---

① 《马克思恩格斯全集》（第 3 卷），人民出版社 2002 年版，第 189 页。
② 《马克思恩格斯文集》（第 1 卷），人民出版社 2009 年版，第 329 页。

的特点，人越来越被降低到动物的层次，导致人的类本质和存在的对立。"人类自动物进化而来，它与动物的根本区别就在于人对人的世界的创造。只有从人创造人的世界的对象活动中，才能够显示出人的本质，人类的这种对人的世界的创造，正是人的自由的自觉活动的结果。从这一意义上讲，自由自觉的活动是人类作为一种区别于动物的本质表现，是人类本质力量的确证。"[①] 由于类本质和人的存在的分离以及现实利益的纠葛，自我同他人处在对立之中，为了维护各自的阶级利益而进行了全面对抗。异化劳动的四个规定是由世俗基础本身的矛盾导致的，这种矛盾就在于财产的不平等分配。在私有制支配的社会中，每个人都在追求个人利益最大化，每个人都是独立的利益单子，人与人的关系处在普遍的争夺之中。为了消除人与人关系的异化，必须消除劳动的异化本性。建立在友爱和平等之上的政治共同体要求消灭异化劳动和消除一切财富的极端化，财富分配不公会扰乱共同体的生活以及破坏民主所必需的道德品性的发展。

尼采对资本主义社会也是深恶痛绝的，他对资本主义的态度和马克思一致，认为逐利是资本主义的最高使命。为了获取更多利益，就需要培养出更多为市场所需要的人才，普及教育能满足资本主义发展的需求，因而资本主义社会普遍实行普及教育。普及教育不符合尼采的教育理想，他致力于精英教育。精英教育必须以破除教育的功利化为前提，尼采对当时德国两种错误的教育倾向进行了批判，这两种倾向是："一方面是尽量扩展教育的冲动，另一方面是缩小和减弱教育的冲动。"[②] 教育的扩展和缩小这两种倾向实质脱离了精英教育的目的，扩展和缩小教育是为经济服务的。随着工业革命的蓬勃发展，社会生产部门的增加，社会对各行各业的人才需求越来越大。为了满足社会发展的需求，教育的规模必然扩大，教育在

---

① 张文喜：《马克思论"大写的人"》，社会科学文献出版社 2004 年版，第 13 页。
② ［德］尼采著，周国平译：《论我们教育机构的未来》，译林出版社 2014 年版，第 8 页。

经济刺激下不断得以发展。功利化教育抱持的观念是：不断扩大教育规模和学术专业化，才可使更多人受到教育，才能使知识和技能得以增长。教育的普及促进了社会生产和消费，给社会带来了更多的现实利益。"普及教育是最受欢迎的现代国民经济教条之一。"①世俗利益驱动下的普及教育把受教育者培养成赚钱动物，扩大教育完全为经济服务，当然是"一种速成教育，以求能够快速成为一个挣钱的生物，以及一种所谓的深造教育，以求能够成为一个挣许多钱的生物。一个人所允许具有的文化仅限于赚钱的需要，而所要求于他的也只有这么多"②。这种教育培养出的人普遍注重物质利益，缺乏精神追求，成了"更高级的利己主义者"。扩展教育成为尘世幸福的必要手段。

　　缩小教育的倾向同样为经济服务，其目的在于使教育者在某个专门领域拥有足够的专业知识和掌握高超的专业技能。缩小教育的倾向把人放置于一个特定的专业领域，让人在专业领域中潜心钻研，对超出自己专业领域的知识不闻不问。这种教育确实培养出了很多专家，这些专家一旦踏出自身的专业领域，其知识和普通人并无二致。尼采对这种人讽刺道："某一专业的一个精英学者很像工厂里这样一个工人，他终其一生无非是做一个特定的螺丝钉或手柄，隶属于一种特定的工具或一台机器，在这一点上他当然能练就令人难以置信的精湛技艺。"③学者在自身专业领域埋头苦干的精神和精益求精的工作态度竟然被当成可赞颂的道德现象来看待，这种状况的出现，在尼采看来，无疑是咄咄怪事，无论如何在自身专业领域外的无知是不值得称颂的。尼采说："学术分工实际上在追求的目标，正是各地宗教自觉地追求的那同一个目标，即缩小教育，甚至是毁灭教

①　[德]尼采著，周国平译：《论我们教育机构的未来》，译林出版社2014年版，第30页。
②　[德]尼采著，周国平译：《论我们教育机构的未来》，译林出版社2014年版，第31页。
③　[德]尼采著，周国平译：《论我们教育机构的未来》，译林出版社2014年版，第33页。

育。"①缩小教育的结果是把人当成了为社会谋利的工具，人自身内在独特的价值和意义给剥夺了。不管是扩展教育还是缩小教育都不是真正的教育，因为这种教育妨害了人的全面发展，是对人的生命本能和人性的戕害。

按照尼采对教育的理解，教育意味着自然生命本能的解放，他崇尚自然教育，认为应该按照学生的天性来选择恰当的教育。每个时代的教育者应基于学生的自身能力，遵循两种教育原则，"一种原则要求，教育家应该立即发现其学生的固有长处，然后向之倾注全部力量、养料和全部阳光，以帮助他将这个长处发展成熟，结出硕果。与此相反，另一种原则要求，教育家应该培育，关心现有的全部能力，使它们彼此形成和谐的关系"②。学生的个人长处和固有的全部能力都应该得到发展，不可偏废，这有助于全面塑造学生的完整个性和人格。扩展和缩小教育会毁灭教育，它们都是违法自然教育的。"扩展和缩小这两种倾向恰恰是违背自然的永恒意图的，教育集中于少数人乃是自然的必然规则，是普遍的真理，而那两种冲动却是想要建立一种虚构的文化。"③在自然界中，每个种类都只存在少量的杰出者，人类社会跟自然界相同，只有少数人是文化精英，教育的使命在于培养这些文化精英。对这些文化精英进行特别的教育符合自然的必然法则。普及教育只会剥夺文化精英的特权，使他们不能得到全面的发展。

二、一以贯之的经济批判维度

在《保卫马克思》一文中，阿尔都塞认为，马克思思想存在着一个"认

---

① ［德］尼采著，周国平译：《论我们教育机构的未来》，译林出版社 2014 年版，第 33–34 页。

② ［德］尼采著，周国平译：《作为教育家的叔本华》，译林出版社 2014 年版，第 10 页。

③ ［德］尼采著，周国平译：《论我们教育机构的未来》，译林出版社 2014 年版，第 8 页。

识论断裂"的问题，并且认为这种断裂的位置就在 1845 年撰写的《德意志意识形态》中。"这种'认识论断裂'把马克思的思想分成两个大阶段：1845 年断裂前是'意识形态'阶段，1845 年断裂后是'科学'阶段。"[①]阿尔都塞认为，《德意志意识形态》之所以会成为一个断裂的位置，是因为马克思抛弃了形形色色的意识形态问题，并对意识形态这个总问题抱以否定态度。自《德意志意识形态》后，马克思经过长期的理论思考和理论创造，形成和确立一套适合他的新的总问题的术语和概念，进入他的科学阶段的理论研究。要正确领会马克思著作的真意，必须对马克思的核心概念有一个清楚的认识，这才是阅读马克思的正确方法。"直接阅读马克思的著作，并不能立即就明白马克思主义理论的特殊性；必须先进行一系列的批判，做好准备，然后再确定成熟时期的马克思所特有的概念的位置。确定概念同确定概念的位置完全是一码事。这项批判工作，作为解释马克思著作的绝对前提，本身要求具有一些旨在论述理论形态的本质和历史的、临时的和最起码的马克思主义理论概念。"[②]要正确认识马克思，就要注意到意识形态阶段和科学阶段的区分，从这两者的历史关系中研究相互之间的区别，从历史过程的连续性中确定这种"认识论断裂"的非连续性。阿尔都塞通过对同一个词在具体的理论阐述中的作用来确定概念的界限和本质，他对马克思的"认识论断裂"问题抱有坚定的立场。通过对马克思著作进行细致的阅读，就会发现马克思并不存在"认识论断裂"问题，从早期的物质利益难题到后来的政治经济学批判，对资本主义进行经济批判是他一以贯之的立场。

在马克思的青年时代，就已经出现了历史唯物主义的萌芽，他在中学毕业论文中写道："我们在社会上的关系，还在我们有能力决定它们以前

[①] ［法］阿尔都塞著，顾良译：《保卫马克思》，商务印书馆 2010 年版，第 16 页。
[②] ［法］阿尔都塞著，顾良译：《保卫马克思》，商务印书馆 2010 年版，第 21–22 页。

就已经在某种程度上开始确立了。"① 这已经可以看到马克思在后来的著作中阐述的观点：每一个时代的人都在既定的历史条件下进行生产和生活，这种继承的历史条件是外在于人意愿的客观现实。马克思在博士论文中分析了伊壁鸠鲁的原子偏离学说对于论证自由的重要性，虽然他以黑格尔主义的方法对待自由问题，却显示出与黑格尔主义抽象自由的不同。他认为自由不能只是思想自由，自由还必须照亮现实，突破抽象自由的观念限制，从抽象自由的界限中脱离开来，追求在现实世界中的自由。在《〈黑格尔法哲学〉批判》中，马克思进一步显示出与青年黑格尔派的区别。黑格尔认为，国家是按照普遍理性的原则建立起来的，个人的自由只能在国家层面得到实现。黑格尔的国家观以抽象理性去决定社会现实，这种思想是本末倒置的，不是普遍理性预先决定了国家的形成，国家是在市民社会的基础上实现出来的。黑格尔在法哲学中探讨的民主、官僚政治和选举权都不能实现人的自由，理性构建出来的自由是虚假和空洞的，现实的人仍然处在无所不在的束缚和统治之中。特别是在莱茵报社工作期间，对现实问题的关注，使马克思深刻地体会到以理性逻辑的方法不能正确地对待和处理现实中的社会利益问题，经济利益难题使马克思深刻认识到，对现实经济利益问题的解答不能根据抽象和思辨的理性逻辑，而应该对经济利益问题做出具体的研究和分析。马克思在《莱茵报》时期已经特别地强调社会的经济条件对于政治活动的绝对性影响。他说这是"第一次遇到要对所谓物质利益发表意见的难事"②。在《1844年经济学哲学手稿》中，马克思对经济问题的研究提上了日程，此后对经济学问题的关注终其一生。马克思对现实问题的关注是始终如一的，其各个阶段正是因为这种关注才具有内在思想的统一性。阿尔都塞在《保卫马克思》中对马克思的思想做出了青

---

① 《马克思恩格斯全集》（第1卷），人民出版社1995年版，第457页。
② 《马克思恩格斯全集》（第31卷），人民出版社1998年版，第411页。

年马克思和老年马克思的区分是不正确的。英国学者麦克莱伦通过对马克思文献的细致阅读和分析，认为马克思后期的思想和前期的思想内在存在着延续性。"它无论在思想上，还是在风格上，都有着与1844年手稿的连续性，最明显地表现黑格尔对两部手稿的影响。异化、物化、占有、人与自然的辩证关系以及人的一般性质或社会性质等，所有这些概念都在《经济学手稿》中再次出现。"①他继续说道："1844年，马克思已经读了一些古典经济学家的著作，但还没有把这种知识融入他对黑格尔的批判之中。所以，《1844年经济学哲学手稿》（另外以《巴黎手稿》而为人所知）分成两个独立的对等部分，正如该书的首批编者所加标题说明的那样：'经济学和哲学手稿'。1857—1858年，马克思已经消化吸收了李嘉图和黑格尔（有趣的是，在《经济学手稿》中没有提到费尔巴哈），而且正处于综合自己思想的时候。用拉萨尔的话说，他是'把黑格尔变成经济学家，把李嘉图变成社会主义者'。根据经济学历史，这一极为丰富的内容意味着《经济学手稿》虽然继续讨论着1844年手稿的中心议题，但却以一种比他以前对自己哲学与经济学思想进行综合所可能达到的、更为复杂的方式，对它们进行了论述。因此，把1844年手稿作为马克思的核心著作（正如许多阐释者所讲的那样），是夸大了它们的重要性。"②马克思在给拉萨尔的信中说道，《经济学手稿》"是十五年的、即我一生的黄金时代的研究结果"③。这封特别的信写于1858年11月，正好是马克思1843年11月到达巴黎之后15年。在1859年的《〈政治经济学批判〉序言》中马克思写道："我面前的全部材料形式上都是专题论文，它们是在相隔很久的几个时期内写成

①［英］麦克莱伦著，王珍译：《马克思传》（第4版），中国人民大学出版社2008年版，第280页。

②［英］麦克莱伦著，王珍译：《马克思传》（第4版），中国人民大学出版社2008年版，第280页。

③《马克思恩格斯全集》（第29卷），人民出版社1972年版，第546页。

的，目的不是为了付印，而是为了自己弄清问题，至于能否按照上述计划对它们进行系统整理，就要看环境如何了。"① 这完全是指 1844 年的巴黎手稿和 1850—1852 年的伦敦笔记。马克思对早年的资料不断地使用，同时加以修改，例如《资本论》就是借着 1843—1845 年的笔记写成的。"《经济学手稿》关于资本的开头章节几乎逐字地再现了 1844 年手稿中的一些段落：关于人的需要、人作为类存在、个体作为社会存在、自然（在一定程度上）是人的身体的思想、宗教异化和经济异化之间的类比等。这两部著作还都共同地有着乌托邦以及近千年的张力。有一点特别地加强了这一连贯性：《经济学手稿》与 1844 年手稿一样是'黑格尔式的'。"② 从麦克莱伦对马克思前后思想的对比分析可以清楚地看到，马克思的思想在前期和后期并不是割裂的，而是一个连续和发展着的整体，对社会发展做现实具体的分析和研究是马克思哲学的基本立场，对社会做经济批判是其现实批判的核心。

三、何以拒斥庸俗文化

在尼采看来，庸俗文化大行其道是由种种因素共同导致的。首先，庸俗文化是大工业的产物。《尼采著作全集》的编者在《朝霞》的一个注文中说："作为工业革命的时代，19 世纪发展起来一种关于工作的观念，这种观念的原则是通过不断增加的合理化而增加生产，与尼采关于阅读的缓慢工作的观念正好相反。"③ 这个时代的特点是，"在一个匆忙、琐碎和让人喘不过气来的时代，在一个想要一下子'干掉一件事情'、干掉每一本新

① 《马克思恩格斯全集》（第 31 卷），人民出版社 1998 年版，第 411 页。

② ［英］麦克莱伦著，王珍译：《马克思传》（第 4 版），中国人民大学出版社 2008 年版，第 287 页。

③ ［德］尼采著，田立年译：《朝霞》，华东师范大学出版社 2007 年版，第 41 页。

的和旧的著作的时代"①。尼采认为，工业革命的时代特征是普遍匆忙，繁重工作的压力下，人们很难停下脚步思考人生意义，在日复一日机械生活的运转下，沉沦于无思无虑的麻木状态，难以静下心来进行仔细阅读，只需要一种能消遣和娱乐的文化，庸俗文化应运而生。"它处在这个时代的永不停歇的骚动之中，简直令人难以置信，一个人必须经历过它才会知道，无动于衷地把自己切割成碎片，被当下夺去那种仿佛永恒的愉悦，竟是可能的。"②在尼采所处的时代，庸俗文化正在萌芽，新闻业是庸俗文化的典型代表，新闻业的三大特点符合了当代人那种消遣的心理，一是当下性，二是业余性，三是娱乐性，三大特点契合了人们浮躁的心理渴求。新闻只关注当下时刻发生的事情，不对人类重大的根本问题进行关切，当下性决定了新闻业的业余性。新闻业关注的问题无所不包，对讨论的问题只是浅尝辄止，没有探知到问题的根源。这种探讨问题的方式明显是浅薄的，只具有消遣性，消遣带来了感官愉悦，人们对事物报以一种知其然而不知其所以然的态度，这种态度推动新闻业在现实生活中大行其道，新闻业对文化生活的普遍控制导致社会文化的全面庸俗化。"在生活大大加速的时候，思想和目光习惯于片面地、错误地观看和判断，每个人都像是旅行者一样，从火车上来了解一个国家及其人民。对待知识的独立谨慎的态度几乎被人视为一种疯狂，自由思想家被搞得声名狼藉。"③

　　庸俗文化对社会的全面掌控是由商业的推动导致的，尼采说："今天，我们一再看到，一种社会文化正在形成，商业活动是这种文化的灵魂。"④商人的本性是为了不断获取利益，只要能不断地增加收益，根本不考虑其

①　[德]尼采著，田立年译：《朝霞》，华东师范大学出版社 2007 年版，第 41 页。

②　[德]尼采著，周国平译：《论我们教育机构的未来》，译林出版社 2014 年版，第 15 页。

③　[德]尼采著，杨恒达译：《尼采全集》（第 2 卷），中国人民大学出版社 2011 年版，第 154 页。

④　[德]尼采著，田立年译：《朝霞》，华东师范大学出版社 2007 年版，第 218—219 页。

行为对社会造成的危害，对文化亦抱以获利的态度。商人最注重消费者的需求。"商人并不生产，却善于为一切事物定价，并且是根据消费者的需要，而不是根据他自己个人的需要来定价：'什么人和多少人会来消费这种东西？'这永远是他的头号问题。……一切创造出来的事物，在他那里都只具有供应和需求的关系，他探讨这种关系，以便使自己能够决定它们的价值。这就是我们这个时代的文化的精神。"① 在商人眼中，艺术、文化没有高低贵贱之分，他们对文化抱有的态度永远是能否带来利益，只要文化能够带来利益，他们就会不遗余力地去推动文化的发展，而不会注重文化的高贵和庸俗之分。庸俗文化在商业精神的驱使下，带着不断获利的心态，持续创造出符合文化需求的产品，致使庸俗文化渗透到整个社会肌体中，导致庸俗文化的大繁荣。

懒惰和怯懦导致文化的庸俗化。每个人都是独一无二的存在，有其内在的创造性，但都不敢展示出自身的过人之处，逃避独特的自我，躲藏在习俗与舆论背后。之所以如此，是因为人太在意舆论。尼采说："如果我们整天满耳朵都是别人对我们的议论，甚至是去推测别人心里对我们的想法，那么，即使最坚强的人也将不能幸免！"② 生活在他人的目光和议论之下，人无法做真实的自己，即使最坚强的人也将受到舆论的影响，不能展示其创造性本能。人们害怕舆论和习俗的原因是普遍懒惰。"人们的懒惰甚于怯懦，他们恰恰最惧怕绝对的真诚和坦白可能加于他们的负担。"③ 人们应该承认自身的内在创造性和潜能，真诚和坦白地面对最真实的自我，采取坚决的行动发挥自己的创造性和潜能，但由于自身固有的懒惰，喜欢对自己的独特性进行遮蔽，发现不了真实的自我，就无须热切地实现自我，这是自己最喜欢的状态。久而久之，逃避自身天赋的人成为空虚

---

① ［德］尼采著，田立年译：《朝霞》，华东师范大学出版社 2007 年版，第 219 页。

② ［德］尼采著，田立年译：《朝霞》，华东师范大学出版社 2007 年版，第 398 页。

③ ［德］尼采著，周国平译：《作为教育家的叔本华》，译林出版社 2014 年版，第 4 页。

和野蛮的造物。"因为他完全是一个没有核心的空壳，一件鼓起来的着色的烂衣服，一个镶了边的幻影，它丝毫不能叫人害怕，也肯定不能引起同情。"① 在尼采看来，如果把自己的幸福建立在公共舆论和懒惰基础之上，这是对自我生命的犯罪。"你们所有人都喜爱苦工，都喜欢快速、新鲜、陌生之物——你们无法忍受自己，你们的勤劳乃是逃避，以及力求遗忘自身的意志。"②

现代教育丧失了伟大的教育理想，追求快速地培养实用性的人才，教育完全功利化了。"尽量多的知识和教育——导致尽量多的生产和消费——导致尽量多的幸福：这差不多成了一个响亮的公式。在这里，利益——更确切地说，收入，尽量多赚钱——成了教育的目的和目标。"③ 教育成了培养一个人如何能更快更多赚钱的手段和工具，成了通向成功最快的捷径。在这种教育培养下的人普遍缺少精神追求，成了"更高级的利己主义者"。尼采对教育和文化发问道："今天的教育和'文化'还能有什么其他的目标？在我们这个充满了大众思想的——即，庸人的——时代，'教育'和'文化'不得不在本质上成为一种欺骗的技巧——关于人们的出身，关于一个人的身体与灵魂中所继承下来的平庸本性。"④ 文化应该满足人类生存的更高需求，提升精神境界并使其过上美的生活，需要关注如何去实现人的内在价值，发挥自身潜力，满足人性的终极关怀的需要。庸俗文化是一种浅薄文化，不能满足人类深层的精神需求。庸俗文化在物质利益的直接刺激下产生和形成，平面化、批量复制是它的特点，这消解了文化个性和创造性。具体来说，庸俗文化的危害是：

---

① ［德］尼采著，周国平译：《作为教育家的叔本华》，译林出版社 2014 年版，第 5 页。
② ［德］尼采著，孙周兴译：《尼采著作全集》（第 4 卷），商务印书馆 2010 年版，第 64 页。
③ ［德］尼采著，周国平译：《论我们教育机构的未来》，译林出版社 2014 年版，第 30 页。
④ ［德］尼采著，梁余晶等译：《善与恶的彼岸》，光明日报出版社 2007 年版，第 273–274 页。

其一，庸俗文化导致语言粗俗。尼采说："包括匆忙和虚荣的制作，可耻的赌徒行径，完全没有风格，没有酝酿，表达时毫无特点或可悲地装腔作势，丧失任何美学规范，疯狂的无序和混乱，总之，我们的新闻界连同我们学术界的文学特征。"[①] 新闻界和学术界运用粗俗语言，导致语言美感的普遍降低，不使用严格而优美的语言，导致对世界的粗俗理解，无助于净化和洗涤人的内在世界和培养正确的艺术感。尼采呼吁禁止运用一些让人恶心的词语，他说："从十分明确的良好趣味出发，禁止他们使用这样一些词语，例如'占有'、'赚取'、'盘算一件事情'、'掌握主动'、'无需考虑'——以及诸如此类令人无限厌恶（cum taedio in infinitum）的词语。"[②] 这些功利性极强和极富自负色彩的词语使用会强化世俗心理，减少对词语运用的敬畏感，败坏人对语言的高贵热情。海德格尔说："语言这一现象在此在的展开状态这一生存论建构中有其根源。语言的生存论存在论基础是话语。"[③] 人生活在语言世界中，语言构成人类的存在家园，如何使用语言，意味着如何看待世界和存在的意义。尼采强调应谨慎而严格对待语言培养的重要性，他说："必须用强制手段把成长中的具有高贵禀赋的少年置于良好的趣味和严格语言训练的玻璃罩下。"[④] 为了防止对语言的败坏和玷污，教育机构应当担当起正确培养学生使用语言的重任，"一个较高层次的教育机构的任务不能是别的，只能是十分严格和精确地正确引导这些语言变粗野的少年"[⑤]。通过对学生在语言方面的严格训练，他们对报刊的惯用词语感到生理本能上的恶心，才能摆脱语言被玷污的局面，使学生能够重新走上严格的哲学思考、拥有正确的艺术感和重视古典人文教

---

① ［德］尼采著，周国平译：《论我们教育机构的未来》，译林出版社 2014 年版，第 45 页。
② ［德］尼采著，周国平译：《论我们教育机构的未来》，译林出版社 2014 年版，第 41 页。
③ ［德］海德格尔著，陈嘉映、王庆节译：《存在与时间》，生活·读书·新知三联书店 2014 年版，第 188 页。
④ ［德］尼采著，周国平译：《论我们教育机构的未来》，译林出版社 2014 年版，第 40 页。
⑤ ［德］尼采著，周国平译：《论我们教育机构的未来》，译林出版社 2014 年版，第 40 页。

育的道路上。

其二，庸俗文化败坏了精英教育。庸俗文化在商业的刺激下蓬勃发展起来，社会分工的细化，生产部门的增多，需要教育培养出适合经济发展需求的各种人才，这就需要普及教育。在尼采看来，普及教育压制了文化精英的产生，破坏了文化发展，致使公共舆论盛行。庸俗文化只注重公共舆论，忽视文化精英的天才洞见，他说："因为它无意义、无实体、无目的：是一种纯粹的所谓'公共舆论'。"① 在普及教育下的公共舆论没有价值，它总是碎片的和零散的，不具备一致的统一风格，这需要更高文化的指引。每个时代能使文化兴盛的只有少数精英，他们是独立的强者；他们具有自作主宰的强大本性，是人类中的高贵者，他们把自己看作是决定价值观的人，不需要别人的批准，他们授予事物以荣誉，是创造价值的人；他们具有勇于承担责任的高贵品格。人类只有依靠文化精英才能把时代推向文化的高峰，普通人由于没有强大的权力意志，只会一味地服从和遵守规则，"是一种被给定的东西"，"根本不习惯于自己确定价值"。对普通人进行培育无疑是对社会资源的浪费，根本没有培育的必要。当代教育的现实状况是普通人取得教育的统治权，普及教育只会使庸俗文化掌握文化统治权，庸俗文化的大行其道使得整个社会文化平庸化，这拉低了人类文化所能达到的高度。

其三，庸俗文化妨害了正确的艺术感觉。审美趣味的存在无疑能使人摆脱心灵被污染和破坏的境地，美育教育的缺乏，导致学校教育普遍的精神贫困。没有正确的美育教育，不能使真正具有创造力的天赋得到发挥，这无疑是教育自身的悲哀。培养出正确的艺术感觉对于美育教育至关重要，有了正确的艺术感觉，自然会对不符合文法要求和词不达意的文章抱

---

① ［德］尼采著，张念东、凌素心译：《看哪这人：尼采自述》，中央编译出版社2005年版，第77页。

有本能的排斥，这样一来，粗俗语言就自然会受到学生的反对。"唯有经过这样的训练，年轻人才能做到在面对我们的报刊工厂、报刊工人、小说写手如此受欢迎和颂扬的'时髦'风格时，在面对我们的文学匠的'漂亮文体'时，感到那种生理上的恶心。"① 培养出正确的艺术感觉对于有效拒斥庸俗文化具有重要作用。

① ［德］尼采著，周国平译：《论我们教育机构的未来》，译林出版社 2014 年版，第 48 页。

第二节　实现合理社会的现实途径

马克思和尼采生活在19世纪,19世纪是资本主义取得全面胜利的时期,也是资本主义经济繁荣发展的时期。经济的繁荣并没有为人的能力的和谐发展提供新的手段,相反却压制了人类活动。在活跃的经济活动之中,人们变得温顺而软弱,不再寻求崇高的心灵快乐。社会陷于精神力量普遍缺乏的状况中,溺于意志消沉的境地。面对不尽如人意的社会现状,马克思和尼采提出了改革社会方案。

一、现实世界人的生存状况

人类活动之所以受到压制,能力得不到和谐发展,根源在于资本主义的私有制。资本主义在创造财富方面具有无可比拟的优越性,它在不到100年的时间里就创造出了比以往社会创造的社会财富总和还要多,财富增加的同时劳动者遭受的压迫和剥削也日益加剧。资本家利用工人创造的财富不断扩大再生产,资本家获得的越多,工人就越贫困,就越是受到资本的控制。只要资本增值的本性不变,工人受奴役和剥削的状况就不能得到改变。只有消除资本主义私有制,消除劳动的异化状况,劳动者的能力才能得到和谐的发展,痛苦的社会现状才能得到缓解。马克思认为,经济压迫直接导致人的内在力量的萎缩,压制了人的潜能的发挥,只有消除压迫和剥削,把人的固有力量重新赋予人,全面发展的人的出现才会成为可能。

尼采认为，由资本控制的社会只会导致文化的平庸，资本主义的重商文化使人汲汲于现实利益，安于尘世中的享乐，忽视了人的高贵精神，资本主义文化只追求庸常的价值，忽略了文化的高贵理想。资本主义宣扬的民主、自由和博爱等价值压制了精英人物，庸众统治的社会只能走向平庸。庸众的存在对于等级制社会是必要的，只有牺牲他们的利益，才能为等级制的到来提供物质前提。社会最迫切的任务是要培育出那些天生的统治者，提倡精英主义教育，才能促使文化精英的产生。资本主义社会的功利教育是一种只注重当下的、感官的教育，为了对抗这种教育，应该从古典教育寻求解决之道。如果能找到一条通达古典教育的道路，就能摆脱资本主义庸俗文化的控制。长期以来，古典作品的人文滋养作用一直未得到应有的重视。通过古典教育，接近那些伟大经典作家的丰富心灵，才能不汲汲于当下浅薄的世俗利益。"一切所谓的古典教育都只是一个健康自然的起点，即在使用母语时艺术上认真严格的习惯；为了养成这种习惯和掌握形式的秘密，只有很少人能够凭借自己的天性和力量走上正确的道路，所有其他人都需要那些伟大的向导和导师，必须信赖他们的监护。"[1] 功利化的普及教育损害了古典文化，尼采评论道："一个时代，如果它苦于只有所谓普及教育，却没有文化，即没有贯穿其生命的统一风格，那么，它就根本不会懂得拿哲学来做什么正确的事。"[2] 在尼采眼中，西方文化有两次高峰，首先是希腊文化，尼采认为，希腊文化之所以达到后世所难以企及的高度，是因为希腊人善于学习，能汲取其他民族一切活着的文化，并且在对其他民族活的文化继承的基础上加入自身的独特体会，使文化得到进一步的提高。希腊人渴求知识，他们获取知识只是为了更好地生活，而不是为了博学，博学是为了更好地生活，而生活的目的不是为了博学。由

---

[1]［德］尼采著，周国平译：《论我们教育机构的未来》，译林出版社 2014 年版，第 50-51 页。

[2]［德］尼采著，周国平译：《希腊悲剧时代的哲学》，译林出版社 2014 年版，第 18 页。

于希腊人没有陷入对知识渴求的地步而避免了陷入野蛮的危险，这与希腊人天性中对生命的关切是分不开的。"希腊人则凭借对生命的关切，凭借一种理想上的生命需要，约束了他们的原本贪得无厌的求知欲——因为他们想立即经历他们所学到的东西。希腊人在从事哲学时也是作为有文化的人，为着文化的目的，所以，他们能摆脱任何夜郎自大的心理，不是去重新创造哲学和科学的元素，而是立刻致力于充实、提高、扬弃、净化这些引进的元素，他们因此而在一个更高的意义上和一个更纯粹的范围内成了创造者。也就是说，他们创造了典型的哲学头脑，而后来的一切世代在这方面不再有任何实质性的创造了。"① 尼采对希腊人的创造力极为叹服，并且认为由巴门尼德、德谟克利特、苏格拉底等众多希腊大师构成的"天才共和国"共同铸造了希腊文化的辉煌。"他们就共同来造就叔本华在和学者共和国相对立的意义上称之为天才共和国的东西：一个巨人越过岁月的鸿沟向另一个巨人发出呼唤，不理睬在他们脚下爬行的侏儒的放肆喧嚣，延续着崇高的精神对话。"② 其次是文艺复兴时期的文化，尼采认为这是 1000 年来文化的黄金时代，成就虽达不到希腊文化的高度，却是后世文化难以企及的，后世能从文艺复兴时代的文化中获取自身文化发展的养分。"意大利文艺复兴在自身中藏有使现代文化受益的全部积极力量：思想解放、藐视权威、教育对高贵出身的胜利、对科学和人类科学的过去感到的振奋、个人的无拘无束、一种求真的热情和对外表与单纯效果的厌恶等（这种热情在一大帮艺术人物中熊熊燃烧起来，这些人物以最高的道德纯洁要求自己在作品中达到完美，而且仅仅是完美）；是的，文艺复兴拥有在我们至今的现代文化中尚没有再次变得如此强大的积极力量。"③ 古希

---

① ［德］尼采著，周国平译：《希腊悲剧时代的哲学》，译林出版社 2014 年版，第 11 页。
② ［德］尼采著，周国平译：《希腊悲剧时代的哲学》，译林出版社 2014 年版，第 12 页。
③ ［德］尼采著，杨恒达译：《尼采全集》（第 2 卷），中国人民大学出版社 2011 年版，第 132 页。

腊和文艺复兴之所以能实现文化强盛，是少数文化天才努力进行文化创造的结果，大多数的文化庸才只是在消费文化天才的成果，对文化的强盛没有起到推进作用，文化的兴盛需要文化天才的引领。

马克思和尼采对理想社会的设想是完全对立的，马克思要建立自由人的联合体，尼采则要建立贵族等级制社会。马克思认为现实世界的虚假在于人的劳动被异化，要建立一个合理社会就必须消除异化劳动。异化劳动导致人的能力的单方面发展，人成为一种机械装置，只会进行某种程序性和机械性的工作，人的创造潜能被抑制了。在共产主义社会，劳动完全归属自身，不必再去从事强迫性的工作，可以根据自身的兴趣自由地发挥自己的创造性，不再局限于某一种狭窄而具体的工作。当人能根据自身的特点进行创造性的工作，整个社会的创造热情就能得到释放，人的精神和文化自然就能得到提高。尼采认为，由于人蕴含的生命本能不同，人自然会发生分化，合理社会应该由少数具有强大权力意志感的主人种族进行领导。庸众只有微弱的权力意志感，无论怎样努力也承担不了领导社会的重任。主人种族具有庸众不具备的勇气、胆识以及面对痛苦的坚韧意志，同时具有庸众难以企及的文化高度和精神境界，主人种族的这些特点都决定了他们天生是社会的领导者。现代民主制度憎恨强者，剥夺强者产生的现实土壤，在民主制度下，主人种族难以产生，一个不能产生主人种族的社会必定是平庸的。历史是英雄人物的杰作，一个时代最重要的任务是要培育强者。为了人类的未来，为了强者的产生，就必须提倡一种精英主义的教育，拒斥教育的功利化和专业化，使教育成为强者的特权。教育应该培育高贵的气质，养成宏大的历史视野，把创造作为一种最重要的任务，只有不断地创造，才能推动社会走向繁盛。建立合理的社会就是要培育出能领导社会的精英人物，这种任务只能由精英主义教育完成。

二、自由是异化劳动的扬弃

黑格尔第一次从哲学层面对异化做出了界定，异化是指主体活动的结果最终成了主体的异己力量，这种力量反过来统治、支配并且危害主体自身。费尔巴哈也讲异化，他的异化指的是人的本质的异化，人把自身的本质异化为上帝，并把上帝作为超绝的偶像，上帝实质是人本质异化的结果。人按照自身的构想把自己的本质交给了上帝，按照自己的形象构造出了上帝，上帝本应是人的创造物，应该依附于人的。相反的是，上帝这个被创造物成了创造物，人这个创造物却成了被创造物，并且接受了上帝的全面支配。马克思对异化的理解与黑格尔和费尔巴哈有所不同。"异化与劳动本身联系紧密。与将异化定义为人自身外在性的黑格尔不同，也与把异化和宗教相等同的费尔巴哈不同，马克思将异化通过劳动（各种社会和宗教组织也产生于劳动）与现实中的人联系起来。"① 异化不是一个抽象的概念，而是社会的产物，人只能被自身劳动所异化，异化不源自外在事物。异化劳动涉及物质利益，只有解决物质利益问题，才能最终解决异化劳动，消除私有制才能实现人类解放。

1843—1844 年，马克思在莱茵报社工作，这个时期马克思面临着两个重要事件，一是和"自由人"的决裂，二是"第一次遇到要对所谓物质利益发表意见的难事"，这两件事是内在关联的。由于"自由人"倾向于某种主观主义，一味强调自我意识，害怕公开的政治斗争，在马克思看来，从观念上进行批判是软弱无力的，无助于改变落后的德国面貌，只在自我意识层面的斗争只是政治懦弱的表现。和"自由人"的决裂可视为马克思批判黑格尔哲学的真正开端，马克思认为批判性原则和现实性原则应该结合起来才能显示出批判的威力，忽略社会的具体现实，纯粹强调批判性原

---

① ［法］阿塔利著，刘成富等译：《卡尔·马克思》，上海人民出版社 2010 年版，第 64 页。

则的作用，这种批判是无意义的。具体现实的批判不能以黑格尔的"绝对理性"的方式进行，批判原则不应只诉诸抽象个别的自我意识。思想应该有具体的内容，具有客观性，作为客观的思想，作为思想的理性，应该对应于现实的物质利益。黑格尔没有考虑过物质利益问题，"绝对理性"根本无力应对物质利益提出的挑战。对马克思而言，物质利益本身处于内部分裂和矛盾之中，并且和具有同一性的"绝对理性"相对立。"马克思当时的理性立场所面临的严峻挑战就在于：为了使批判能够成立，他必须借助于某种理性，为了使这种理性既具有现实性又能够避开'神'或'上帝'的终局，他必须使理性在某种可能性上容纳物质利益问题——而这个问题就像'欺诈的海妖'一样，把理性引向反对它自身的'敌人的怀抱'。"① 对于物质利益难题，用黑格尔的"绝对理性"难以解决，"绝对理性"涉及的是属神的事物，不关注世俗事物。马克思要颠覆形而上学，首先要展开对黑格尔的"绝对理性"的批判，他要把理性落实到世俗中，以世俗的方式对待物质利益难题，消除神或上帝对尘世的干预，不再求助于玄妙莫测的神意。当物质利益难题摆在理性面前，如何消解理性和物质利益两者的对立？物质利益难题使马克思的黑格尔主义的立场发生了动摇，但不意味着马克思就能立即摆脱黑格尔思想的影响。物质利益难题已经使马克思对以单纯理性的方式看待世界的立场发生了怀疑，引发了其思想的深重危机。

世界观内部的动摇最终转化为一场彻底的思想革命，正是物质利益难题的挑战使得马克思到费尔巴哈哲学中去寻求答案。"物质利益问题所引发的世界观危机已经严重到这种程度，除非马克思能够同黑格尔哲学实现彻底的决裂，否则其思想远征的前景就只能在对问题的无尽困惑中遭遇灭

① 吴晓明：《形而上学的没落——马克思与费尔巴哈关系的当代解读》，人民出版社 2006 年版，第 423 页。

顶之灾。"① 马克思从费尔巴哈的思想中汲取了"现实的人"的思想，告别了自我意识和单纯理性的哲学立场。由于费尔巴哈的影响，马克思摆脱了黑格尔哲学的影响。费尔巴哈的"现实的人"是"以自然为基础的现实的人"，他把人的本质看成是单个人所固有的抽象物，没有看到人的本质在现实性上是一切社会关系的总和，社会关系是实践着的感性的、具体的、现实的人导致的，正因如此，马克思后来对费尔巴哈的"现实的人"进行了批判。"当黑格尔哲学无力解决马克思在《莱茵报》所遇到的那些物质问题的时候，费尔巴哈的《关于哲学改造的临时纲要》发表了。它致命地打击了黑格尔哲学——神学的最后避难所和合理的支柱。这个《纲要》给马克思的印象很深，虽然他当时就保留了批判它的权利。"② 马克思受到了费尔巴哈的影响，并不意味着他无条件地接受了费尔巴哈的"现实的人"的立场。

物质利益难题是和异化劳动联结在一起的，由于异化劳动的存在，利益冲突就难以避免。"社会实际上是由利益冲突分裂的，但是就其自身而言，为了不土崩瓦解，这些对立必须靠各种观念来掩饰，通过为不对称的社会和经济权力的分配作辩护，这些观念代表了将社会描述为连贯的而不是冲突的各种尝试。"③ 物质利益难题不是单纯理性所能解决的，它的解决只有求助于具有世俗色彩的"人民理性"。对物质利益的关注是为了论证人的自由，只有自由才能保证人最后的自我解放。人创造出了他自身实存和异化的知性条件和物质条件，理性、宗教、道德伪造了社会关系的间接客体性，将经验世界表述为意识形式的规定。贯穿马克思思想的始终是：

---

① 吴晓明：《形而上学的没落——马克思与费尔巴哈关系的当代解读》，人民出版社 2006年版，第 430 页。

② ［德］梅林著，樊集译：《马克思传》，人民出版社 1973 年版，第 73 页。

③ ［英］麦克莱伦著，郑一民、陈喜贵译：《马克思思想导论》（第 3 版），中国人民大学出版社 2008 年版，第 154 页。

人不仅仅是政治动物和群居动物，还是一种能在社会中使自身个性化的动物。马克思对人类本质和自由问题的思考集中体现了这种观点，他想要使人在公共和私人领域之间达到和谐与审美平衡，人的解放必须从文化和意识形态的虚幻启蒙中解脱出来，使人类成为社会制度的创造者并实现其内在潜能。"马克思的关于人的形象的一个核心思想是人是他自己的创造者；任何依靠别人恩典生活的存在物都是从属性的存在物。"① 出于现实考量，马克思批判黑格尔哲学的非现实性，并认为黑格尔是想以非现实的世界去统治现实世界。"马克思认为黑格尔哲学正是由于它的完整性和普遍性，从而具有非现实性，并且反对着这个继续被分裂的世界。"② 黑格尔只叙述了人的精神活动，虽说精神活动很重要，但精神凭借自身来解释社会和文化的变化是不够的。如果把人归结为自我意识，那么黑格尔就能够在他自身之外构建起完全抽象的对象。马克思反对黑格尔把人看作自我意识，在他看来，人是客观的、自然的存在。

自由是马克思最为注重的范畴，马克思的自由观和黑格尔的自由观存在着紧密关联。黑格尔认为世界的起点是"存在"即"有"，德语的"Sein"是一个纯存在，没有任何规定性，最初的"存在"概念具有能动性，这种能动性能把自身实现出来，存在没有规定性，它能创造一切具有规定性的东西。其他范畴都是"存在"概念自我实现的结果，正是存在没有任何规定性，只是一个空洞的"决心"，是一种使自身"是起来"的行动，而不像之前的形而上学把存在看成是固定不变的存在者。在黑格尔存在论中，他强调存在的能动性，在本质论环节，他强调如何去寻找事物背后的根据，即要探求存在如何存在、何以存在以及存在的前提。黑格尔认为本质论的

---

① ［英］麦克莱伦著，王珍译：《马克思传》（第4版），中国人民大学出版社2008年版，第109页。

② ［英］麦克莱伦著，王珍译：《马克思传》（第4版），中国人民大学出版社2008年版，第28页。

根据就在存在之中，是存在转向自身内部通达本质的过程，通过存在的历史就可以达到存在的本质，所以本质就成了"过去的存在"。在德语中，本质就是"Wesen"，而存在即德语"Sein"的过去式是"Gewesen"，通过存在和本质的词源上的探源，"本质是自己过去了的存在"①。所以，"本质是存在的真理，是自己过去了的或内在的存在"②。本质就是存在本身，是由"存在"概念自身发展出来的。本质不是直接能够把握的，它是反思到的，反思是对过去的追溯，这就需要对比，因而在本质论中的范畴是成对的，这就存在着范畴的对立统一关系，从而引向了矛盾。矛盾在辩证逻辑中是万物的真正根基，矛盾背后没有其他任何根据，矛盾就是无根据。在德语中，矛盾是"Abgrund"，也可译为深渊，这种无根据就是自由。如果自由依附于他物，自由就不成其为自由，自由应该是无根据的。自由不固守一处，它要超出自身，自我否定，一旦达到预期目标，就会产生新的不满足和新的渴望，自由就是自我更新和自我创造，是在绝对实体内部无限的自我否定。当以自由的角度来看本质，就进入了概念论，"概念是自由的原则，是独立存在着的实体性的力量"③。在黑格尔看来，真正的概念是自由的概念，概念不再是抽象的，而是具体的。黑格尔贬斥那些把概念说成是"死的、空的、抽象的东西"的说法，认为"概念才是一切生命的原则，因而同时也是完全具体的东西"④。在自由的统摄下，黑格尔的存在论、本质论和概念论一脉相承，概念是本质的存在，存在论和本质论都在概念之中。概念是本质的存在，并且是真正的存在，概念是自由的生命，真正的存在是自由，自由的存在在概念中得到真正的体现。概念是本质的存在，存在在它的发展过程中，直到发展到概念，才发现了自己真正的本

---

① ［德］黑格尔著，贺麟译：《小逻辑》，商务印书馆 2014 年版，第 242 页。
② ［德］黑格尔著，贺麟译：《小逻辑》，商务印书馆 2014 年版，第 243 页。
③ ［德］黑格尔著，贺麟译：《小逻辑》，商务印书馆 2014 年版，第 329 页。
④ ［德］黑格尔著，贺麟译：《小逻辑》，商务印书馆 2014 年版，第 329 页。

质，实现了存在的能动本性。在黑格尔看来，真正的存在论就是概念论，概念论揭示了存在的本质。在概念论中，黑格尔特别强调发展的概念，历史的概念，因为只有经过发展，概念才能越来越具体，一旦概念变得越来越具体，也意味着概念的规定性越来越多，自然概念会变得越来越复杂。具体概念的能动性体现在它的自我否定上，它能把自己划分为既是自身的又不是自身的，产生一种内在的差异性。自由是一种意志，在概念论的绝对理念环节，自由意志"决心"要超出自身，要把自身外化为自然界，到了绝对理念阶段，这种自由的决心已经是具体的决心，也将产生具体的现实结果，而不像在存在论时，存在的决心只能产生抽象范畴。

马克思也崇尚自由，但他认为自由不是停留在观念世界中的，而是在具体的社会现实中实现出来的，不把物质现实作为自由的前提，自由就成了无源之水、无本之木。黑格尔从人的意识开始并由此推演出物质现实的做法是错误的，正确的研究应该是从物质生产实践出发，问题的起源不是错误的观念，而在于产生错误观念形成的社会现实的本性，不是意识决定生活，而是生活决定意识。唯物主义历史观看待世界的方式是：人类在寻求自己的物质需求的方式中，才决定了社会的其他内容。为了满足人类最基本的生存需求，人类把自身的意志注入自然界中，迫使其满足人类的物质需求，这是人类为了自身的目的通过劳动过程而变革的过程。物质实践活动是人类最基本的活动，也是任何有效的社会科学的起点，必须从物质实践来解释意识形态。"使观念变成意识形态的，是它们与突出劳动过程之特征的社会和经济关系的冲突本性的联系。归根到底，这些冲突可以归结为两个因素。第一个因素是劳动分工，从脑力劳动与体力劳动的划分开始，它预示着劳动及其产品——无论在量上还是在质上——的不平等分配。第二，这使私有财产的存在成为必需，也使这一情形成为必需，其中

个人的利益不再与共同体的利益一致。"① 从物质利益难题出发去审视历史
发展的脉络，是马克思唯物史观的基本立场。

三、作为特权的精英教育

精英教育只属于例外者，文化精英应对教育权利享有特权，一切伟
大、美好、高贵的事物从来都是稀缺的，它不能成为公共产品，它只属于
少数人。精英教育应该是一种特权，不能是大众化的、公共的教育。尼采
说："像我们这样高度发展的人类当中，每个人都可以具有很多天赋。每
个人都有天生的才华，但是只有少数人能生就、培养出那种程度的韧劲、
耐性和精力，可以真正成为一个天才，成为他们现在所是的那种人。"② 教
育的世俗化、学术专业化致使教育越来越功利化。在民主思想甚嚣尘上的
时代，文化精英产生的条件非常不利，教育越来越普及，教育为经济服务
的结果导致教育的世俗化。尼采对世俗化教育评论道："我渐渐明白了我
们的教养和教育方式的通病：无人学习、无人渴望学习、也无人教人忍受
孤独。"③ 教育的世俗化把教育当成谋生的工具，教育的目的是获取更多的
知识和技能，忽视了教育独有的培养文化和精神的功能，普及教育的恶果
使人满足于尘世中的物质享乐，忘了去追求高贵的品性。世俗化教育剥夺
了文化天才成长的土壤，抑制了文化精英的产生。普及教育致使文化精英
遭到压制，没有文化精英的指引，无法达到高贵。一个由在地上爬行的低
等人统治的社会，没有资格也没能力奢谈高贵。真正合理的社会应该是精

---

① ［英］麦克莱伦著，郑一民、陈喜贵译：《马克思思想导论》（第3版），中国人民大学
出版社 2008 年版，第 153 页。

② ［德］尼采著，杨恒达译：《尼采全集》（第2卷），中国人民大学出版社 2011 年版，
第 146 页。

③ ［德］尼采著，田立年译：《朝霞》，华东师范大学出版社 2007 年版，第 356 页。

英统治的社会，"精英主义社会也是一个反民主的、家长式的、杰出人物统治的社会。只有少数人是真正有才华和博学的，知道由于他们自己有能力、知识并接受过训练而处于社会的顶层。他们是真正聪明的人，他们所拥有的权力和控制力是他们应得的"[1]。精英主义社会毫无疑问是一种等级制社会。

能独立思考，从学习中获得快乐，具有坚强意志并以坚定的行动去实现自己文化理想的人在每个时代都是极为罕见的。尼采说："我们的目标不可能是多数人的教育，而只能是少数特选的、为伟大持久的作品而准备的人的教育。我们终于懂得，公正的后代在评价一国之民的整个教育状况时，将完完全全根据一个时代的那些特立独行的伟大英雄，根据他们被认知、支持、尊敬或者被埋没、虐待、毁灭的方式，唯有他们的声音将流传下去。"[2] 只有把这些罕见的文化精英培养出来，才能推动时代文化的进步，只有特权的教育才能为文化天才的出现创造条件，普及教育的实施只会对天才的培养造成影响。尼采从没有放弃过对文化精英的赞赏，在他看来，只有对这些文化精英的培养才具有价值，他们具有大多数人所不具备的性格特征。首先是独立，"只有极少数人才能保持独立；独立是强者的特权"[3]。其次，具有自作主宰的强大本性。"人类中的高贵者把自己看作是决定价值观的人；他不需要别人的批准；他认为'凡是对我有害的东西，其本身即有害的'；他知道，是自己首先为事物授予了荣誉；自己便是创造了价值的人。他尊敬他所知道的属于自己的一切：这样的一种道德观就是自命不凡。"[4] 最后，具有勇于承担责任的高贵品格。"高贵的标志是：从

---

① ［加拿大］尼尔森著，傅强译：《平等与自由：捍卫激进平等主义》，中国人民大学出版社 2015 年版，第 179 页。

② ［德］尼采著，周国平译：《论我们教育机构的未来》，译林出版社 2014 年版，第 64 页。

③ ［德］尼采著，梁余晶等译：《善与恶的彼岸》，光明日报出版社 2007 年版，第 46 页。

④ ［德］尼采著，梁余晶等译：《善与恶的彼岸》，光明日报出版社 2007 年版，第 262 页。

来没有想过要把我们的责任降格为所有人都应该负有的责任；不愿意把自己的职责委托给他人，或与他人共同承担；并把自己的特权与履行特权看作是自己义务的一部分。"① 人类只有依靠文化精英才能把时代推向文化的高峰，"精英人群可以把自己升高至更高的任务，成为更高级的存在"②。普通人由于没有强大的权力意志，只会一味地服从和遵守规则，"普通人都只是一种被给定的东西：他根本不习惯于自己确定价值"③。对这些人进行大力培育无疑是社会资源的浪费，根本没有进一步培育的必要。当代教育的现实状况是庸众取得教育的统治权，普及教育使庸俗文化占据文化统治权，庸俗文化的大行其道使得整个社会文化平庸化，拉低了人类文化所能达到的高度。"'个体'将会出现，并且将被迫为自己制定法律，被迫创造出属于自己的技巧与计谋来实现自我保存、自我提高和自我拯救。"④ 精英教育是要达成这样的结果：一类是天生下命令的人，这些人引领文化方向，创造更高文化，不过这些人人数极少；另一类是天生服从命令的人，这些人没有强大的生命本能，不具备创造更高文化的能力，所以成为天然的服从者，他们是社会的绝大多数。下命令的人和服从的人的最大区别在于，在面对痛苦的态度上，下命令的人具有一种英雄情结，能够面对生活中最大的痛苦，并把痛苦当成是对自己的一种磨砺，自觉承担起保存种类和提高种类的责任，自觉抵抗舒适并把这种安乐当成是一种恶心，下命令的人在精神上的强大是服从的人所不能企及的。

　　文化天才的出现需要具备几个条件：一是历史继承性。文化精英是在前人的种种舍弃、争斗、劳作等牺牲基础上产生的，为了促使精英人物的出现，其祖先付出了不菲的代价，所以其出现并不是一个偶然或奇迹。

---

① ［德］尼采著，梁余晶等译：《善与恶的彼岸》，光明日报出版社 2007 年版，第 284 页。
② ［德］尼采著，梁余晶等译：《善与恶的彼岸》，光明日报出版社 2007 年版，第 259 页。
③ ［德］尼采著，梁余晶等译：《善与恶的彼岸》，光明日报出版社 2007 年版，第 266 页。
④ ［德］尼采著，梁余晶等译：《善与恶的彼岸》，光明日报出版社 2007 年版，第 270 页。

"高等人物有自己无限深远的渊源，着眼于高等人物，不得不作最长久的收集、储存和积累。"① 祖先的文化基因成了后代人的天赋，"因为所谓天赋，同样也是一种学习，只不过不是我们的学习，而是一种过去的学习，是我们的祖先甚至更早时代的学习，经历，练习，掌握和吸收；另一方面，学习也不仅仅是学习，学习就是自己使自己有天赋——只不过这种学习并不容易，光有学习的愿望还不够，一个人还必须会学习"②。二是要有杰出的教育者。"需要的是这样的教育者：他们自己是有教养的、高傲的、高贵的，每时每刻通过言传身教体现日益成熟和甜美的文化。"③ 如果精英人物没有好的教育者，他们的天才就不能得到发现和培养，光有千里马是不够的，还得有发现千里马的伯乐才行。三是古典文化的习染。古希腊的古典文化和文艺复兴为高等人物的出现准备了有益的思想养分，在古典文化的洗礼下，高等人物的高贵品性才得以养成。

---

① ［德］尼采著，孙周兴等译：《尼采著作全集》（第6卷），商务印书馆2015年版，第335页。

② ［德］尼采著，田立年译：《朝霞》，华东师范大学出版社2007年版，第407页。

③ ［德］尼采著，孙周兴等译：《尼采著作全集》（第6卷），商务印书馆2015年版，第131页。

第三节 | **合理世界的表现样态**

马克思和尼采颠覆形而上学，致力于把现实世界改造为合理世界。二者发现现实世界存在众多不合理之处。马克思认为现实世界充满了种种剥削和压迫，人们处在无所不在的苦难之中，现实痛苦源自私有制。在私有制社会中，经济地位的不平等导致剥削不可避免，只有消灭私有制，人人友爱和平等的社会才有可能建成。尼采认为现实世界的人都追求平等与民主，这实质是一种奴隶暴动，平等意味着对强者的压制，追求平等和民主的社会只能带来平庸和颓废，为了使人致力于高贵和伟大，需要建立一种贵族等级制。

一、平等与等级的对峙

现实世界本是人类实践活动的结果，人类把自身的智慧和意志注入无意义的外在事物中，使外在事物具有价值和意义。在资本主义社会，本是人类力量和意志体现的外在事物呈现出了一系列压迫和异化人的特征，异化劳动剥夺了人的固有力量。要改变人被压迫和剥削的命运，需要建立自由而平等的社会，这个社会不存在私有制，人不再遭受剥削，劳动不再有异化人的本质，人可以按照自身特点去发展。在对资本主义进行批判的同时，马克思认为资本主义为共产主义奠定了物质基础。共产主义社会"不是在它自身基础上已经发展了的，恰好相反，是刚刚从资本主义社会中产生出来的，因此它在各方面，在经济、道德和精神方面都还带着它脱胎出来的那个旧社会的痕迹"①。资本主义和共产主义具有内在的继承关系，资本主义社会虽然罪大恶极，但仍然为共产主义社会的建设提供了坚实的物质基础和有益的经验教训，"恶"也是推动历史进步的重要力量。

现代社会寻求平等和民主，这在尼采看来是奴隶怨恨本能的表现，是其懦弱的政治诉求。庸众不具备强大的生命本能，无力于创造，就联合起来压制强者。民主制要消灭那些强大的例外者，这是对自然的犯罪，在自然界中，各种生命种类都产生出了超出其范围之内的例外者，正是例外者的存在，才显示了种类的生命力和超越性。庸众没有强大的生命力感，缺乏面对痛苦的勇气，他们聚集在一起相互取暖，彼此给予软弱而无害的安慰，无能也无力追求崇高和伟大。庸众被尼采称为"末人"，他们没有远大的理想抱负，只想在尘世的污浊中怡然自得，一旦强者要把他们从平庸的睡梦中唤醒，打破其平静的庸常生活，自然会表现出憎恨。尼采认为合理社会不追求平等和民主，而应该是由主人种族进行统治的等级制社会。主人等级具有庸众所不具备的特质，他们寻求荣誉，崇尚高贵，欲求在创造历史的行动中证明自身存在的价值，他们是天生的创造者。等级制社会提倡高贵和勇敢，给人以梦想和理想，拒斥平庸。庸众在创造历史的进程中作为主人种族实现其理想的工具和垫脚石，没有庸众的牺牲，就没有可供驱遣的力量。

二者在政治观和历史观方面表现出来的差异是各自哲学逻辑发展的自然结果。马克思认为全部哲学的出发点应该是感性的、具体的、现实的人，尼采则把权力意志作为其哲学思考的出发点。马克思认为人是一切真理的总和，合理世界就应该致力于探究如何实现人的解放。当现实的个人回归自身时，才能在自己的经验生活、自己的个体劳动中成为类存在物，只有当人认识到自身固有的力量是社会力量，并把这种力量组织起来，避

_____

① 《马克思恩格斯全集》（第 19 卷），人民出版社 1963 年版，第 21 页。

免社会以政治力量的形式同自身分离的时候，人的解放才能完成。进入阶级社会以来，人就一直遭受剥削和压迫，这种现象在资本主义社会表现得尤为明显。资本主义社会剥夺了人的固有力量，消解了人的丰富性和多样性，要使人重获价值和尊严，就要把本属于人的本质力量重新赋予人。马克思对异化劳动的批判、对商品拜物教的批判、对资本主义社会的批判都是为了要恢复人的本质力量。劳动异化的解除、商品拜物教的废除、私有制对人的劳动的剥夺都消失了，才有可能建立自由人的联合体，才能使每个人的自由发展成为一切人自由发展的前提。经济平等地位的获得才能消除人对人就像狼对狼的那种争夺，感性的、现实的具体个人是马克思哲学思考的出发点。

尼采是从权力意志出发构建合理世界的，他认为现实世界的每个人由于自身权力意志的不同，他们的生命力旺盛程度和创造力也不同。把具有丰富创造力的人同那些不具备创造力的人等同视之是不公正的，合理社会必须是对平等的人平等，对不平等的人不平等，对不平等的人平等将是最大的不平等。最好的社会是贵族等级制，主人种族由最具权力意志感的人组成，他们产生于艰苦的环境中，具有最为坚韧的意志，在面对痛苦时仍能保持希望。他们以创造为乐，使命是带领社会不断创新，他们不汲汲于自身的利益，能为社会的利益随时奉献生命。主人种族的性格特质决定了他们是天生的统治者，只有在他们的领导下，才能拒斥平庸，给人以宏大的理想，走在寻求高贵的路途。主人种族主张文化创造，批判庸俗文化，提倡精英教育和古典教育，在他们的领导下，社会才能不断发扬人的生命力感，激发出创造的热情。在尼采看来，历史不是由庸众创造的，伟大人物永远是历史的创造者，他们是牧羊人，庸众只是羊群。没有牧羊人，羊群就会丧失目标和方向感；只有在牧羊人的引领下，羊群才能安定有序。

马克思和尼采在历史观上呈现出了唯物史观和唯心史观的对立。马克思坚持人民群众是历史的创造者，尼采认为只有少数的精英人物才是历史的创造者。马克思坚信，人民群众促进了人类社会的发展变化，他们是导致社会进步的坚定力量。在阶级社会中，由于人民群众在经济上遭受剥削和压迫，创造历史的力量受到了压制，只要能够创建一个合理世界，人民群众的历史创造活动就能得到更好的展现。马克思并不否认精英人物的历史作用，但他们并不构成历史发展的决定力量。尼采认为，只有少量精英人物具有强大的生命本能，也只有他们才能真正地引领社会，他们是推动历史的决定力量。庸众在社会发展中具有一定的作用，他们是一种惰性的力量，没有精英人物的领导，他们就一无是处。马克思认为每个人都能"在自己的领域内独立地进行创造"，只要培育出合理的社会现实，"观念的主动方面"就能得到最大程度的释放。尼采只承认少数人具有创造能力，片面强调意志的作用，忽视了外在环境对于塑造人的作用。马克思和尼采对合理世界的构想呈现出了尖锐的对立，这种对立表现在其政治观、历史观以及对未来社会的构想方面。

二、共产主义社会：理想的社会样态

马克思批判抽象世界的虚假性，把关注的目光转向身处的现实世界——资本统治的世界，按照他对合理世界的界定，认为资本主义社会充满虚假性。在他看来，如果一个社会不能使人实现自由、平等和正义，如果不能带来经济繁荣和社会稳定，那么这样的社会就是存在缺陷的社会。马克思虽未以任何具体方式描述过理想社会的制度架构，但资本主义社会和其制度架构无论如何不符合他对理想社会的界定。他对资本主义制度抱以批判态度，认为资本主义社会对人实施了束缚和压制，剥夺了人的现实利益。只有当社会为人的内在潜能的发挥创造条件，关注人的现实利益，把人从各种经济束缚和政治束缚中解放出来，社会存在才具有正当性。"对马克思而言，人的解放不仅仅意味着一种政治诉求，政治自由同样也会作为一时期内的下一个目标而站上前台，在此过程当中，寻求一条脱离抽象的真空的道路与对自然实现的普遍渴望是结合在一起的，正如马克思写道，自由是在人的可理解的自治、人的本质的实现当中的一瞬间。"① 马克思的人类解放目标是要释放人自身当中潜藏着的能力。

从马克思的早期著作开始，马克思想要达到的目标就是：颠覆一切使人没落的、被奴役的、被忽视的一切条件。合理社会不能压制和异化个体，要为个体在实现理想、自由和个体性等方面创造条件。马克思对异化劳动的分析，从劳动产品的异化、人的本质的异化等方面全面剖析了资本主义制度的异化本性，异化是对人的本质生命的否弃。"根据马克思的看法，在此社会生产关系的背景中，人将自身显示为一类存在物。生产活动不仅仅是维持生命的一种途径，而且是对人类的一种本质性表达。人与他者的关联及其在理论上对其本质上无机之自我的占有，是在每一个创造出——通过对象化——制度上的安排和结构以区别出人类生命并赋予其以意义的行动中完成的。"② 类存在的生产性表达的需求，是对生命自身的表达，因而也是对个体真实需求的一种表达，它构造出作为自我意识和自由的个体和类。

对马克思而言，无产者本应在生产过程中实现自身，而现实情况是，无产者在生产过程中遭受到了异化。无产者是能动的、具有创造性的主体，也是社会客体性的创造者。外部的感知对象、文化生活和社会制度以及必要的物质商品，都是工人实践活动的外化，个体创造出了人类生存的主体性和客体性条件，社会制度、价值和习俗都是劳动本身对象化的结果。无产者本应在生产社会物质商品的活动中发展其与生俱来的能力和天

① 转引自［美］麦卡锡著，王文扬译：《马克思与古人——古典伦理学、社会正义和19世纪政治经济学》，华东师范大学出版社2011年版，第63页。

② ［美］麦卡锡著，王文扬译：《马克思与古人——古典伦理学、社会正义和19世纪政治经济学》，华东师范大学出版社2011年版，第209页。

赋。在资本逻辑的控制下，人的劳动与动物行为并无不同，人只是在履行一种动物机能，因为人只是为了肉体的存活而从事生产，他们还未能实现其作为类存在的普遍本性。在资本的运作中，人的自由遭到压制，劳动本来应该是最能体现人的自由特性，但在资本的控制中，一切所谓的自由都消解了，只存留下一种自然的动物本能。

人应该实现现实的自由，使人摆脱抽象世界、宗教法则和道德王国的统治，并且自由地创造其自身的社会制度形式以及自身的历史。由于受到种种抽象法则的统治，致使人的非人化和异化，同时也摧毁了人实现其作为类存在之本质的能力，摧毁了他们通过创造性劳动实现自我的可能。在马克思看来，一切阻碍人奔向自由理想的事物都应该遭到拒斥，人应该自主地、独立地发展自身的潜能。批判宗教和道德以及理性逻辑，批判天国和尘世的二重化，是马克思一以贯之的思想。形而上学体系使得个体迷失在一个失控的抽象世界中，形而上学世界是一个无意义的世界。"因为对社会主义的人来说，整个所谓世界历史不外是人通过人的劳动而诞生的过程，是自然界对人来说的生成过程，所以关于他通过自身而诞生、关于他的形成过程，他有直观的、无可辩驳的证明。"① 关于某种异己的、凌驾于人和自然之上的存在物的问题，即包含对自然界和人的非实在性的存在问题已经变得不可能了，人和自然本质上是相互依赖的。除人和自然的实在性之外，其他一切似乎都是非实在的，把那些非实在的事物神圣化只会否定人的价值和意义。只有承认人和自然的实在性，才能在社会历史方面坚持唯物主义的观点，才能承认实践着的个体的活动是社会历史存在的根基。物质关系是在实践活动的基础上形成的，社会关系在本质上是实践的，因而人成为社会关系的产物。"人们的社会历史始终只是他们的个体发展的历史，而不管他们是否意识到这一点。他们的物质关系形成他们的

---

① 《马克思恩格斯全集》（第3卷），人民出版社2002年版，第310页。

一切关系的基础。这些物质关系不过是他们的物质的和个体的活动所借以实现的必然形式罢了。"①人们只能在特定的社会关系中生活，他们并不能随心所欲地创造历史。

马克思通过对异化劳动的揭示消除了思想的抽象性，并以劳动超越了自我和他者给自身造成的束缚，这是他的世界观的基础。资本主义在异化和剥削劳动者的同时自掘坟墓。通过使工人的劳动外化，用金钱刺激他们的狂热，资本主义实现了对工人的异化，由此创造出一个"幻灭"的世界。在这个世界里，每个人都被自己消费和生产的商品存在本身所异化。随着垄断的增强，贫困、压迫、奴役、退化和剥削的程度在日益增加，人数不断扩大的，为资本主义生产过程本身的结构所训练、联合和组织的工人阶级的愤懑也日益增长。这种愤懑将迫使无产者起来革命，消灭私有制，从而使生产资料归集体所有，最终使得每个人都能按照自己的意愿自由支配自己的时间。共产主义社会不能一蹴而就，它是向着个人自由不断胜利、不断创造的方向一直发展下去，最终使每个人的全部愿望都得以实现的"运动"。在共产主义社会中，平等和自由能够和谐共存，这将是一种现实的而非理论的平等和自由。

马克思的共产主义的社会理想不仅是人类理性的产物，还是一种信仰。信仰并不一定就是反理性的，并不必然与理智和理性对立。对于信仰，正如弗洛姆所言，可以分为合理的信仰和不合理的信仰。不合理的信仰是反理性的，是对非理性权威的信仰；合理的信仰则是基于自身思想或情感体验的坚定信念之上，信仰不是必然真实的东西。"合理的信仰牢牢扎根于创造性的智力和情感的积极活动。在理性的思考中，看起来似乎没有信仰的位置，但合理的信仰却是思考的一个重要组成部分。"②共产主义

---

① 《马克思恩格斯全集》（第27卷），人民出版社1972年版，第478页。

② ［美］弗洛姆著，李健鸣译：《爱的艺术》，上海译文出版社2011年版，第149页。

基于人对自身的信念，他们相信通过合理的推理能设想出一个合理和值得追求的目标，坚信通过消除不平等的社会现实，人们会走向完善。人类通过经验的方式可以确定自身有可能走向完善，通过自身的经历、思考、体验和判断无不证明了人类的进步。人生需要信仰，它能使我们充满希望，信仰应该成为人的生存方式。"在一定的条件下，人类有能力建立一个以平等、正义和爱为原则的社会制度。迄今为止人类没有做到这一点，所以就需要有深信人类能做到这一点的信仰。但是同每一种理性的信念一样，这一信仰决不是相信会出现奇迹；它更多的是以迄今为止的人类历史为基础，以及每个人的内心经历、对理智和爱的体验为基础。"① 马克思之所以要颠覆形而上学，原因在于形而上学是一种不合理的信仰，民众屈从于一种全知、全权的巨大势力，贬低了自己的力量和能力。信仰共产主义，就是相信我们自己、他人和人类不断发展的可能性，通过切实的行动，就能不断地迈向共产主义。

三、等级制：人类走向繁盛的妄想

尼采说："我的哲学以等级制为定向。"② 等级制是符合自然法则的，任何人为的改变都是对自然生命的犯罪。"等级秩序，这最高的、支配性的法则，只是一种自然秩序、第一位的自然法则的裁决，任何的专断、任何的'现代观念'都没有权力来裁决。"③ 建立一种贵族等级制的政治理想是尼采哲学致力的目标，要使人得以强化和提升，贵族等级制是极为必要的。他说："我们以征服者自诩，正在深谋远虑地建立一种新制度，甚至

---

① ［美］弗洛姆著，李健鸣译：《爱的艺术》，上海译文出版社 2011 年版，第 152–153 页。

② ［德］尼采著，孙周兴译：《权力意志》，商务印书馆 2006 年版，第 321 页。

③ ［德］尼采著，孙周兴等译：《尼采著作全集》（第 6 卷），商务印书馆 2015 年版，第 296 页。

建立一种新奴隶制，因为任何一种对'人'的提升和强化也包含一种新的对人的奴役。"① 尼采关于等级制的思想受到柏拉图和《摩奴法典》的影响。在柏拉图的理想国中，存在着三个社会等级：哲学家、护卫者和平民。《摩奴法典》设定了三个等级：波罗门、战士和平民。在尼采构想的等级制国家中，也存在着三个等级：精神贵族、战士和常人。② 在尼采看来，精神贵族的统治有利于文化的强盛，文化的兴盛必须建立在等级制之上。高级文化的实现离不开众多常人的存在，只有大量的常人存在，才能为高级文化的实现提供物质前提。高级文化的实现意味着众多常人的牺牲，而且这种牺牲是必要的。

贵族等级才能创造更高文化，主人种族的自身特点决定了他们统治的合理性。"唯以统治执政为己任的不光是一个主人种族；而是一个具有自己的生命领域、具有一种力之过剩（对于美、勇敢、文化、风度乃至于最精神性的东西而言的力）的种族；一个肯定性种族，它可以给予自己任何大奢侈……，强大得足以不需要德性命令之暴行，富有得足以不需要节俭和拘泥，处于善恶的彼岸。"③ 如果由庸众对社会实施统治，必然会阻碍时代的进步，因为这些奴隶缺乏阳光之气和战斗精神，也不把勇敢当作一种荣誉，如果这个时代由庸众进行统治，这就妨碍了更高级时代的到来。"这个时代必须为一个更高级的时代开辟道路和聚集必要的力量，亟需大批作好准备的、勇于任事的人才，要把英雄气概带进更高级时代的知识领域，要为获得观念和实现观念而奋斗。"④ 主人种族能把人带到这样一个更高级时代中去，这是主人种族的自身特点决定的。

---

① ［德］尼采著，黄明嘉译：《快乐的知识》，中央编译出版社 2005 年版，第 226 页。

② 参见［德］尼采著，孙周兴等译：《尼采著作全集》（第 6 卷），商务印书馆 2015 年版，第 297–298 页。

③ ［德］尼采著，孙周兴译：《权力意志》，商务印书馆 2006 年版，第 487 页。

④ ［德］尼采著，黄明嘉译：《快乐的知识》，中央编译出版社 2005 年版，第 147 页。

　　文化的兴盛必须建立在等级制之上。更高文化的实现离不开众多常人的存在，只有常人的存在，才能为更高文化的实现提供物质前提。"一个高等文化是一个金字塔：它只能立于一个宽阔的基础之上，它首先得有一种强大而健康地巩固起来的平庸作为前提。……平庸甚至是例外能够存在的首要的必需之物：它是一个高级文化的条件。"① 更高文化的实现意味着众多常人的牺牲，在尼采看来，这些常人的牺牲是必要的。"一种比较高级的文化只有在有两种不同社会等级的地方才会产生：劳动等级和能真正有闲暇的有闲等级。或者用更激烈的说法：被迫劳动的等级和自由劳动的等级。"之所以如此，尼采继续分析道："在任何情况下，有闲等级都是更能够感受痛苦、更遭受痛苦的等级，他们的生活舒适感更少，他们的责任更大。"② 由于有闲等级承担着创造更高文化的重任，很少受到生活舒适的影响，能更多地经受痛苦的磨砺，主人种族拥有的这种精神特质能创造更高的文化。民主制无助于更高文化的出现，民主制应该让位于贵族等级制。以创造更高文化为己任的主人种族能摆脱太过于人性的纠缠，超越善恶的彼岸，为更高文化的到来创造条件。更高文化的创造是一个极为艰难的过程。"你必须有权让你所经历的一切——尝试、迷途、错误、迷惑、痛苦、你的爱和你的希望——毫无保留地融入到你的目标中去。这个目标就是你自己成为一根必然的由文化环节组成的链条，并从这个必然性出发，推断出一般文化过程中的必然性。"③ 这种为实现更高文化而不懈奋斗的重任，在尼采看来，庸众根本无力承担文化创造的重任，他们习惯于听从命令，不善于自我决定，没有远大的理想，也不具有充沛的生命力，不

---

　　① ［德］尼采著，孙周兴等译：《尼采著作全集》（第 6 卷），商务印书馆 2015 年版，第 298 页。

　　② ［德］尼采著，杨恒达译：《尼采全集》（第 2 卷），中国人民大学出版社 2011 年版，第 191 页。

　　③ ［德］尼采著，杨恒达译：《尼采全集》（第 2 卷），中国人民大学出版社 2011 年版，第 158 页。

能自主地管控自己的生活，对他们来说，人生就是一场嬉戏，即使把他们从繁重的劳动中解脱出来他们也会无所作为。"他们通过过量的努力，为自己争取到了自由的时间，然后除了一小时一小时地数时间，却不知道拿它干什么好，直到时间全部流逝掉为止。"① 在尼采看来，这些表现都证明了庸众不具备实现更高文化的可能。

实质上，等级制的贵族统治只是尼采不切实际的理想而已。现代社会已经不可能产生这样一个贵族等级，即使这种等级真的存在，一旦夺取政治权力之后，很快就会滑落到平庸的境地。正如雅思贝斯所分析的那样："事实上，这样的统治绝少能长久保持为一种真正的贵族统治，即真正由最优秀的人所实行的统治。即使某一凭借社会的或生物的基础而获得其地位的贵族在一个短时期内曾经完成伟大的工作，它仍然很快退化为少数人所强制实行的统治。这些人本身也构成为群众，呈现群众的典型特征，即奉行多数决定的原则，仇恨任何杰出的个人，要求平等，无情地孤立或排斥任何不属于群体特征的显著的独特品质，迫害卓越不凡的人物。作为少数群众式统治的贵族，它所僭取的品质仅仅是人的实存之真正的高贵性的社会替代品。"② 贵族等级根本无力去创造一个独一无二的精神世界，贵族能够创造出卓越文化只能是尼采的虚妄想法罢了。

尼采把等级制看成是天然合理的制度，而在马克思看来，等级制把不平等视为是天然合理的，所以建立在等级制之上的国家只能是"动物王国"。"实行等级制度的国家里，人类简直是按抽屉来分类的"③。如果把不平等当成天然合理的，那么弱者只能作为满足强者的需要而存在，自身没

---

① ［德］尼采著，杨恒达译：《尼采全集》（第 2 卷），中国人民大学出版社 2011 年版，第 267 页。

② ［德］雅斯贝斯著，王德峰译：《时代的精神状况》，上海译文出版社 2013 年版，第 214—215 页。

③ 《马克思恩格斯全集》（第 1 卷），人民出版社 1995 年版，第 248 页。

有独立存在的价值。马克思认为等级制所要求的不是人类的权利，而是动物的权利。"动物实际生活中表现出来的唯一的平等，是特定种的动物和同种的其他动物之间的平等；这是特定的种本身的平等，但不是类的平等。动物的类本身只在不同种动物的敌对关系中表现出来，这些不同种的动物在相互的斗争中显露出各自特殊的不同特性。"① 在马克思看来，等级制就是搞差别和分离，尼采的贵族等级制是人类动物学在社会领域的现实化，它只能使人类社会停留于人类史上的动物时期。"等级不仅建立在社会内部的分离这一主导规律上，而且还使人同自己的普遍本质分离，把人变成直接与其规定性相一致的动物。"② 马克思反对等级制，是因为他认为民主制才是理想制度。马克思认为国家的权力应向全体公民开放，而不能任由少数强者垄断。"民主制是一切形式的国家制度的已经解开的谜。在这里，国家制度不仅自在地，不仅就其本质来说，而且就其存在、就其现实性来说，也在不断地被引回到自己的现实的基础、现实的人、现实的人民，并被设定为人民自己的作品。"③ 在马克思看来，民主制度使人人都有权参与政治，在民主制中，人民能够进行自我规定，而不是由他人来对自身进行规定，民主制能够保证平等，消灭各种人身依附与外在强制。马克思反对等级制是为了追求公民的平等政治权利和追求涉及物质生活内容的平等社会权利。

---

① 《马克思恩格斯全集》（第 1 卷），人民出版社 1995 年版，249 页。
② 《马克思恩格斯全集》（第 3 卷），人民出版社 2002 年版，第 102 页。
③ 《马克思恩格斯全集》（第 3 卷），人民出版社 2002 年版，第 39—40 页。

第五章

旨向：肯定生命的哲学彰显

人们向上帝祈求，却偏偏忽略自己所具有的独特能力。马克思和尼采哲学蔑视一切偶像，要粉碎一切神圣之物。二者的哲学致力于否定传统，主张以行动去确定自我独特的人生，强调对生命的深层内省。他们的哲学是行动哲学，一种用生命去进行深层体验的哲学，因而张扬着生命热力，在对苦难的抗争中，在面对残酷的人生中，把生存意义指向了永恒。二者的哲学以一种燃烧的生命向人们述说着对人类命运的深层关切，以浓烈而炽热的情感使人感到激励和振奋。他们一生饱受贫困，仍然不失忧患中的热忱，其精神饱含殉道感。他们的哲学是从心灵深处喷发出来的，饱含着生命奔腾不息的热情，能够使人深入体验到在其高远深奥的境界中蕴含着一个为人类承受苦难的灵魂。

第一节　人的本然生命的深情呼唤

马克思和尼采颠覆形而上学所构建的超验世界，是为了论证人在唯一现实世界中的意义。"当真实的世界遭到摒弃，表面的世界亦不复存在，而遗留给人的使命，则是在残留的世界里发现如何生存。"① 现实世界充满种种对人感性生命的限制，为了高扬人的感性生命，需要消除这些限制。在马克思看来，人类的理想类型只能是无产阶级，因为他们是大工业自身的产物，并且代表了人类未来生产力发展的方向。尼采则认为理想的人类只能是超人，超人是那种能够自我命令、赋予事物价值的人，他们有着强大的权力意志，有进行创造的决心，在超人的带领下，人类才能走向高贵，告别平庸。二者认为人的现实行为创造历史，在历史进程中，人是一种主动的力量，他们的哲学都致力于一个能使人类走向完善的种类。刘森林教授这样评价道：马克思看重的是大多数人，特别是中下层的普通人；尼采看重的是少数精英，或者富有创造性的超人。其实，对马克思来说，无产阶级也是承担重担、具有创建未来能力的强者。马克思只是着重于让无产阶级为更多人担责，至于能力、素质和态度，与超人存在很多类似；尼采不把为更多人担责看得很重，不是因为他不重视这一点，而是他认为为更多人担责是超人的自然品质，是自然不过的事，是不言而喻的。由此看来，只是二者的着重点不同而已。他们各自都有自己的理由来支持

① ［美］朗佩特著，娄林译：《尼采的教诲：〈扎拉图斯特拉如是说〉解释一种》，华东师范大学出版社 2013 年版，第 34 页。

自己的见解，但各自也都有理由坐下来听听对方的看法。两个人可以相互批评，更可以相互补充。^① 马克思和尼采认为，无产阶级和超人的本质规定是他们都得承担起对他人的责任，责任的担当与他们具有的强大能力是分不开的，区别只在于无产阶级的人数众多，而超人的数量稀少而已。

一、人是"一切真理的总和"

只有把现实的人作为主词，才能改变观念统治的历史，马克思说："在认识到人是本质、是人的全部活动和全部状况的基础之后，唯有'批判'还能够发明出新的范畴来，并像它正在做的那样，重新把人本身变成一个范畴，变成一整套范畴的原则。"^② 认识只有关注人的现实感性生活，才能成为真理。获得真理的过程不是范畴演化的历史，每个人都在追求真理，都处于历史的具体情景之下，历史是人类共同创造的结果，跟每个人息息相关，历史不是观念的产物，而是人类现实实践活动的结果。"正是人，现实的、活生生的人在创造这一切，拥有这一切并且进行战斗。并不是'历史'把人当做手段来达到自己——仿佛历史是一个独具魅力的人——的目的。历史不过是追求着自己目的的人的活动而已。"^③ 从人是历史创造的主体这个前提出发，马克思进一步对黑格尔的《精神现象学》和青年黑格尔派的思想进行了批判。他认为黑格尔和青年黑格尔派一样，把自我意识看成是主词，而把现实的人当作谓词去述谓主词，马克思要把他们颠倒的主谓关系给重新摆正。他说："黑格尔在《现象学》中用自我意识来代替人，因此，最纷繁复杂的人的现实在这里只表现为自我意识的一种特定形式，只表现为自我意识的一种规定性。但自我意识的单纯规定性

---

① 参见刘森林：《历史唯物主义：现代性的多层反思》，中山大学出版社 2016 年版，第 290 页。

② 《马克思恩格斯文集》（第 1 卷），人民出版社 2009 年版，第 295 页。

③ 《马克思恩格斯文集》（第 1 卷），人民出版社 2009 年版，第 295 页。

是'纯粹的范畴',是单纯的'思想',因此,我能够在'纯粹'思维中扬弃并且通过纯粹思维克服这种'思想'。"①此外,"《现象学》最后完全合乎逻辑地用'绝对知识'来代替全部人的现实,——它之所以用知识来代替,是因为知识是自我意识的唯一存在方式,因为自我意识被看做人的唯一存在方式;它之所以用绝对知识来代替,是因为自我意识只知道它自己,并且不再受任何对象世界的约束。黑格尔把人变成自我意识的人,而不是把自我意识变成人的自我意识,变成现实的、因而是生活在现实的对象世界中并受这一世界制约的人的自我意识。黑格尔把世界头足倒置,因此,他也就能够在头脑中消灭一切界限;可是即便如此,对于坏的感性来说,对于现实的人来说,这些界限当然还是继续存在。此外,一切显示普遍自我意识的有限性的东西——人及人类世界的一切感性、现实性、个性,在黑格尔看来都必然是界限。整部《现象学》就是要证明自我意识是唯一的、无所不包的实在。"②马克思对黑格尔的批判意图非常明确,那就是要摆脱抽象的统治,把具有感性、现实性、个性的人作为历史的核心,认为只有这些真实处在具体历史环境中并从事着具体实践活动的人才是历史真正的主体。当黑格尔用"绝对知识"代替全部人的现实的结果就是,"历史也和真理一样变成了特殊的人物,即形而上学的主体,而现实的人类个体倒仅仅是这一形而上学的主体的体现者"③。马克思要颠覆黑格尔所构建的唯心史观,以科学的历史观代替之。

　　考察人类历史发展的前提是要关注人的现实存在,从人的现实处境去考察历史才能破解历史之谜。"这种考察方法不是没有前提的。它从现实的前提出发,它一刻也不离开这种前提。它的前提是人,但不是处在某种虚幻的离群索居和固定不变状态中的人,而是处在现实的、可以通过经验

①《马克思恩格斯文集》(第1卷),人民出版社2009年版,第357页。
②《马克思恩格斯文集》(第1卷),人民出版社2009年版,第357–358页。
③《马克思恩格斯文集》(第1卷),人民出版社2009年版,第284页。

观察到的、在一定条件下进行的发展过程中的人。"① 个人在可以经验观察到的现实是怎样的？人们在资本主义社会中普遍处于被压迫和剥削的地位，生活不能得到改善，能力不能得到发挥，这种社会现存状况是对人性的普遍压制，为了打破不平等的现实，必须使现存生活革命化。"历史向世界历史的转变，不是'自我意识'、世界精神或者某个形而上学幽灵的某种纯粹的抽象行动，而是完全物质的、可以通过经验证明的行动，每一个过着实际生活的，需要吃、喝、穿的个人都可以证明这种行动。"② 历史唯物主义不是范畴自我发展的历史，而是以物质实践切实改变世界的历史，这和以往的唯心主义历史观是截然不同的。唯心史观只关注英雄人物和历史人物的作用或者是英雄人物背后的"理性的狡计"，把现实的个人当成是历史的惰性因素，否定了现实个人对历史的决定作用。唯物史观要清除历史中隐藏的神秘因素，把历史看成是人类共同作用的结果，一切脱离开人的作用的历史观点都应当废除，只有把人的目光聚焦到感性现实的过程中来，才能真正去实现属于人的尘世的幸福。"迄今为止的一切历史观不是完全忽视了历史的这一现实基础，就是把它仅仅看成与历史进程没有任何联系的附带因素。因此，历史总是遵照在它之外的某种尺度来编写的；现实的生活生产被看成是某种非历史的东西，而历史的东西则被看成是某种脱离日常生活的东西，某种处于世界之外和超乎世界之上的东西。这样，就把人对自然界的关系从历史中排除出去了，因而造成了自然界和历史之间的对立。"③ 马克思表明，历史内在于人的现实活动中，与人的现实生活密切相关，历史不是外在于人的生活，而是就在人的生活中。

对语言形而上学的批判是要把范畴和自我意识从主词的位置上拉下来，重新成为谓词。马克思把现实的个人放置在主词的位置，让范畴和自

① 《马克思恩格斯文集》（第1卷），人民出版社2009年版，第525页。
② 《马克思恩格斯文集》（第1卷），人民出版社2009年版，第541页。
③ 《马克思恩格斯文集》（第1卷），人民出版社2009年版，第545页。

我意识去述谓现实的个人，这样就消除了形而上学语言结构中的神秘面纱，也为其创立历史唯物主义开辟了道路。把人本身作为主词，将会遇到和亚里士多德的个别实体类似的难题。亚里士多德的个别实体具有最确定的实存性，由于个别实体难以被定义，对之形成不了确切的知识，因而后来他以形式实体代替了个别实体。马克思要把个别的、感性的人作为主词，同样面临着个别的人的难以被界定的困境，他后来把阶级放置在主词的位置上，以代替个别的人。阶级不是个别，它具有形式规定性，能够被定义，却缺乏实存性，如同亚里士多德的形式实体一般。马克思对如何化解具有形式规定性的阶级和具有实存性的个人之间的张力，构成了其思想的重要内容。他无论是以现实的个人还是以阶级放置在主词的位置上，都是为了摆脱自我意识的抽象统治。历史唯物主义是马克思对形而上学的语言批判的逻辑结果，只有明白他在对"主谓颠倒"批判上所做的贡献，才能真正明白唯物主义的深层蕴意。哲学上的语言转向是现代西方哲学的根本特征，马克思的语言哲学思想与现代语言哲学存在一定的共通之处，从语言转向的层面而言，把其称作为现代哲学的开创者是名副其实的。

二、"我爱人类"

有学者对尼采哲学的使命这样评价道："哲学或哲学思维，必须设想它的主要作用是创造新的价值。改变老的价值，或者说以新的价值替代老的价值，是迫在眉睫的主要任务。"① 尼采要以权力意志来确立新的价值去代替古老的价值，他的全部哲学是从权力意志的基础上生发出来的。权力意志思想是在叔本华的直接影响下形成的。尼采不满意叔本华的生存意

---

① ［美］皮里著，王爱松译：《尼采在二十一世纪的影响》，黑龙江教育出版社 2015 年版，第 117 页。

志，在他看来，任何具有生命力的东西在事实上已经存在，所以意志不再是生存意志，它在任何方面都需要变大变强，权力意志是生存意志的改良升级版，是不断进行克服、不断增进生命力感和自然本能的意志。权力意志能全面否弃叔本华的悲观主义，把哲学改造成一种肯定生命的哲学。叔本华用生存意志去看待世界本身无可指责，他确实看到了生命整体的真实画面，生命充满无尽的痛苦和苦难，但生存状态的挫折和不幸处处被尼采利用，转变为强者产生的必要条件。

尼采把权力意志作为其哲学的基点，权力意志是一切事物的根本特征。如此一来，人和动物之间的差别就消失了，动物也具有生命和自然本能，也在不断地通过牺牲对手而得到成长，任何动物都具有权力意志的种种特征。人在任何意义上都是动物，并且是比动物更像动物。人类历史上发明出的种种折磨人们肉体和心灵的酷刑，无一不证明人比动物更加残暴和冷漠。尼采哲学的出发点和以往的理性哲学传统是截然对立的。理性主义哲学认为，人是万物之灵，本身就具有理性这种接近神性的特质，所以人和动物生来就存在区别，亚里士多德的"人是理性的动物"命题充分表明了人和动物的区别。动物之所以是动物，是因为它们缺少理性思维，不能改变自身的生物特性，这样就把人和动物给区分开来，把人类看成是天然就高于动物的种类，也赋予人以特殊的地位。尼采反对理性主义哲学，反对把理性作为把人和动物区分开来的标记。当然，尼采不可能把人和动物等同起来，人是"未确定的动物"，这是人和动物的不同。人的能力是开放的，没有自然限制，动物的能力是被自然先行规定好的，这是人和动物的根本区别。人在权力意志的支配下能不断地超越自身，具有不断否定自我的能力，而动物没有超越感，所以始终局限于动物的类型中。尼采的"成为你所是"命题充分体现了人和动物的区别。人不是被天然规定的生物，人的能力没有被定型，是一种开放性的存在，摆在人类面前具有众多的可能性，而不像动物一样只有一种可能性。动物的能力是天然被限定的，不具备超出自身的能力。

尼采哲学对生命的肯定集中体现在《查拉图斯特拉如是说》序言中，查拉图斯特拉可谓是尼采哲学的代言人。尼采说："查拉图斯特拉一度严格地规定自己的使命——那也就是我的使命——，人们可不能弄错了意思：查拉图斯特拉就是肯定，乃至于辩护，乃至于对一切过去之物的救赎。"①尼采清楚地表明了其哲学的使命，那就是对生命的肯定。尼采对迄今为止的价值都进行了重估，表面看来，他是一个决绝的价值否定者；实质上，他是价值的深切肯定者。尼采说："查拉图斯特拉类型身上的心理学问题乃是：在一种空前程度上说'不'和进行否定的人，如何仍然可能成为一种说'不'的精神的对立面；肩负命运之重荷、使命之厄运的精神，如何仍然可能成为最轻盈和最超然的精神。"②尼采把他的哲学看成是对一切事物的永恒肯定，是一种"巨大的无限的肯定和阿门"。当然，在尼采看来，要把握住其深邃思想中含有的肯定精神，只有那些具有最冷峻、最可怕洞识的人，才能思考他那"最幽深的思想"。这本著作的序言把尼采哲学想要达到的目的高度地提炼出来了。

在《查拉图斯特拉如是说》序言中，查拉图斯特拉在深山中孤独地思索了十年，并且享受着自己的精神和孤独。"扎拉图斯特拉厕身孤独，并非为了救赎自己的灵魂，而是为了思考如何救赎人类。他认为自己必须解决大地的意义问题，因为上帝之死而使这一问题尖锐不已，现在，他必须返回人类，因为人类即使可以没有上帝，却不可以没有未来。"③在这十年的孤独思考中，查拉图斯特拉的智慧一直在增长，出于对人类未来的考

① ［德］尼采著，孙周兴等译：《尼采著作全集》（第6卷），商务印书馆 2015 年版，第 446 页。

② ［德］尼采著，孙周兴等译：《尼采著作全集》（第6卷），商务印书馆 2015 年版，第 442 页。

③ ［美］朗佩特著，娄林译：《尼采的教诲：〈扎拉图斯特拉如是说〉解释一种》，华东师范大学出版社 2013 年版，第 28 页。

虑，他想把他所获得的智慧和世人分享。"我就像采集了太多蜂蜜的蜜蜂，厌烦了自己的智慧，我需要伸展的双手。"① 他要进行馈赠和分发，正像太阳一样，下山去把超人的礼物赠送给世人。"为此我必须下降到深渊：就像你在傍晚时分沉入海面，还给阴界带去光明，你这无比丰盈的星球呀！"② 在下山过程中，查拉图斯特拉遇见了一位老圣者，和圣者的交流可以清楚地看出他下山所承担的使命。查拉图斯特拉说："我爱人类啊。"③ 对于查拉图斯特拉对人类的爱，有学者这样分析道："查拉图斯特拉的'爱'实际上是一种想要流溢、想去滋生、想去改变的需要。它是一种自然力量的表达，在那种意义上也就是强力意志。"④ 查拉图斯特拉的爱是权力意志的表达，这种表达的最好形式就是超人。正是出于对人类的爱，他要把超人作为一件意义重大的礼物赠予人类。"关于爱我讲什么啊！我要带给人类的是一件礼物！"⑤ 正如朗佩特对查拉图斯特拉赠予礼物所诠释的那样，他说："扎拉图斯特拉下山，他相信他得到这个决定性的时刻，带着他决定性的选择；人类已经丧失对上帝的信仰，为了给他们提供一个超级的礼物，他于是返回人类，备就的礼物是大地的崭新意义，即超人。"⑥ 出于对人类深切的爱，查拉图斯特拉会像普罗米修斯一样，将遭受纵火犯的惩罚。老圣者预见到了他下山将面临的一切，因为人类是太不完美的东西，对于查拉图斯特拉所赠予的礼物，表达的不是感激，而是憎恨与仇视。查拉图斯特拉要和人类分享清醒的智慧，把超人设定为人类的理想，这种智慧和理

① ［德］尼采著，孙周兴译：《尼采著作全集》（第4卷），商务印书馆2010年版，第5页。

② ［德］尼采著，孙周兴译：《尼采著作全集》（第4卷），商务印书馆2010年版，第6页。

③ ［德］尼采著，孙周兴译：《尼采著作全集》（第4卷），商务印书馆2010年版，第7页。

④ ［美］罗森著，吴松江、陈卫斌译：《启蒙的面具》，辽宁教育出版社2003年版，第34-35页。

⑤ ［德］尼采著，孙周兴译：《尼采著作全集》（第4卷），商务印书馆2010年版，第8页。

⑥ ［美］朗佩特著，娄林译：《尼采的教诲：〈扎拉图斯特拉如是说〉解释一种》，华东师范大学出版社2013年版，第27页。

想对于人类而言是一种羞辱和嘲讽，查拉图斯特拉如此之举无疑是要把人从睡梦中警醒，人们的愤恨情绪自然高涨。查拉图斯特拉清楚地知道人类的不完美，正是这种不完美促使他要给人设定理想，把超人作为其追求的目标，从而走向高贵，告别平庸。

在市场上，他热切地发表了三场演讲。在第一场演讲中，查拉图斯特拉对民众说："我来把超人教给你们。人类是某种应当被克服的东西。"① 上帝死了，超尘世的希望不在了，超人成了大地的意义。人类不可能退回到野兽的状态中去，因为在通向野兽之途中树立着明确的标识，"此路不通"。"查拉图斯特拉一开始就直截了当、一语中的地强调说：'我教你们什么是超人。人类是应当被超越的。'超人用的是复数形式（Übermenschen），这表明查拉图斯特拉不是预言某个单一的超人的来临，而是一种新型的人类。而且他实际上不是在预言，而是在召唤；人类是应当（soll）被超越的。"② 人们应该奋勇前行，向着超人的目标前行。现在的人太过平庸，和超人相比，那就是"一个笑柄或者一种痛苦的羞耻"③。要向着超人的目标前行，"超人乃是大地的意义。让你们的意志说：超人是大地的意义！"④ 要为超人的到来创造条件，首先要敬重大地和身体，对于那些鄙视尘世和大地的人，在查拉图斯特拉看来都是生命的轻蔑者、垂死者，也是中毒者，他们只会谈论超尘世的希望，而不注重他们身处的现实世界。超尘世的希望是灵魂关注的事情，现在尼采要降低灵魂的高度，灵魂本身就是依附和服从于身体的。"从前，灵魂轻蔑地看着肉体：而且在当时，这种轻蔑就是至高的事情了——灵魂想要肉体变得瘦弱、恶劣、饥

① ［德］尼采著，孙周兴译：《尼采著作全集》（第4卷），商务印书馆2010年版，第9页。

② ［美］罗森著，吴松江、陈卫斌译：《启蒙的面具》，辽宁教育出版社2003年版，第42-43页。

③ ［德］尼采著，孙周兴译：《尼采著作全集》（第4卷），商务印书馆2010年版，第10页。

④ ［德］尼采著，孙周兴译：《尼采著作全集》（第4卷），商务印书馆2010年版，第10页。

饿。灵魂就这样想着逃避肉体和大地。"①尼采把灵魂对身体的这种残暴要求看成是"灵魂的淫欲"，认为摒弃肉体的灵魂只能是"贫困和肮脏，一种可怜的惬意"。形而上学和基督教颠覆了身体和灵魂的关系。"如果如同在古代形而上学和基督教中所发生的那样，灵魂基于肉体感官的渴望和物质的需求而将肉体视为贫乏和不洁，并且能够在满足这些需求以及仅仅享受一点可怜的自满时来看待肉体的话，如果灵魂幻想能够无限地超越于肉体之外，那么它就大错特错了，因为它是从肉体中退出来的并且将物质中精神性的错误抱怨成物质的缺陷。肉体是贫乏的，其含意是：肉体缺乏精神。它是不洁的，因为它没有照亮精神的纯洁；它对乐趣的感觉是可怜的、空洞的满足。"②正是由于对身体的轻蔑，从而有了一切压制身体的道德价值，比如幸福、理性、德性、公正、同情。要突破形而上学及基督教确定的价值，只有超人才能达成这样的目标，超人作为预兆和规划具有独特意义。朗佩特很好地洞见了超人的意义，他说："大地若不以未来的超人作为自己的意义，则无任何意义可言；目前，大地还只是潜在的意义。往昔赋予大地的意义，均已成为对抗大地的罪业。"③还有，"在第一卷，扎拉图斯特拉无意创造一帮超人，甚至没有希望从他的听众中产生一个超人；毋宁说，他的目标是开启一个历史规划，其顶点则是超人。"④正是为了开启一种历史规划，查拉图斯特拉要求人应该为超人的到来准备条件。

---

① ［德］尼采著，孙周兴译：《尼采著作全集》（第 4 卷），商务印书馆 2010 年版，第 11 页。

② ［德］彼珀著，李洁译：《动物与超人之间的绳索：〈查拉图斯特拉如是说〉第一卷义疏》，华夏出版社 2006 年版，第 58—59 页。

③ ［美］朗佩特著，娄林译：《尼采的教诲：〈扎拉图斯特拉如是说〉解释一种》，华东师范大学出版社 2013 年版，第 30 页。

④ ［美］朗佩特著，娄林译：《尼采的教诲：〈扎拉图斯特拉如是说〉解释一种》，华东师范大学出版社 2013 年版，第 32 页。

在第二场演讲中，尼采认为人处于超人和动物之间，我们不可能再退化为动物，我们必须向超人的方向迈进。"人身上伟大的东西正在于他是一座桥梁而不是一个目的：人身上可爱的东西正在于他是一种过渡和一种没落。"① 人活着的意义在于繁殖一个更优秀的种族，种族的不断优化必将导致超人的诞生。"你要创造出一个更高等的身体，一种原初的运动，一个自转的轮子，——你要创造出一个创造者。"② 为了促使超人的诞生，人类就得做出牺牲，自愿成为过渡者。只有在人愿意成为通向超人的桥梁，意愿作为一种过渡和没落，通过为超人做出的种种牺牲和准备种种条件之后，超人才有可能来到世间。"我是一个闪电预告者，来自乌云的一颗沉重雨点：而这闪电就叫超人。"③ 人类只有使自我走向过渡和没落，才能为超人的到来创造条件。

在第三场演讲中，查拉图斯特拉说："是人类为自己确定目标的时候了。是人类栽培他最高希望的萌芽的时候了。"④ 他警告民众，如果缺少对于超人的渴望，如果只在惬意中沉沦，那么就会有变成末人的危险。人要为超人的到来准备条件，必须拒斥平庸，告别虚幻的幸福和平等。在查拉图斯特拉看来，平等是毒害超人到来的一剂毒药，"人人都要平等，人人都是平等的：谁若有别样感受，就得自愿进入疯人院"⑤。他表明了作为末人的种种危害，认为末人的存在妨碍了超人的产生，人们要提防成为末人。查拉图斯特拉的演讲没能达到预期的效果，遭到人们的嘲讽，人们意愿成为末人，而不是要成为尼采所谓的超人。在三场演讲之后，走绳演员开始了表演，但被一个后来居上的小丑超越了，他方寸大乱，从绳索上掉

---

① ［德］尼采著，孙周兴译：《尼采著作全集》（第4卷），商务印书馆2010年版，第13页。
② ［德］尼采著，孙周兴译：《尼采著作全集》（第4卷），商务印书馆2010年版，第107页。
③ ［德］尼采著，孙周兴译：《尼采著作全集》（第4卷），商务印书馆2010年版，第16页。
④ ［德］尼采著，孙周兴译：《尼采著作全集》（第4卷），商务印书馆2010年版，第17页。
⑤ ［德］尼采著，孙周兴译：《尼采著作全集》（第4卷），商务印书馆2010年版，第19页。

下来，摔在地上，奄奄一息了，查拉图斯特拉对他进行了安慰，劝他不要害怕什么魔鬼和地狱，它们都不存在，看他以危险为职业，勇气可嘉，所以答应在他死后会将他埋葬。"他以危险为志业，这样，他就让自己高乎人群，而且使自己成为一种理想的楷模，与人群毫无冒险的舒适理想恰恰相反。"① 就这样，查拉图斯特拉待在走绳演员的尸体旁思索良久，感到生死无常。"人生此在阴森可怕，而且还总是无意义的"②，任何一个小小的意外就可能使人招致厄运。正是因为如此，人类更是应该为超人的到来准备条件，只有超人才是人类存在的意义，在超人的感召下，人类才能摆脱无意义的境地。

在一片深林中，查拉图斯特拉把尸体安置好，由于太疲惫了，他在树下睡着了，睡醒之后，查拉图斯特拉得到一个真理，认为应该寻求志同道合的同伴一起开创伟大的事业。在整个演讲过程中，查拉图斯特拉遭到那些善人和正直者的忌恨，因为他是创造者，他要"打碎他们的价值招牌"，"把新价值记在新招牌上"。③ 作为一个旧价值的破坏者，他被视为罪犯，也招致了仇恨。查拉图斯特拉决定要教育和培养志同道合者，同他们一起去实现超人到来的伟大使命。"我要与创造者、收获者、庆祝者为伍：我要向他们指出彩虹，以及超人的全部阶梯。"④ 序言的整个基调是激情高扬的。查拉图斯特拉基于对人类深切的爱，为了避免上帝之死导致的人生无意义，他以超人来为人类确立未来。他知道人类不完美，并且也预想到他的教诲会招致憎恨，依然无怨无悔。正如普罗米修斯一般，为人类带来了智慧之火而遭受纵火犯之苦，他也将招致误解和憎恨。如果不是出于对人

---

① ［美］朗佩特著，娄林译：《尼采的教诲：〈扎拉图斯特拉如是说〉解释一种》，华东师范大学出版社 2013 年版，第 44 页。
② ［德］尼采著，孙周兴译：《尼采著作全集》（第 4 卷），商务印书馆 2010 年版，第 22 页。
③ ［德］尼采著，孙周兴译：《尼采著作全集》（第 4 卷），商务印书馆 2010 年版，第 26 页。
④ ［德］尼采著，孙周兴译：《尼采著作全集》（第 4 卷），商务印书馆 2010 年版，第 27 页。

类的爱，对人类未来的担心，查拉图斯特拉依然可以平静地在山巅享受其精神和孤独并乐此不疲。正所谓"我不入地狱，谁入地狱"，以大慈大悲的济世情怀和殉道者般的热情才能解释查拉图斯特拉的下山之举。

第二节　生命肯定的实现方式

马克思和尼采都肯定人的感性生命，二者对于如何提升人的感性生命却存在不同的理解。马克思认为，肯定生命的关键在于时间，没有充裕的时间，人的内在精神生命就不能成长，充裕的自由时间的保证才能为人的全面发展提供前提，时间意味着财富，消除私有制就是要把被剥夺的时间交还给劳动者，使他们能发挥固有的生命力量。"尼采认为西方文明在 2000 多年中一直处在自欺之中。他认为，西方文化坚持对世界作否定性的解释，这种解释否定世界的真实性，它主张世界是一种幻影、一个幻象或一个噩梦。"① 在尼采看来，形而上学导致人的文化生命的萎缩，形而上学许诺了一个没有痛苦、祥和幸福的超感性世界，这个世界使人忍受了现实世界的种种折磨，肯定生命需要跨越种种痛苦的障碍，把痛苦看成是生命的兴奋剂，在对痛苦的超越中培养自我坚硬的品性，对痛苦的克服是张扬人的感性生命的最好方式。

一、时间：人的发展的空间

随着垄断的增强，贫困、压迫、奴役、退化和剥削的程度在日益增加，遭受痛苦的人数不断扩大，为资本主义生产过程本身的结构所训练、联合和组织的工人阶级的愤懑日益增长。异化劳动导致人的片面发展，致

---

① ［美］斯坦哈特著，朱晖译：《尼采》，中华书局 2014 年版，第 12 页。

使人内在丰富性的丧失，要使人真正成为人，使人失去的本质重新归属于人，就必须从异化劳动的束缚中解放出来。劳动是一种在时间中进行的实践活动，异化劳动的本质是生产者的时间被剥夺，要使人从异化状态中摆脱出来，就必须给予劳动者充裕的自由时间去发展自身，异化劳动和时间是内在紧密结合在一起的。生产者在剩余劳动时间生产的剩余产品是归资本家无偿占有的，对剩余产品的占有就是对生产者劳动时间的占有。马克思说："剩余产品把时间游离出来，给不劳动阶级提供了发展其他能力的自由支配的时间。因此，在一方产生剩余劳动时间，同时在另一方产生自由时间。整个人类的发展，就其超出对人的自然存在所直接需要的发展来说，无非是对这种自由时间的运用，并且整个人类发展的前提就是把这种自由时间作为必要的基础。"① 资本家正是因为对生产者时间的占有，他们能够自由发展自身的能力，而生产者由于时间被侵占，自身能力的发展受到了抑制，生产者不能对自由时间进行支配，只能处于被奴役的境地。为了打破这种不平等的状况，需要使人从时间被剥夺的状况中解脱出来，只有废除私有制，才能结束这种自由时间被侵占的局面，才能真正实现公平。

马克思就时间与人的关系这样说道："人的感性就是形体化的时间，就是感性世界的存在着的自身反映"，"因为自身反映的感性知觉就是时间本身，所以不可能超出时间的界限"。② 马克思正确地指出了时间的内涵，他说："时间实际上是人的积极存在，它不仅是人的生命的尺度，而且是人的发展的空间。"③ 时间是衡量人的感性生命的尺度，人的生命就是人的时间性存在，时间的剥夺就是感性生命遭受剥夺，只有重拾被剥夺的时间，才能把内在于人自身的能力重归于人，才能保证人的全面发展，而

---

① 《马克思恩格斯全集》（第 32 卷），人民出版社 1998 年版，第 215 页。
② 《马克思恩格斯全集》（第 1 卷），人民出版社 1995 年版，第 53 页。
③ 《马克思恩格斯全集》（第 47 卷），人民出版社 1979 年版，第 532 页。

不是单向度发展的人。从节省时间就是增加自由的角度出发，马克思对资本主义是有一定肯定的，毕竟资本主义生产方式提高了生产效益，创造出了强大的生产力，为人的自由和解放提供了物质前提。虽然资本主义存在着种种害处，但促进了社会进步这一点是毋庸置疑的。"真正的财富在于用尽量少的价值创造出尽量多的使用价值，换句话说，就是在尽量少的劳动时间里创造出尽量丰富的物质财富。"① 正是由于物质财富的增长，人类社会才有可能从一种被外在必然性所支配的必然王国挺进到自由王国，这种转变的关键是生产力的提高。只有在较短的时间内生产出更多的产品，工作日才能缩短，人的自由时间才能增长，才能为自由发展提供时间保证。马克思说："自由王国只是在由必需和外在目的规定要做的劳动终止的地方才开始；因而按照事物的本性来说，它存在于真正物质生产领域的彼岸……在这个必然王国的彼岸，作为目的本身的人类能力的发展，真正的自由王国，就开始了。但是，这个自由王国只有建立在必然王国的基础上，才能繁荣起来。工作日的缩短是根本条件。"② 自由时间是不受外在限制、能自由支配的时间，它和劳动时间相对立，自由时间是用于娱乐和休息从而为劳动者的自由活动和发展开辟广阔天地的余暇时间，是为全体社会成员本身发展所需要的时间。具体而言，自由时间是"个人受教育的时间，发展智力的时间，履行社会职能的时间，进行社交活动的时间，自由运用体力和智力的时间，以至于星期天的休息时间"③。自由时间的获得，使人类摆脱那种强迫性的生存，有了建构内在丰富精神世界的可能。只有拥有越来越多的自由时间，才能增加人类活动自由程度，创造更好的发展条件。"为了恢复工人阶级的体力和健康，为了使工人阶级能够在智力上得到发展，能够过社会生活并从事社会政治活动，限制工作时间是必要

---

① 《马克思恩格斯全集》（第 26 卷下），人民出版社 1974 年版，第 281 页。
② 《马克思恩格斯全集》（第 25 卷），人民出版社 1974 年版，第 926–927 页。
③ 《马克思恩格斯文集》（第 5 卷），人民出版社 2009 年版，第 306 页。

的。"① 正因为如此，马克思认为财富等同于可以自由支配的时间，财富是时间的象征，拥有的财富越多，可支配的自由时间就越多，人才能像人般地存在，而不是动物性的存在。

劳动时间和自由时间是一种反比例关系，人的时间是由劳动时间和自由时间两部分构成的，一方的缩短就意味着另一方的延长。因此，"节约劳动时间等于增加自由时间，即增加使个人得到充分发展的时间，而个人的充分发展又作为最大的生产力反作用于劳动生产力"②。时代的进步可以从自由时间的增多中得到衡量，社会的发展就是一个劳动时间受到不断挤压、自由时间不断得以延长的过程。正是由于自由时间的增多，人们才可能有更多的时间去接受教育，发展各种文化事业，促进人的全面发展。丰富的内在生命是人深层的精神需要，是人存在于现实世界的意义所在。感性生命的丰富才能告别动物式的生活，享受到作为人独有的愉悦。自由时间的增加，个人才有充分发展自己、展示自身的价值；反之，如果个人的全部时间都成为劳动时间，个人就无法全面地发展自己、展示自己。自由时间就是衡量人类发展的尺度。基于自由时间的考虑，马克思认为，共产主义能够提供给人更多的自由时间，也能更好地发展人的感性生命，最大程度地发展文化。在共产主义社会里，"个性得到自由发展，因此，并不是为了获得剩余劳动而缩减必要劳动时间，而是直接把社会必要劳动缩减到最低限度，那时，与此相适应，由于给所有的人腾出了时间和创造了手段，个人会在艺术、科学等等方面得到发展"③。时间为人类的自由发展提供了可能，它成为衡量人生命的尺度，并且时间的自由支配可以为人的发展提供更大的空间。共产主义之所以优越于资本主义，原因在于共产主义社会能够为人提供更多的自由时间，而不像资本主义社会一样，以牺牲大

---

① ［德］梅林著，樊集译：《马克思传》，人民出版社 1973 年版，第 461 页。
② 《马克思恩格斯全集》（第 46 卷下），人民出版社 1980 年版，第 225 页。
③ 《马克思恩格斯全集》（第 46 卷下），人民出版社 1980 年版，第 218-219 页。

多数人的自由时间为代价。在资本主义社会中，只有少数人能得到自由的发展，而在共产主义社会中，由于不存在自由时间被侵占的状况，每个人都能够自由支配自己的时间，自由发展自身的潜能，这就是共产主义和资本主义的根本区别。

二、苦难的意义

一直以来，形而上学和基督教的价值都崇尚退让和顺从，并把这种懦弱价值奉为最高价值，这种价值对于尼采所崇尚的新价值无疑是一种压制，尼采需要打碎旧招牌上的旧价值，把崇尚坚硬的价值刻在新价值的招牌上。旧价值是对生命的否定和否认，尼采要树立一种肯定生命的价值，那就是不屈服于命运的苦难。尼采鄙视僵化固守的价值，认为这是缺乏权力意志的体现，他崇尚创造，通过创造才能成为生命的主宰、命运的主人，他认为创造者本身是坚硬的象征。"唯最高贵者才是完全坚硬的。这个新牌，啊，我的兄弟们，我把它悬置于你们之上：变得坚硬的吧！"[1]苦难对于坚硬的价值具有重要的塑造作用，尼采崇尚苦难的积极作用。在尼采看来，苦难是人生不可避免的组成部分，只要人活着，苦难就会如影随形，不可分离。既然苦难难以断绝，形而上学和基督教想要根除苦难的愿望只能是一种麻醉剂，因为它们都想要提供一种永恒的、幸福的、无苦难的超验世界，这种虚幻的愿望永远没有实现的可能。正是对于苦难的正视，尼采对基督教提倡的同情大加贬斥，认为同情只能导致退让和顺从，妨碍人们通过苦难变得坚强。"人们应该表示同情，但是避免怀有同情：因为不幸者如此愚钝，以至于在他们那里，同情的表示意味着是世界上最

---

① ［德］尼采著，孙周兴译：《尼采著作全集》（第4卷），商务印书馆2010年版，第346页。

大的善。"① 正如马尔库塞对尼采苦难态度所评价的那样:"对痛苦感到恐怖
是由一种'软弱本能'所致,是由于痛苦压倒了一切而成为最终的、决定
性的东西。如果人有足够'强大的权力',能使痛苦成为一种作出肯定的
刺激,成为快乐之链上的一环,那么苦难是可以肯定的。"② 形而上学和基
督教以没有苦难的世界来迎合庸众的懦弱心理诉求,这种做法在尼采看来
无疑是对人生命力的压制和剥夺。要培育出超人,必须破除把人类希望寄
托于天国的幻想,不能相信那些许诺超尘世希望的人,这些人的存在对人
是一种毒害,他们是生命的轻蔑者,是对生命投毒的人,尽管他们不这么
看待自身的害处,但事实上他们的所作所为带来了真正的危害,对这些人
要保持距离,不受他们的蛊惑。超人是在人类的肌体上成长出来的,他否
弃了人类一切人性、太人性的东西,是一种最强硬的存在。在外在表现看
来,人类和超人形似兄弟,但人类相对超人而言是太软弱的,不可能和超
人一起进行创造,所以人类必须让自身变强硬才有可能过渡到超人。人和
超人的对比就如同猿猴和人的对比,是一种痛苦的羞耻和一种笑柄。为了
拒绝羞耻和笑柄,人必须走一条类似从蠕虫到人类转化的道路,这条路虽
然危险,但这是人通达超人的唯一进路。这条进路是现实之路,而不是精
神之路。为了超出自身,必须抛弃人类一切太人性的东西,那就是人类迄
今为止当作最有价值而保留下来的东西,那就是人类以此为荣的幸福、理
性、德性、公正、同情。这些最有价值的东西只会给人类带来贫困和肮
脏,以及一种可怜的惬意,其致使人软弱。对以往一切人类最有价值的事
物进行重新评估,立足于大地和身体,变成闪电和成为孕育超人的乌云,
才能为超人的到来做好准备。通向超人的路就像悬于动物和超人之间的一
道绳索,布满危险和不幸,任何一种偶然都可能使人堕入无尽的深渊中,

---

① [德]尼采著,杨恒达译:《尼采全集》(第2卷),中国人民大学出版社2011年版,
第43页。

② [德]马尔库塞著,黄勇、薛民译:《爱欲与文明》,上海译文出版社2012年版,第109页。

但人必须经历这种危险的穿越。成功的穿越需要人的自觉牺牲，这种牺牲也衬托出人类的可爱和伟大。正是人类这种自觉意愿过渡和没落的精神，努力为超人的出现创造必要的现实条件，像决意射向超人的充满无尽渴求的箭矢，致力于未来，抛却侥幸心理，才有可能使超人诞生。通过这样的努力，人类才能确定目标，使人类最高的希望得以萌芽。由于大量缺乏生命力感的末人存在，在他们颓废影响之下，人类已经无力射出渴望超出自身的飞箭，忘了要实现超人的使命。地球表面的人类得了一种疾病，这种疾病就是由颓废导致的，末人利用幸福、德性、同情和惬意，要求平等导致人的普遍弱化，不想变得强硬，也无欲去创造，这就是末人的毒害。

尼采的哲学富有思想性，深植于其心灵深处。人们深陷黑暗和痛苦中，他要使人们看到光亮，要把沉睡的民众唤醒。意识到意志的力量，所有的黑暗和不幸将消失，如果决意要生活在阳光明媚的山之巅峰，那么无人能阻碍我们寻求幸福。尼采无时无刻不在思考如何让平常人变得伟大，并且想把智慧和众人分享。尼采把查拉图斯特拉作为他哲学的代言人，因为只有他不反对生命的快乐，勇于肯定生命，不放弃这个令人厌倦的世界。生命就是一切，可以为了生命牺牲一切，任何事物都致力于生命，生命应该面向其自身。虚构的意识形态、上帝、天堂投射在人类心灵中，它们是一种虚幻的并毒害生命和世界的观念。查拉图斯特拉是生命本身的符号，他看到那些宗教，甚至是伟大的宗教都在制造更多的罪责，不幸、战争，毒害人们的生命，把各种盲目作为存在的证明，从而使民众深陷黑暗之中，盲目的信仰使人们不知就里、晦明不清。

真正对人类抱以真诚之爱的人，是肯定生命之人。他竭力帮助每个人，给人以鼓励、指导，和人们分享其内在的宝藏，智慧不是对过往的收集，而是不断更新生命的体验。人类在经受不必要的苦难，在寻求虚幻的依靠，自我在创造各种自我樊笼。敬奉上帝就必须撤离对人类的爱，甚至要憎恨人类，憎恨生命，憎恨生命的快乐。对于痛苦作用的推崇，尼采猛烈批判上帝，因为上帝给人许诺一个没有痛苦的天国，上帝的设置使人软弱。上帝是无能者的创造物，不是那些强健且热爱生命的人的产物。尼采用哲学范畴把尘世神圣化，他要重估一切价值，他致力于未来。"那所有的人指的是，那些能够将查拉图斯特拉的演说理解为呼吁，要依靠自己的力量从事自己的生活，要依靠自己的力量把自己的个性特点变为现实的人。"① 依靠自己的力量，自立地实现自我。由于自我贬低，自愿承受幻想产物的压迫，这种精神注定是无能的、痛苦的，是一种自我蔑视。精神由于放弃了行动愿望而放弃了内在追求权力的愿望，从而选择了屈服于另一个世界的权力所统治。"权力意志最初完全意味着一个追求，一种朝向某物的运动：一切有生命之物所固有的维护生命和从事生活的一种倾向。"② 尼采要以权力意志去超越生命中的种种苦难，取消对虚幻对象的依赖，进行自我确认。

----

① ［德］彼珀著，李洁译：《动物与超人之间的绳索：〈查拉图斯特拉如是说〉第一卷义疏》，华夏出版社 2006 年版，第 10—11 页。

② ［德］彼珀著，李洁译：《动物与超人之间的绳索：〈查拉图斯特拉如是说〉第一卷义疏》，华夏出版社 2006 年版，第 17 页。

结语　马克思和尼采颠覆形而上学的命运之思

自从希腊人发明了逻辑，理性就成了与其他种类区别开来的特征，人成了逻辑的动物，从词源学的角度看，人不仅是逻辑的动物，还是语言的动物，因为逻辑一词起源于动词"legein"，意思是说、讲、谈话，人是能够进行连贯的合乎逻辑的谈话的动物。这样一种融合了逻辑、理性和语言的思维模式是希腊人思维模式的特点，本质来说是一种理性主义的思维模式。这种理性主义的思维模式是理性世界、神性世界和道德王国理论根基。

理性主义没有与人的自然生命发生关系，一切纯粹玩弄抽象理智概念的哲学是成问题的。抽象理智不足以把握经验的丰富性，人是一种历史的具体存在，理性不可能测出精神生活的内在深度。形而上学压制独特的、整体的人格本身，使人衰退成为没有具体存在的幽灵。人产生了一种虚弱感和被遗弃感，人的本质被消解了。人没有固定不变的本质或本性，是一种超越性的存在。就人而言，他的意义就在于"成为其所是"，个体的本质出自其存在，人并没有一个固定不变的本质，可以现成地赋于自身，人是在其置身的历史条件中创造出属于自己的本质的。理性主义要固化人的本质，使人成为单面人，祛除了人的丰富性和可能性。理性主义真正的根源应该推至柏拉图，柏拉图主义奠定了形而上学的根基。在柏拉图以后，西方哲学的基本论题、问题和许多哲学术语，大部分都来自柏拉图的思想。即使是亚里士多德这个柏拉图主义的坚定反对者，也不得不用柏拉图的术语去言说哲学。亚里士多德虽说反对柏拉图，但同时也受到柏拉图的深重影响，他继承了柏拉图的理性主义，认为理性是我们人格中最高的部分，提出了"人是理性的动物"这一命题。人从严格意义上说就是理性，理性是人的真正自我，是其身份的象征。亚里士多德有力地表明了理性主义就是人的理性自我和真正自我，亚里士多德的理性主义迄今一直支配着西方哲学家的基本观点。

早期希腊思想的所有学派，无论是自然哲学家还是逻辑学家，他们都从这样一个假定出发，即如果在认知主体与被认知的实在之间没有一种同一性的话，那么知识就是无法解释的。唯心论与实在论虽然在这个原则的运用上各不相同，但都一致承认这个原则的真理性。形而上学，不管是旧唯物主义所坚持的自然主义形而上学还是唯心主义的理性形而上学，都是关于超验性的存在之本性的理论，它力图从一种永恒不变的实体出发，即从一种"终极存在"或"初始本原"出发来理解和把握事物的本性以及人的本性和行为依据，这自然压制了个体的独特生命。唯心主义最为注重"主体"概念，主体概念是其哲学的根本范畴。唯心主义的主体是认识的主体，不是具体的人的主体，主体是心灵，是形成概念及体系的条件。唯心主义由于其作为心灵和认识的主体最终会违反自身的理论立场，成为一种客观唯心主义，唯心主义最终关心的是客体的本性，是存在物，而不是存在。唯物主义强调物的实在性，就人是对外在客观事物被动反映的生物而言，唯心主义与唯物主义在根子上是一致的，都以客体的本性消解了人的价值。作为一个具体的存在者，个体的存在不可能被完全纳入任何一个普遍概念体系之中。马克思和尼采都认为哲学应该以一种动态的、生成的方式去理解世界，反对从一个绝对不变的"一"去化生世界的做法。哲学的任务不是满足于对现象进行单纯的分析和描述，一旦哲学陷入对现象进行说明，只能意味着哲学的终结。二者对形而上学的批判焦点在于，他们都认为在形而上学中缺失了个体性的独特事实和人的现实感性生命。

对形而上学的批判就是要打破理性主义的魔圈，马克思认为，哲学研究不应该停留在与人无关的抽象的自然界和绝对的观念世界，而应该是人的现实世界和现存世界。他要打破抽象理智化的哲学，使哲学具体融入生活世界的实践中去。在形而上学之后，具体的生活世界只是作为背景而存在。马克思哲学认为随着形而上学的瓦解，人的价值和意义就有可能在生活世界的实践的经验语境中实现出来。应该以具体的生活世界作为颠覆理性形而上学的方式，如果哲学不关注人的生存状况，这种哲学对人而言就是"无"。

尼采以权力意志否弃理性形而上学，要把静态化的形而上学世界转变为动态的世界，以人在感性现实世界的行动来证明人在现实世界中的意义，对永恒不变的理性形而上学世界的否定是要凸显出人的感性生命的意义。权力意志是自然法则和生命本能，尼采的整个哲学正是要激发作为这种自然法则和生命本能的权力意志。主体是形而上学的一个核心概念，从笛卡尔一直到黑格尔，都认为存在一个作为行动者的主体，意识和理性是这个主题的主宰内容。尼采批判这种主体哲学，他认为根本不存在一个牢靠的主体，主体不是僵死的和不动的，主体永远在变动，它是生成的主体，这种主体只有权力意志才能承担。尼采用权力意志概念攻击主体哲学和理性哲学，特别是哲学中的主谓关系模式，这种模式认为行动是主体发动的，权力意志是行动谓词，它背后存在一个主词施动者。权力意志不是主谓关系模型中的谓词，它没有施动主词，权力意志是主词又是谓词，它是原因、过程和结果。权力意志消除了主体哲学和理性哲学的主谓结构（存在者存在着）。没有单纯的存在者，没有单纯的主体，不存在与谓词分离的主词。主谓结构是人们对语法结构信仰的结果，人们总是认为存在着一个行为发动的主体即主词，这个主体或主词是某个行动（谓词）的原因。在形而上学中，主体实际上就是理性，它的特点在于富于逻辑的推理、计算和规划，这种主体绝对排斥身体和感官。身体和感官是尼采的立足点，柏拉图把身体和感官看作是非实在，尼采则认为身体和感官才是实在的。他要消除哲学中的主体观念，消除主体观念也就打破了对主谓结构的信仰，破除了这种主谓结构，也就破除了现象和本体的二元对立，最终破除了对柏拉图主义的信仰。由于权力意志的存在，身体和感官成了实在，这就破除了超验的形而上学世界。尼采把权力意志作为唯一的现实，对生成世界的关注代表着其哲学和传统形而上学的根本区别。在对生成世界的理解上，马克思和尼采是一致的。

马克思和尼采都不再以不变的永恒实体去创造一个超感性世界，而把目光始终落实在人的现实感性世界。在马克思和尼采哲学之前，传统形而上学即思辨形而上学在哲学领域居于统治地位，这种形而上学的特征是：它认为世界的本源性基础是超感性的理性概念化、逻辑化、绝对化，把理性观念普遍化、永恒化、神圣化。伽达默尔在其《哲学解释学》中曾用"三种天真"简练地概述了理性形而上学的特点："断言的天真""概念的天真""反思的天真"，这说明形而上学是一种理性独断。以理性独断的方式进行哲学思考没有出路，以概念去对超感性事物进行静观反思必定不能揭示出世界的本来面目，如何对理性形而上学的批判就成为马克思和尼采要面对的现实问题。

马克思和尼采认为只有从人的现实活动出发才能定义人，思辨形而上学消解了人的具体经验的实在性，把人变成了抽象的人。对于人的任何定义，当它们不是依据人的经验并被这种经验所确证时，都不过是空洞的思辨。要认识人，除了通过了解人的生活和行为以外，没有任何其他的途径。只有在人的活动中，在人的现实关系中，才可以显示哲学的现实功用。哲学不是一种纯粹的理论思辨，它是一种对人的根本生存意义进行追问的学说，人在哲学中必须居于核心地位，不去探讨人的意义的哲学只是一种空洞的理论兴趣而已。哲学要建立在人的真实存在这个基础之上，居于首位的是人，人同其自身建立的关系不可能是同存在的关系，而是要努力超越自身。无论如何，哲学应该关注人的现实生活，把哲学作为一种生活方式才能使哲学的现实功用发挥到极致，这也是哲学能够永获生命力的源泉。人类永远不可能肯定地达到一种彻底合目的的生活秩序，生活秩序本身就存在种种冲突，而冲突必然导致生活秩序在漫长的岁月中以不可避免的不完善性向前发展。拥有哲学的视角，将能够平静地看待生活中存在的种种冲突与撕裂，并把它们当作是走向合目的秩序的途径。哲学把对这个理想世界的基本统一性的探索作为自身的使命，但它不会把这种统一性与单一性混淆起来，不会忽视存在于人之间的各种力量的张力与摩擦、强烈的对立和深刻的冲突。人总是力求去发现并且证实一种新的力量，去建设一个人自己的世界、一个"理想"的世界。

海德格尔认为尼采是西方的最后一个形而上学家，他认为尼采几乎谈不上克服了形而上学，即基督教的柏拉图主义，因为尼采用权力意志并没有克服形而上学，并没有真正脱离形而上学的言说方式，尼采还在强调"有"。海德格尔认为，此在的本质在于对存在者的超越活动，这种超越活动就是形而上学本身，形而上学属于人的本性。只要我们生存着，我们就已经置身于形而上学之中了。基于此，德里达把"最后一个形而上学家"的名号挂在了海德格尔头上。因为海德格尔还在追问存在，追问存在的意义，这种追问依然是形而上学式的。自马克思、尼采和海德格尔以来，哲学自身一直在宣告或实现它自己的终结，这种形而上学的终结将是另一种形而上学可能性的预兆，这是一种奇妙的葬礼时刻，哲学精神将在对前人思想的埋葬中得到另一种提升。

尼采把他自己的哲学标示为颠倒了的柏拉图主义，马克思完成了对形而上学的颠倒，在马克思和尼采批判形而上学之后，形而上学达到了最极端的可能性并进入其终结阶段。在马克思和尼采之后，以形而上学构建一个超验的抽象世界、神性世界和道德王国的设想不再可能，但这并不意味着形而上学作为一种哲学思维方式的中止。作为一种探寻事物终极原因的形而上学是不可能终结的，因为哲学就是形而上学。"形而上学"这个词本身就包含走向自然的彼岸的含义，它不满足于对现象界的杂多认识，力求通过超越彼此无关的现象界，达到那种内在于或超越于现象界的关于实在和实存的普遍原则。形而上学生来就具有一种超越性，这种超越性是人的本性，人们无法忍受只生活在一个形而下的世界，人们有形而上学的内在诉求。人类是形而上学的动物，人类必然会对自身提出形而上学问题，形而上学的探寻就是人类探究自己的本质。对形而上学问题的追问，可以让人们去反思生命意义的可能而得出一些可以期待的洞见，从而肯定人类存在的价值。如果颠覆了形而上学，那么哲学也将不再有存在的必要。自柏拉图建立形而上学以来，所有瓦解和否定形而上学的努力都成全了一种新的形而上学，哲学作为一种形而上的学问，其形而上学的探求是不可能被取消的。不能因为形而上学存在缺陷就否弃形而上学，世界上任何时候都将有形而上学。不仅如此，每个人，尤其是每个能够反思的人，都将有形而上学。瓦解和否定形而上学只会成全了一种新的形而上学，只要人类还要进行哲学思维，那么就摆脱不了形而上学，不管现代西方哲学的众多学派和思潮如何批判形而上学，最终都不自觉地陷入新的形而上学窠臼之中。形而上学是哲学的母体，不管后来的哲学如何改变，都无法完全消除母体基因的影响。西方理性的、逻辑的、科学的思维方式是从形而上学中孕育和成长起来的，如果颠覆形而上学，那将消灭西方的科学精神，所以，现代西方如何想要和形而上学截然分开，都不可避免地受到形而上学的"纠缠"，颠覆和反叛形而上学只会使其以新的形式复归。

主要参考文献

一、中文著作类

1.《马克思恩格斯文集》(1—10 卷),人民出版社 2009 年版。

2. [德] 尼采著,孙周兴译:《尼采著作全集》(第 4 卷),商务印书馆 2010 年版。

3. [德] 尼采著,赵千帆译:《尼采著作全集》(第 5 卷),商务印书馆 2015 年版。

4. [德] 尼采著,孙周兴等译:《尼采著作全集》(第 6 卷),商务印书馆 2015 年版。

5. [德] 尼采著,孙周兴译:《尼采著作全集》(第 12 卷),商务印书馆 2010 年版。

6. [德] 尼采著,孙周兴译:《尼采著作全集》(第 13 卷),商务印书馆 2010 年版。

7. [德] 尼采著,杨恒达等译:《尼采全集》(第 1 卷),中国人民大学出版社 2013 年版。

8. [德] 尼采著,杨恒达译:《尼采全集》(第 2 卷),中国人民大学出版社 2011 年版。

9. [匈牙利] 卢卡奇著,杜章智等译:《历史与阶级意识》,商务印书馆 2009 年版。

10. [法] 阿塔利著,刘成富等译:《卡尔·马克思》,上海人民出版社 2010 年版。

11. ［英］麦克莱伦著，郑一民、陈喜贵译：《马克思思想导论》（第3版），中国人民大学出版社2008年版。

12. ［法］阿尔都塞著，顾良译：《保卫马克思》，商务印书馆2010年版。

13. 刘森林：《物与无：物化逻辑与虚无主义》，江苏人民出版社2013年版。

14. 旷三平：《马克思"社会存在论"及其当代价值：一种存在论视阈下的哲学阐释》，江西人民出版社2007年版。

15. 宋希仁：《马克思恩格斯道德哲学研究》，中国社会科学出版社2012年版。

16. 张文喜：《颠覆形而上学：马克思和海德格尔之论》，中国社会科学出版社2004年版。

17. 高清海：《找回失去的"哲学自我"：哲学创新的生命本性》，北京师范大学出版社2013年版。

18. 徐长福：《马克思主义研究的学术化探索》，社会科学文献出版社2010年版。

19. 吴晓明：《形而上学的没落——马克思与费尔巴哈关系的当代解读》，人民出版社2006年版。

20. 张一兵：《回到马克思：经济学语境中的哲学话语》（第3版），江苏人民出版社2013年版。

21. 吕大吉、高师宁：《马克思主义宗教理论研究》，中国社会科学出版社2011年版。

22. ［德］海德格尔著，孙周兴译：《尼采》，商务印书馆2010年版。

23. ［法］登科尔等主编，孙周兴等译：《海德格尔与尼采》，商务印书馆2015年版。

24. ［德］雅斯贝尔斯著，鲁路译：《尼采其人其说》，社会科学文献出版社2001年版。

25. ［法］德勒兹著，周颖、刘玉宇译：《尼采与哲学》，社会科学文献出版社 2001 年版。

26.［德］萨弗兰斯基著，卫茂平译：《尼采思想传记》，华东师范大学出版社 2007 年版。

27. 汪民安：《尼采与身体》，北京大学出版社 2008 年版。

28. 周国平：《尼采与形而上学》，译林出版社 2012 年版。

29.［古希腊］柏拉图著，郭斌、张竹明译：《理想国》，商务印书馆 2002 年版。

30.［古希腊］亚里士多德著，吴寿彭译：《形而上学》，商务印书馆 2014 年版。

31.［德］康德著，李秋零主编：《康德著作全集》（第 4 卷），中国人民大学出版社 2013 年版。

32.［德］黑格尔著，贺麟译：《小逻辑》，商务印书馆 2014 年版。

33.［荷兰］斯宾诺莎著，温锡增译：《神学政治论》，商务印书馆 1963 年版（2013 年重印）。

34.［德］费尔巴哈著，荣震华等译：《费尔巴哈哲学著作选集》（上下卷），商务印书馆 1984 年版。

35.［德］卡西尔著，甘阳译：《人论：人类文化哲学导引》，上海译文出版社 2013 年版。

36.［美］巴雷特著，段德智译：《非理性的人》，上海译文出版社 2012 年版。

37.［美］麦金太尔著，龚群译：《伦理学简史》，商务印书馆 2003 年版。

38.［德］马尔库塞著，黄勇、薛民译：《爱欲与文明》，上海译文出版社 2012 年版。

39.［德］哈贝马斯著，曹卫东、付德根译：《后形而上学思想》，译林出版社 2012 年版。

40.［英］科林武德著，宫睿译：《形而上学论》，北京大学出版社 2007 年版。

二、论文类

1. 孙正聿:《辩证法:黑格尔、马克思与后形而上学》,《中国社会科学》2008 年第 5 期。

2. 仰海峰:《马克思与形而上学的颠覆》,《哲学研究》2002 年第 4 期。

3. 高清海:《形而上学与人的本性》,《求是学刊》2003 年第 1 期。

4. 贺来:《马克思哲学与"存在论"范式的转换》,《中国社会科学》2002 年第 5 期。

5. 田冠浩:《从德国观念论到〈资本论〉——重思马克思哲学的形上观点》,《哲学研究》2015 年第 4 期。

6. 刘森林:《何为"现实":马克思与尼采的启示》,《哲学研究》2014 年第 1 期。

7. 旷三平:《作为人的生存本性的形而上学——兼作对马克思哲学的一个辩护》,《哲学研究》2006 年第 10 期。

8. 徐长福:《论马克思早期哲学中的主谓词关系问题——以〈黑格尔法哲学批判〉为解读重点》,《哲学研究》2016 年第 10 期。

9. 丰子义:《马克思本体论思想的方法论》,《天津社会科学》2002 年第 6 期。

10. 马天俊:《尼采:反叛与回归——兼谈形而上学的本性》,《社会科学战线》2000 年第 3 期。

11. 欧阳康、张明仓:《马克思本体论批判的价值取向及其当代意义》,《中国社会科学》2002 年第 6 期。

12. 吴晓明:《马克思的哲学革命与全部形而上学的终结》,《江苏社会科学》2000 年第 6 期。

13. 周国平:《尼采论语言形而上学》,《云南大学学报》(社会科学版)2002 年第 4 期。

14. 叶秀山:《尼采的道德谱系》,《云南大学学报》(社会科学版)2002 年第 3 期。

15. 张庆熊：《尼采哲学思想的主轴：以权力意志为准则重估一切价值》，《学术月刊》2009 年 12 月。

16. 汪民安：《尼采的认识论批判》，《国外理论动态》2008 年第 3 期。

17. 张汝伦：《自我的困境——近代主体性形而上学之反思与批判》，《复旦学报》（社会科学版）1998 年第 1 期。

18. 邓晓芒：《西方形而上学的命运——对海德格尔的亚里士多德批评的批评》，《中国社会科学》2002 年第 6 期。

19. 孙周兴：《本质与实存——西方形而上学的实存哲学路线》，《中国社会科学》2004 年第 11 期。

20. 王树人：《西方形而上学的当代命运——从 einai（to be，sein）的中文翻译》，《学术月刊》2002 年第 10 期。

21. 俞吾金：《形而上学发展史上的三次翻转——海德格尔形而上学之思的启迪》，《中国社会科学》2009 年第 6 期。

22. 俞宣孟：《两种不同形态的形而上学》，《中国社会科学》1995 年第 9 期。

23. 朱彦明著，黄颂杰指导：《尼采的视角主义研究》，复旦大学博士学位论文，2008 年。

24. 汪希达著，旷三平指导：《历史的命运与希望——马克思与尼采的历史观》，中山大学博士学位论文，2015 年。

三、外文文献类

1. Nancy Sue Love. *Marx，Nietzsche，and Modernity*. New York：Columbia University Press，1986.

2. Bernard Reginster. *The Affirmation of Life：Nietzsche on Overcoming Nilhilism*. Boston：Harvard University Press，2008.

3. Michael Allen Gillespie. *Nihilism before Nietzsche*. Chicago：The University of Chicago Press，1996.

4. Monika M. Langer. *Nietzsche's Gay Science: Dance Coherence.* New York: Palgrave Macmillan, 2010.

5. Julian Young. *Nietzsche's Philosophy of Religion.* New York: Cambridge University Press, 2006.

6. Ted Sadler. *Nietzsche: The Truth and Redemption.* London: The Athlone Press, 1995.

7. Karl Lowith. *Nietzsche's Philosophy of the Eternal Recurrence of the Same.* translated by J.Harvey Lomax; foreword by Bernd Magnus. Oakland: University of California Press, 1997.

8. Paul Franco. *Nietzsche's Enlightenment: the Free-spirit Trilogy of the Middle Period.*Chicago: The University of Chicago Press, 2011.

9. Douglas Burnham. *Reading Nietzsche: An Analysis of Beyond Good and Evil.* Stocksfield Hall: Acumen Publishing Limited, 2007.

10. Gareth Southwell. *A Beginner's Guide to Nietzsche's Beyond Good and Evil.* New York: John Wiley & Sons, 2009.

11. Maudemarie Clark and David Dudrick. *The Soul of Nietzsche's Beyond Good and Evil.* New York: Cambridge University Press, 2012.

12. David B. *Myers. Marx and Nietzsche: The Record of An Encounter.* New York: University Press of America, 1986.

13. Julian Young. *Friedrich Nietzsche: A Philosophical Biography.* New York: Cambridge University Press, 2010.

14. Harry J. Ausmus. *A Schopenhauerian Critique of Nietzsche's Thought: Toward A Restoration of Metaphysics.* New York: The Edwin Mellen Press, 1996.

15. Walter Kaufmann. *Nietzsche: Philosopher, Psychologist, Antichrist.* New Jersey: Princeton University Press, 1974.

16. Walter Kaufmann. *Critique of Religion and Philosophy.* New Jersey: Princeton University Press, 1990.

后　记

　　本书是我的博士论文，它忠实记录了我在中山大学哲学系求学期间的学习和思考，用博士论文的后记作为本书的后记是极为合适的。以下是博士论文的后记部分：

　　自读博以来，如何写后记就成为始终萦绕在我头脑中的一个问题，多少次在头脑中进行组织和编排，但一旦真正书写的时候却有些惶惑和无措，也不知是我独特的感受还是人皆有之的一种体验。

　　2007 年硕士毕业，由于没有想过要从事教育，因而在一位朋友推荐之下进了广州的一家电子公司做培训讲师，由于产品销售不佳，部门遭到了取缔，自然我的培训讲师也无法继续下去。老板让我去其他部门，由于我认为自己不适合在公司工作，因而辞职去了一所三本院校做辅导员，之后转为思想政治理论课教师，主讲《马克思主义基本原理概论》。在平时的教学中，因我的才学浅薄，对很多问题迷惑不解，自知无知使我有了考博的想法。作为一名老师，只能以我之昭昭使学生昭昭，而不能以我之昏昏使学生昭昭。出于对学生负责的态度，我认识到只有使自己的学识增长，才能给学生以更多的教益，至此开始了我的漫漫考博路。

　　考博之路可谓辛酸坎坷，考了六年，考过七次，考了三年外哲，两次马哲，一次中哲，一次西马，每次都参加面试，前六次都落榜了，直到第七次有幸被旷三平教授录取，结束了我的考博生涯。对于为何屡考不中，我亦总结了经验教训，主要是因为考试成绩不好，再加上我的样貌粗犷，面试能力和表述能力不佳，不被录取也实属正常。此外，在我看来，考博之路之所以艰辛，还有一个历史问题，毕竟在 2007 年之前，我根本就没有想过要以学术为生，一直对读书也没有强烈的兴趣。自从决定考博之后，每天潜心就读于图书馆，在多年学习之后，发现自己在悄然改变，对人生、世界、自身有了越来越深刻的认识，这种改变给我带来了快乐，也让我增强了自信，这也是我在不断遭受挫折，又能重新奋进的原因。放弃是很容易的事情，但我知道有一些事情是不能放弃的，对那些能不断提升生命力和人格境界的事情是不能放弃的，比如把学问当作终生从事的志业。所谓"苟日新，日日新，又日新。"不断学习是让我们生生日新的最好方法，每天的进步都会让自己有焕然一新的体验，这种生命力感的张扬能使人摆脱一切困厄。

有幸能到中山大学哲学系学习，弥足珍贵的是在这里有众多的良师益友。

感谢我的导师旷三平教授，感谢他以巨大的勇气把我纳入门下，使我有一个继续学习提升自我的机会。我的博士论文是在旷三平教授的悉心指导之下写成的，在和旷老师的多次交流中，论文的结构和布局逐渐清晰。还记得把开题报告提交给旷老师时，他对我的开题报告极为不满，对我进行了严厉的批评，他要我具有问题意识，要改变教科书的论述和写作方式，让我再次修改开题报告。之后我花了两个多月的时间修改开题报告，这两个月可谓是食不知味，夜不能寝，这也是我读博三年最焦虑和痛苦的两个多月。正是旷老师的严厉要求，使得后来的论文写作变得较为顺畅。旷老师的丰厚学养，对历史的独特洞见都让我深深折服，他宽厚的性情，温和平易的待人方式，都让我获益良多，他在学习、生活和工作上给予我的种种帮助，让我一生铭记在心。

感谢徐长福教授，徐老师那渊博的学识，对学术的热情都让我深为叹服。徐老师的授课条理清晰，逻辑严密，他的授课既有深厚的学理性，又不乏对现实问题的深刻洞见。他的课生动深刻，在学习的过程中，我在许多哲学问题上的困惑悄然而解，谢谢徐老师，让我得以体验到了从事学术的乐趣。

感谢马天俊教授，他对学术规范的严格要求使我意识到了学术研究的严谨性，如果学术规范的技术要求都不能达标，很难设想能在学术上有大的成就。他多次对我的论文学术规范提出了种种建设性意见，对他的帮助我致以深深的谢意，我将在以后的学术生涯中，不断完善学术规范，时刻谨记马老师的教诲。

感谢徐俊忠教授，他开设的马克思早期哲学思想研究的课程加深了我对马克思哲学的认识；感谢杨玉昌副教授，在跟他学习的三年时间里，使我对西方哲学的认识得到进一步提高；感谢刘森林教授、吴重庆教授、谭群玉教授、林育川副教授、陈长安老师，在上你们课的过程中加深了我对哲学的理解，开阔了我的学术视野。感谢黄晓平老师，是她给了我为马哲所服务的机会，这增加了我和老师们的交流，无形中提升了我的学术眼界。

感谢一起求学的同学们，正是由于有你们的陪伴，求学生涯才变得丰富多彩。感谢冯波师兄，谢谢他给我提供了马克思和尼采研究的众多资料。感谢汪希达师兄给我的论文提出的种种建议，感谢2014级马哲专业的同学们，跟你们在一起生活学习的经历将构成我生命历程的重要部分。感谢胡洁瑶、邵晓丹、阮玉春、叶浪明和翁月华，跟你们的交往和交流让我体会到了浓厚的同门之情。

感谢我的妻子林晓希，自从谈恋爱结婚以来，一直居无定所，没能给你一个稳定的、温馨的家，对你的亏欠只好在以后的人生中慢慢弥补。她在我写作论文的过程中给了我诸多帮助，帮我修改摘要，帮我审阅论文，并且在论文写作上给了我诸多帮助。

最后感谢我的父母和岳父岳母，谢谢你们的默默支持，我将以我最大的努力来回馈你们的付出。

以上是博士论文的后记部分。感谢广东省委宣传部的出版资助，特别感谢廖智聪先生专业细致的工作。

胡志刚

2020 年 6 月